Ag. 111 1-272

41138

HISTOIRE

DE LA

LÉGISLATION

ROMAINE.

Cet ouvrage se trouve aussi :

à PARIS, chez M. Fanjat, rue M. le Prince, n° 27,

- AIX,   — Aubin.
- CAEN,   — Mancel.
- DIJON,   — Victor Lagier.
- GRENOBLE,   — Prudhomme.
- RENNES,   — Belin.
- STRASBOURG,   — Lagier jeune.
- TOULOUSE,   — Murat.

Corbeil, imprimerie de Crété.

HISTOIRE

DE LA

LÉGISLATION

ROMAINE

DEPUIS SON ORIGINE JUSQU'A LA LÉGISLATION MODERNE,

SUIVIE

DE L'EXPLICATION HISTORIQUE DES INSTITUTS DE JUSTINIEN,

Par M. J. L. E. ORTOLAN,

DOCTEUR EN DROIT, SECRÉTAIRE EN CHEF DU PARQUET DE LA COUR DE CASSATION.

PREMIÈRE PARTIE.

HISTOIRE.

PARIS.

JOUBERT, LIBRAIRE-ÉDITEUR,

RUE DES GRÉS, N. 14, PRÈS L'ÉCOLE DE DROIT.

M DCCC XXXV.

mode particulier d'acquérir. Justinien abroge cette législation: l'esclave sera affranchi, et les maîtres qui n'y ont pas consenti, indemnisés.

Dans la donation à cause de mort subordonnée à une condition *résolutoire*, si le donateur veut révoquer et reprendre sa libéralité avant l'événement, il a, pour cela, soit la *condiction*, soit la *vendication utile*; si c'est l'événement qui a résolu la donation en s'accomplissant, le donateur a la *condictio quasi re non secuta*.

Les donations entre-vifs, qui n'ont pas été effectuées par la tradition, donnent au donataire, pour se faire délivrer les objets donnés, la *condictio certi* ou l'action *ex stipulatu*, s'il y a eu stipulation; et la *condictio ex lege*, s'il n'y a eu qu'une simple convention.

En règle générale, pour aliéner il faut être propriétaire; et réciproquement, lorsqu'on est propriétaire, on peut aliéner. Ces deux règles souffrent chacune des exceptions. Ainsi, le mari, d'après les dispositions de la loi *Julia*, étendues par Justinien, ne peut ni aliéner, ni hypothéquer l'immeuble dotal, même avec le consentement de sa femme; mais la nullité ne peut être invoquée que par la femme ou par ses représentans.

Réciproquement, le créancier peut vendre le gage; bien qu'il n'en soit pas propriétaire: il est vrai que c'est par suite de la convention faite avec le débiteur.

Un impubère ne peut aliéner. S'il donne quelque chose en *mutuum*, le contrat de prêt n'est point formé; en conséquence, il a la *vendication* pour vendiquer la chose, si elle existe encore; la *condictio certi*, si elle a été consommée de bonne foi; et l'action *ad exhibendum*, si c'est de mauvaise foi. — Si l'impubère reçoit un paiement de son débiteur, la chose lui est acquise, et néanmoins le débiteur n'est pas libéré; mais il a contre le pupille l'exception *de dol*, jusqu'à concurrence de tout ce dont celui-ci a profité. Pour que le paiement donne au débiteur qui le fait *pleine sécurité*, il faut qu'il soit fait non seulement au tuteur, mais, en outre, avec la permission du juge. — Quant à la chose donnée en paiement par l'impubère, sans autorisation, il faut y appliquer ce qui a été dit de la chose donnée en *mutuum*.

On acquiert, non seulement par soi-même, mais par d'autres

personnes. Il faut distinguer, à cet égard, entre l'acquisition de la propriété et celle de la possession.

On acquiert la propriété: par les fils de famille qu'on a en sa puissance; par ses esclaves; par ceux dont on a l'usufruit ou l'usage; et par les esclaves d'autrui ou les personnes libres qu'on possède de bonne foi. Toutefois, à l'égard des fils de famille, il faut faire des distinctions relativement aux divers pécules, qui sont au nombre de quatre: le pécule *castrans*, *quasi castrans*, et ceux que les commentateurs ont nommés *adventice* et *profectice*. La position des fils de famille, par rapport à leurs droits sur ces pécules, successivement améliorée par les constitutions impériales, l'a été beaucoup encore par Justinien.

A l'égard des autres personnes par lesquelles on acquiert aussi la propriété, il faut faire les distinctions qui résultent de l'étendue des droits attribués à l'usufruitier, à l'usager, ou au possesseur de bonne foi. Dans tous ces cas, et dans leurs diverses limites, on acquiert la propriété même à son insu et contre son gré.

Quant à la possession, on l'acquiert aussi par ces mêmes personnes et dans les mêmes limites. Toutefois il y a cette différence qu'on ne l'acquiert pas, comme la propriété, à son insu et malgré soi; il faut que nous ayons l'intention et par conséquent la connaissance de la possession prise en notre nom. S'il s'agit néanmoins de choses entrant dans un pécule, l'intention générale de profiter de tout ce qui y entre suffit, sans que nous ayons la connaissance particulière de chaque chose dont la possession y est entrée.

A l'égard des personnes qui nous sont étrangères, nous n'acquérons jamais par elles la propriété; mais nous pouvons acquérir la possession. Il faut aussi, dans ce cas, que nous ayons la connaissance et l'intention de la possession qui est prise par eux en notre nom. Toutefois, si c'est notre procureur, le mandat primitif suffit, et la possession nous est acquise, même à notre insu, avant que nous sachions que notre procureur l'a reçue.

Après avoir exposé ainsi les moyens d'acquérir des objets particuliers, le texte passe à l'exposition des moyens d'acquérir par universalité.

DES SUCCESSIONS PAR UNIVERSALITÉ.

Il était des cas où le patrimoine entier d'un individu, l'universalité de ses biens et de ses droits, passait en masse sur une autre tête : alors avait lieu ce qu'on nommait succession par universalité (*per universitatem successio*), acquisition d'une universalité (*per universitatem acquisitio*).

L'universalité ainsi transmise comprenait dans son ensemble tous les biens et tous les droits, corporels et incorporels, actifs et passifs, à l'exception seulement de quelques uns dont la nature était de s'éteindre par l'effet même de ce changement.

Celui qui acquérait ainsi se trouvait substitué à l'ancien propriétaire, se nommait son successeur (*successor*), entrait en son lieu et place, soutenait sa personne (*personam ejus sustinebat*), c'est-à-dire la prenait en lui et la continuait.

Les successions par universalité avaient lieu non seulement pour les morts; mais encore, dans plusieurs cas, pour les vivans, qui pouvaient voir eux-mêmes leur patrimoine et leur personne passer en masse sur la tête d'un successeur.

Les Instituts traitent d'abord des successions universelles des individus décédés; c'est-à-dire des différentes hérédités et des divers genres d'acquisition qui s'y rattachent.

Quant aux successions universelles des vivans, elles furent toutes supprimées par Justinien; cependant les Instituts leur consacrent quelques titres fort courts.

Des hérédités testamentaires.

Le mot *hérédité* se prend en deux sens: il signifie ou

la succession à l'universalité des biens et des droits d'un individu décédé (1), ou cette universalité elle-même (2). L'hérédité comprend le patrimoine du défunt considéré dans son ensemble, à l'exception seulement des choses qui ont dû s'éteindre par sa mort; quel que soit du reste ce patrimoine : consistant en objets corporels ou en actions; solvable ou insolvable, lucratif ou onéreux.

Dans la langue antique du droit, l'hérédité, l'ensemble du patrimoine, se nommait *familia*; ce fut de là que vint pour celui qui la recueillait le mot de *heres*, héritier, tiré de *herus*, maître de la famille (3); et, plus tard enfin, celui de *hereditas*, qui n'était pas encore employé dans la loi des douze tables.

Tant que personne n'avait encore recueilli, acquis l'hérédité, elle soutenait et continuait elle-même la personne du défunt (4) : elle formait une sorte de personne légale (5), considérée comme propriétaire des choses héréditaires (6). C'était ainsi que les Romains remplissaient la lacune entre la mort du propriétaire et l'acquisition de son hérédité par un autre.

L'hérédité était déférée par testament ou par la loi. Ces deux sortes d'hérédités ont subi jusqu'à Justinien des

---

(1) « *Nihil est aliud hereditas quam successio in universum jus quod defunctus habuit.* » (D. 50. 16. 24 f. Gai.) — (2) « *Bonorum appellatio, sicut hereditatis, universitatem quandam ac jus successionis, et non singulares res demonstrat.* » (D. 50. 16. 208. § 7, f. Afric.) — (3) « *Veteres enim heredes pro dominis appellabant.* » (Instituts, 2, 19. § 7.) — (4) « *Hereditas enim non heredis personam, sed defuncti sustinet.* » (D. 41. 1. 34 pr. f. Ulp.) — Ce principe est aussi dans les Instituts, liv. 3, tit. 17. pr. — (5) « *Hereditas personæ vice fungitur, sicuti municipium et decuria et societas.* » (D. 46. 1. 22. f. Florent.) — (6) « *Creditum est hereditatem dominam esse, defuncti locum obtinere.* » (D. 28. 5. 31. § 1. f. Gai.) — « *Domini loco habetur hereditas.* » (D. 11. 1. 15. pr. f. Pomp.)

variations graduelles, que nous aurons occasion d'exposer historiquement dans l'explication des divers titres.

Avant tout se plaçait l'hérédité testamentaire, la disposition, la déclaration du citoyen sur son hérédité : c'était la loi, c'était le droit : *uti legassit super pecunia tutelave suæ rei* (probablement *suave re*), *ita jus esto*, disaient les XII tables (1).

Ce n'était qu'en second lieu, à défaut de toute disposition testamentaire, que la loi décemvirale réglait elle-même l'hérédité : *si intestato moritur....* etc. ; et, dans les mœurs des Romains, mourir intestat était pris en une sorte de malheur, ou même de déshonneur.

Ces deux espèces d'hérédités s'excluaient tellement l'une l'autre, que, tant qu'il pouvait y avoir espérance d'hérédité testamentaire, l'hérédité *ab intestat* ne pouvait être déférée ; que jamais elles ne pouvaient se rencontrer à la fois dans une même succession, car ces deux choses étaient considérées comme inconciliables : être testat et intestat (2); d'où la conséquence de cet autre principe : qu'il était impossible de tester seulement pour partie ; les dispositions testamentaires valables s'étendaient nécessairement à la succession tout entière (3).

TIT. X.	TIT. X.
DE TESTAMENTIS ORDINANDIS.	DES FORMALITÉS DES TESTAMENS.
Testamentum ex eo appellatur, quod testatio mentis est.	Le mot testament vient de testatio mentis : *attestation de la volonté*.

---

(1) Ulp. Reg. tit. 11, § 14. — (2) Cicéron, *de Inventione*, II, 21. — « *Jus nostrum non patitur eundem in paganis et testato et intestato decessisse : earumque rerum naturaliter inter se pugna est, testatus et intestatus.* » (D. 50. 17. 7. f. Pomp.) — (3) « *Neque enim idem ex parte testatus et ex parte intestatus decedere potest.* » (Instituts. 2. 14. § 5.)

Cette étymologie du mot *testa-mentum* (*testatio mentis*) peut être considérée comme futile et faite après coup. Elle a pu sembler indiquée par cette définition d'Ulpien : *Testamentum est mentis nostræ justa contestatio, in id solenniter facta, ut post mortem nostram valeat* (1); définition qui concorde avec celle donnée au Digeste par Modestinus : *Testamentum est voluntatis nostræ justa sententia, de eo quod quis post mortem suam fieri vult* (2). Nous verrons cependant que, depuis l'institution des Codicilles, il a manqué quelque chose à ces définitions.

1. Sed ut nihil antiquitatis penitus ignoretur, sciendum est olim quidem duo genera testamentorum in usu fuisse : quorum altero in pace et otio utebantur, quod *calatis comitiis* appellabatur; altero, cum in prælium exituri essent, quod *procinctum* dicebatur. Accessit deinde tertium genus testamentorum, quod dicebatur *per æs et libram*: scilicet quod per mancipationem, id est, imaginariam quandam venditionem agebatur quinque testibus et libripende, civibus romanis, puberibus, præsentibus, et eo qui familiæ emptor dicebatur. Sed illa quidem (priora) duo genera testamentorum ex veteribus tempore *in desuetudinem abierunt*. Quod vero per æs et libram fiebat, licet diutius permansit, attamen *partim et hoc in usu esse desiit*.

1. Pour que rien dans l'antiquité ne soit entièrement ignoré, nous dirons que jadis deux sortes de testament furent en usage. Les Romains employaient l'un dans la paix et le repos, il se nommait calatis comitiis; l'autre au moment du départ pour le combat, on l'appelait procinctum. Plus tard vint s'y joindre une troisième espèce, le testament per æs et libram, qui se faisait par la mancipation, c'est-à-dire par une vente fictive, avec l'assistance de cinq témoins et d'un libripens (porte-balance), citoyens romains pubères, avec celui qu'on appelait familiæ emptor (acheteur du patrimoine). Mais, dès les temps anciens, les deux premiers modes de tester tombèrent en désuétude ; et le testament per æs et libram, bien qu'il ait été pratiqué plus long-temps, devint lui-même inusité dans quelques unes de ses parties.

---

(1) Ulp. Reg. 20. § 1. — (2) D. 28. 1. 1.

Ainsi les anciens Romains ont eu deux sortes de testamens, qu'ils faisaient, comme dit Gaïus, l'un dans la paix et le repos, l'autre au moment d'aller au combat, et auxquels vint se joindre plus tard une troisième espèce. Les commentaires de Gaïus, les règles d'Ulpien, les écrivains romains, et la paraphrase de Théophile, nous donnent sur ces trois testamens quelques détails historiques qu'il est bon de reproduire.

Calatis comitiis. Ces expressions signifient, à proprement parler, dans les comices convoquées : (*calare est vocare*, du grec καλεῖν (1). Les *comitia calata* étaient des assemblées spéciales du peuple, convoquées, lorsqu'il en était besoin, pour l'expédition de certaines affaires religieuses; et, en outre, à des époques périodiques, pour la confection des testamens. C'est ce que nous enseigne Aulu-Gelle, en se fondant sur l'autorité de Labéon : *Calata comitia... quæ pro collegio pontificum habentur, aut regis aut flaminum inaugurandorum causa... Iisdem comitiis quæ calata appellari diximus, sacrorum detestatio et testamenta fieri solebant* (2). La convocation de ces comices, pour les testamens, avait lieu deux fois dans l'année : particularité qui ne nous était révélée que par Théophile seul, mais qui se trouve aujourd'hui confirmée par Gaïus (3). Au jour de cette convocation, les citoyens qui voulaient tester le faisaient, dans ces comices, sous l'autorité et sous la présence du peuple (*teste populo*). Tel était le testament *calatis comitiis*; sa forme primitive et solennelle atteste le caractère législatif, la puissance de loi, que le droit originaire des Romains

---

(1) Paraphr. de Théophile : sous ce § il dépeint avec détail ce mode de convocation. — (2) Aul.-Gell. 15. 27. — (3) « *Quæ comitia bis in anno testamentis faciendis destinata erant.* » (Gai. 2. § 101.)

avait imprimés aux volontés du citoyen sur son hérédité : *ita jus esto*.

Procinctum. Gaïus nous donne la véritable signification du mot *procinctus* : il signifiait armée équipée et sous les armes ; *procinctus est enim expeditus et armatus exercitus* (1). Pour le citoyen appelé à l'armée et près d'entrer en campagne, l'occasion des *comitia calata* ne pouvait pas se présenter, et cependant la guerre allait lui rendre la mort chaque jour imminente. Avant le départ (*cum belli causa ad pugnam ibant, in prælium exituri*), devant l'armée équipée et sous les armes (*in procinctu*), après l'accomplissement des cérémonies religieuses dont parle Cicéron (2), chaque soldat citoyen pouvait faire son testament. Cela se pratiquait aussi durant la campagne, au moment d'une bataille ou d'une expédition dangereuse. C'est ainsi que Velleius Paterculus, à l'attaque de Contrebia, en Espagne, nous montre cinq cohortes légionnaires faisant leur testament *in procinctu*, avant de marcher sur une position escarpée dont elles viennent d'être chassées, et que le consul leur ordonne d'aller reprendre (3). Tel était le testament *in procinctu* : il n'était qu'une dérivation du testament *calatis comitiis* ; pour le Romain soldat, les *comitia calata*, c'était l'armée équipée et sous les armes ; là où était l'armée sous les armes, là étaient ses comices convoquées. De même que le premier testament se nommait testament devant les comices convoquées (*calatis comitiis*), de même le second se nommait testament devant l'armée sous les armes (*in procinctu*). Lorsque les Instituts, et Théophile d'après eux, nomment le testament lui-même *testa-*

---

(1) G. 2. § 101. — (2) Cicéron, *de natura deor.* 2. 3. — (3) « *Facientibusque omnibus in procinctu testamenta, velut ad certam mortem eundum foret.* » (Vell. Paterc. 2. 5.)

mentum procinctum, ce n'est qu'une dénomination bizarre et corrompue, qui n'est ni celle de Gaïus, ni celle d'Ulpien, ni celle des auteurs romains.

Per æs et libram. Les deux formes primitives de tester présentaient de nombreux inconvéniens. Le testament *calatis comitiis* ne pouvait être fait qu'à Rome, et deux fois seulement dans l'année, au temps de la convocation; l'autre en temps de guerre et sous les armes; cependant on pouvait être inopinément frappé d'un danger de mort, et décéder intestat faute de se trouver dans le premier ni dans le second cas. Ici, comme dans toute la législation, l'esprit d'invention subtile et de détours ingénieux vint au secours de la difficulté. On n'abrogea pas le droit primitif, on l'éluda; on ne testa pas d'une autre manière sur son hérédité, on la vendit. L'hérédité considérée en masse, en qualité de chose incorporelle, était *res mancipi* (V. ci-dess. p. 16.); on la transmit donc en mancipation à celui qu'on voulait se donner pour successeur, avec toutes les formalités ordinaires de cet acte, telles que nous les avons détaillées pag. 10 et 22 : avec les cinq témoins citoyens, le porte-balance (*libripens*), le lingot de métal qui simulait le prix, la balance (*æs et libra*), et les paroles sacramentelles appropriées à la circonstance (1). La mancipation ainsi employée, fournissait une manière solennelle et indirecte de tester en toute occasion. L'acheteur de l'hérédité (*familiæ emptor*) obtenait lieu et place d'un héritier (*heredis locum obtinebat*), et, comme tel, le testa-

---

(1) « FAMILIAM PECUNIAMQUE TUAM ENDO MANDATAM TUTELAM CUSTO-
» DELAMQUE MEAM (RECIPIO, EAQUE) QUO TU JURE TESTAMENTUM FACERE
» POSSIS SECUNDUM LEGEM PUBLICAM, HOC ÆRE, *et ut quidam adjiciunt*,
» ÆNEAQUE LIBRA ESTO MIHI EMPTA; *deinde ære percutit libram, idque*
» *æs dat testatori, velut pretii loco.* » (G. 2. § 104.)

teur lui confiait, lui donnait en mandat, toutes les dispositions qu'il voulait être faites après sa mort (*et ob id ei mandabat testator, quid cuique post mortem suam dari vellet*). Tel était le testament *per æs et libram*.

In desuetudinem abierunt. Déjà à l'époque de Gaïus et d'Ulpien, sous Antonin-le-Pieux et sous Caracalla, les deux premières formes de testament étaient depuis longtemps tombées en désuétude, et ces jurisconsultes ne nous en parlent que comme d'antiques institutions. Le testament *per æs et libram* les avait entièrement remplacées; mais lui-même avait subi d'importantes modifications. *Sane nunc aliter ordinatur atque olim solebat*, dit Gaïus. En effet, la mancipation était un acte d'aliénation irrévocable, et l'héritier futur ayant reçu l'hérédité en mancipation, se trouvant acquéreur de l'hérédité (*familiæ emptor*), il en résultait que le testateur, tout en restant maître de ses biens durant sa vie, était néanmoins engagé dans le choix de son héritier; le *familiæ emptor* avait, selon les principes rigoureux, un droit certain à l'hérédité (1). On trouva encore le moyen d'éluder la rigueur de ces principes. Le *familiæ emptor* ne fut plus qu'un tiers étranger à l'institution testamentaire, une sorte de figurant, intervenant comme le *libripens* par pure formalité, pour l'observation en apparence de l'ancien droit : *alius, dicis gratia propter veteris juris imitationem, familiæ emptor adhibetur*, et l'héritier fut institué dans un écrit. Le testament *per æs et libram* se composa alors, ainsi que nous l'enseigne Ulpien, de deux formalités bien distinctes : la première la mancipation de l'hérédité (*familiæ mancipatio*); et la seconde, la nuncupation du testament (*testamenti nuncupatio*.)—

---

(1) C'est ce que nous dit Théophile dans la paraphrase de ce §.

La mancipation de l'hérédité continua à se faire comme par l'ancien droit, telle que nous l'avons décrite, mais par pure forme; ce ne fut plus qu'une mancipation entièrement imaginaire (*imaginaria mancipatio*). — Après quoi, le testateur, tenant en ses mains les tablettes du testament, disait : « *Hæc uti in his tabulis cerisque scripta sunt, ita do, ita lego, ita testor; itaque vos, Quirites, testimonium mihi perhibetote.* » Et cela se nommait *nuncupatio et testatio*. En effet, dit Gaïus, *nuncupare est palam nominare*, c'est nommer hautement; le testateur, par ces paroles solennelles, est censé nommer et confirmer hautement chaque chose qui se trouve spécialement écrite sur ses tablettes (1).

Partim et hoc in usu esse desiit. Ces paroles font allusion à la *mancipatio familiæ* qui n'était devenue que de pure forme dans le testament *per æs et libram*.

2. Sed prædicta quidem nomina testamentorum ad jus civile referebantur; postea ex edicto prætoris forma alia faciendorum testamentorum introducta est. Jure enim honorario nulla mancipatio desiderabatur; sed septem testium signa sufficiebant, cum jure civili signa testium non essent necessaria.

2. *Ces trois formes de testament se rapportaient au droit civil; mais par la suite, l'édit du préteur en introduisit une autre. Le droit honoraire, en effet, ne demandait aucune mancipation; mais il suffisait de l'apposition des cachets de sept témoins; formalité qui n'était pas nécessaire d'après le droit civil.*

Le droit civil s'était arrêté, pour la forme des testamens, aux adoucissemens graduels que nous venons d'exposer; mais le droit prétorien était allé plus loin encore. S'accommodant à des usages introduits et à une simplicité de formes plus utile, il n'avait plus attaché

---

(1) Voir, sur tous ces détails, Gaïus, 2. § 104. — Ulp. Reg. 20. § 2 et 9. — Théoph., hic.

d'importance à la *familiæ mancipatio*, ni même à la *nuncupatio testamenti*. Le *libripens* et le *familiæ emptor* se trouvant ainsi dépouillés de leur rôle symbolique, et réduits à celui de simples témoins, le nombre de ces témoins était, par là, porté à sept. Mais l'édit du préteur avait exigé une formalité nouvelle : l'usage s'était introduit de cacheter (*signare*) les tablettes du testament, de manière qu'il fût impossible de les lire ou d'y rien changer sans briser le cachet; le préteur en fit une formalité rigoureuse : il exigea que les sept témoins apposassent chacun leur cachet (*signaculum*, *annulum*). Tel était le testament honoraire. Si l'on avait suivi les formalités du droit, le testament était valable d'après le droit civil; si on avait suivi celles de l'édit, il était valable d'après le droit prétorien. Dans ce cas, il ne donnait pas l'hérédité civile, mais la *possession de biens*. —Ces dispositions de l'édit étaient déjà en pleine vigueur au temps de Gaïus et d'Ulpien : *Etiamsi jure civili non* » *valeat testamentum*, dit ce dernier jurisconsulte, *forte* » *quod familiæ mancipatio vel nuncupatio defuit, si* » *signatum testamentum fuit non minus quam septem* » *testium civium romanorum signis, bonorum possessio* » *datur* (1).

3. Sed cum paulatim, tam ex usu hominum quam ex constitutionum emendationibus, cœpit in unam consonantiam jus civile et prætorium jungi, constitutum est, ut uno eodemque tempore (quod jus civile quodammodo exigebat), septem testibus adhibitis et sub-

3. *Mais peu à peu les mœurs et les constitutions impériales amenant une fusion entre le droit civil et le droit prétorien, il fut établi que le testament se ferait dans un seul et même trait de temps, avec l'assistance de sept témoins (ce qui était exigé en quelque sorte par le*

---

(1) G. 2. § 119 et 147.— Ulp. Reg. 18. 6.

scriptione testium, quod ex constitutionibus inventum est, ex edicto prætoris signacula testamentis imponerentur. Ita ut hoc *jus tripertitum esse* videatur, et testes quidem et eorum præsentia *uno contextu, testamenti celebrandi gratia*, a jure civili descendant; subscriptiones autem testatoris et testium, ex sacrarum constitutionum observatione adhibeantur; signacula autem et *testium numerus*, ex edicto prætoris.	*droit civil*); *avec la subscription de ces témoins (formalité introduite par les constitutions); et l'apposition de leur cachet, conformément à l'édit du préteur. De telle sorte que ce droit eut une triple origine. La nécessité des témoins et de leur présence en un seul contexte, dérivant du droit civil; les subscriptions du testateur et des témoins, des constitutions sacrées; enfin les cachets et le nombre des témoins, de l'édit du préteur.*

De la fusion du droit civil avec le droit prétorien et avec les nouvelles dispositions des constitutions impériales naquit la dernière forme de testament, en vigueur sous Justinien et confirmée par la législation de ce prince. Le testateur présente à sept témoins son testament écrit par lui ou par un autre, soit par avance, soit devant eux; si l'écriture est d'un autre que de lui, il y appose, en leur présence, sa subscription, c'est-à-dire sa signature, son nom (cette formalité n'est pas nécessaire si le testament porte que l'écriture est toute de sa main); après quoi chaque témoin, à son tour, appose sa subscription (*subscriptionem*), et ensuite, le testament étant clos, son cachet (*signaculum, annulum*).

Si le testateur veut faire un testament secret dont personne ne connaisse les dispositions, il le présente cacheté, lié, ou seulement clos, enroulé jusqu'à la fin de l'écriture, en déclarant que c'est là son testament; sur l'extrémité non enroulée, restée ouverte (*reliquâ parte*), il appose sa subscription, et, s'il ne sait ou ne peut écrire, on y supplée par un huitième témoin qui subscrit à sa place; les témoins y apposent aussi leur subscription, et ensuite, le testament étant entièrement clos, ils y mettent leur cachet (1).

Ce fut sous le règne de Valentinien III, en Orient, et de Théodose II, son collègue, en Occident, que cette nouvelle forme fut substituée aux deux précédentes. Toutefois la substitution ne fut pas complète dans les parties occidentales de l'empire, car les travaux historiques de M. Savigny ont prouvé que l'usage du testament civil *per æs et libram*, et du testament prétorien, se maintint en Occident, et qu'il y était même encore observé au moyen-âge.

Jus tripertitum. Le texte démontre suffisamment comment et en quoi les formes de ce testament provenaient du droit civil, du droit prétorien et des constitutions. De là les commentateurs ont imaginé, pour le testament lui-même, le nom de *testamentum tripertitum.*

Uno contextu. La solennité du testament, c'est-à-dire les diverses formalités dont elle se compose, doivent être accomplies d'un seul contexte, sans qu'on puisse les interrompre pour se livrer à aucun acte étranger, sauf la nécessité de satisfaire à des besoins exigés par la nature, ou par la santé même du testateur (2): « *Est autem uno » contextu,* dit Ulpien, *nullum actum alienum testa- » mento intermiscere* » (3). Du reste, l'opération d'écrire ou de dicter le testament n'est pas comprise dans la solennité, qui ne commence qu'à la présentation de l'acte aux témoins.

---

(1) Voir au Code la constitution de Théodose et de Valentinien, 6. 23. 21. — Cette dernière forme de tester s'est perpétuée presque sans altération jusque dans notre Code, sous le nom de testament *mystique*: art. 976 et suiv.— (2) La constitution de Justinien, cod. 6. 23. 28, en donne une énumération assez minutieuse. — (3) D. 28. 1. 21. § 3. f. Ulpien.

Testamenti celebrandi gratia : Ceci fait allusion à une autre condition du droit civil, savoir : que les témoins doivent être convoqués spécialement pour le testament (*specialiter rogati*). Ce qui doit s'entendre, dit encore Ulpien, en ce sens que, s'ils ont été convoqués pour une autre affaire, mais qu'avant de commencer la solennité, on les prévienne bien (*certiorentur*) qu'ils vont servir de témoins au testament, cela suffit (1).

Testium numerus. La nécessité de la présence de témoins provenait du droit civil; leur nombre était de cinq, d'après ce droit; mais l'édit du préteur ayant réduit le *libripens* et le *familiæ emptor* au simple rôle de témoins, par la suppression de la *mancipatio*, on peut dire que le nombre des témoins, qui fut alors de sept, provenait de l'édit.

4. Sed his omnibus ex nostra constitutione, propter testamentorum sinceritatem, ut nulla fraus adhibeatur, hoc additum est, ut per manus testatoris vel testium nomen heredis exprimatur, et omnia secundum illius constitutionis tenorem procedant.

4. À toutes ces formalités, notre constitution, pour garantir la sincérité des testamens et pour prévenir toute fraude, a ajouté que le nom de l'héritier devrait être écrit de la main du testateur ou des témoins : le tout selon la teneur de cette constitution.

La nécessité de cette formalité additionnelle, imposée par une constitution de Justinien (cod. 6. 23. 28), a été supprimée ensuite par une novelle du même empereur. (Nov. 119. 9.)

5. Possunt autem omnes testes et uno annulo signare testamentum. Quid enim si septem annuli una sculptura fuerint, secundum

5. Tous les témoins peuvent sceller le testament avec le même anneau. En effet, qu'aurait-on à objecter, comme l'a fait observer

---

(1) D. 28. 1. 21. § 3. f. Ulpien.

quod Papiniano visum est? Sed alieno quoque annulo licet signare testamentum.	Papinien, si les sept anneaux avaient tous la même gravure? On pourrait même se servir d'un anneau étranger.

C'était sur l'anneau que portaient ordinairement les citoyens romains, que se trouvait gravé leur cachet; mais aurait-on pu valablement cacheter avec une tout autre empreinte que celle d'un anneau? Oui, répond Ulpien, pourvu que quelque signe, quelque figure distinctive y soit gravé (1). Cette apposition d'un cachet par chaque témoin pourrait paraître illusoire, puisqu'il était permis d'employer, non seulement l'anneau d'autrui, mais encore le même anneau pour tous. Mais il faut savoir que chaque témoin, à côté de l'empreinte qu'il avait faite, écrivait de sa propre main par qui et sur le testament de qui ce cachet avait été apposé. C'était un usage qui était suivi, et que les jurisconsultes recommandaient d'observer, bien long-temps avant que les constitutions impériales eussent exigé la subscription des témoins (2). Il ne faut pas, du reste, confondre cette annotation extérieure, placée sur l'enveloppe, à côté du cachet, avec la subscription, la signature exigée par les constitutions; cette subscription était, comme l'indique le mot lui-même, intérieure, sous l'enveloppe (*sub-scriptio*), dans le corps même de l'acte.

6. Testes autem adhiberi possunt ii cum quibus testamenti factio est. Sed neque *mulier*, neque *impubes*, neque *servus*, neque *furiosus*, ne-	6. Peuvent être pris pour témoins tous ceux avec lesquels on a faction de testament; mais les femmes, les impubères, les esclaves, les

---

(1) *Ib.* 21. § 5. Il faut rétablir dans ce fragment la négation qui y manque évidemment.

(2) *Ib.* 21. § 4. f. Ulpien. — 30. f. Paul.

que *mutus*, neque *surdus*, nec *cui bonis interdictum est*, neque is quem leges jubent *improbum intestabilemque* esse, possunt in numero testium adhiberi.	furieux, les muets, les sourds, les prodigues interdits, ni ceux que la loi déclare improbes et indignes de tester, ne le peuvent.

Ce paragraphe ne peut être expliqué d'une manière bien satisfaisante que si l'on se reporte au testament *per æs et libram*, tel qu'il existait rigoureusement dans sa première forme, lorsque l'héritier était lui-même le *familiæ emptor*.

Cum quibus testamenti factio est: A l'époque dont nous venons de parler, le testateur, *mancipans*, l'héritier, *familiæ emptor*, le *libripens* et les témoins concouraient tous ensemble à faire le testament; il fallait donc qu'ils eussent entre eux *la faction de testament*, c'est-à-dire le pouvoir de concourir simultanément à sa confection. Et comme cet acte était alors une mancipation, il fallait qu'ils eussent respectivement le droit de participer à la mancipation, soit comme aliénant, soit comme acquérant, soit comme *libripens* ou comme témoins : la condition générale pour tous était qu'ils eussent le commerce, *commercium* (1); il y avait, en outre, des conditions particulières pour chacun, selon le rôle qu'ils remplissaient.

Mulier. Les femmes pouvaient acquérir par mancipa-

---

(1) Par exemple, nous voyons dans Ulpien (Reg. 19. 4) que la mancipation pouvait avoir lieu entre les Latins juniens, parce qu'ils avaient le commerce (*commercium datum est*); aussi le même auteur nous dit-il ensuite : « *Latinus junianus et familiæ emptor et testis et libripens fieri potest, quoniam cum eo testamenti factio est.* » (Reg. 20. 8.) Cependant, après avoir acheté la succession comme *familiæ emptor*, il ne pouvait acquérir comme héritier que si, à la mort du testateur, il était devenu citoyen romain. (*Ib.* 22. 3.)

tion, soit pour elles-mêmes, soit pour autrui (1); elles pouvaient donc concourir à la confection du testament comme *familiæ emptor;* mais elles ne le pouvaient, ni comme testateur, parce que la mancipation des choses *nec mancipi* leur était interdite, si ce n'était avec l'autorisation de leur tuteur (2); ni comme *libripens,* ni comme témoin, parce qu'elles n'étaient pas admises à prêter leur ministère à des actes publics et solennels (3).

Impubes : il faut appliquer les mêmes réflexions aux impubères (4); avec cette différence, toutefois, qu'ils ne pouvaient jamais manciper leur hérédité, pas même avec l'autorisation de leur tuteur (5). Du reste les règles de la mancipation étaient positivement que le *libripens* et les témoins fussent pubères (*civibus romanis puberibus*).

Servus : mêmes principes pour les esclaves; ils peuvent recevoir en mancipation, par conséquent être *familiæ emptor* pour leur maître (6), mais jamais manciper, ni être *libripens* ou témoins : *cum juris civilis communionem non habeant.*

Furiosus, mutus, surdus : Le fou ne peut participer en aucune manière à la faction du testament, ni comme mancipant, ni comme *familiæ emptor,* ni comme *libripens,* ni comme témoin, *quoniam mentem non habet,* si ce n'est dans les intervalles lucides. — Le muet, parce que, s'il est *mancipans* ou *familiæ emptor : verba nuncupationis* (*vel mancipationis*) *loqui non po-*

---

(1) G. 2. 90. — (2) Ulp. Reg. 11. 27. — 20. 15. — G. 1. 115. — 2. § 112. 113. 118. 121 et 122. — (3) Elles étaient néanmoins admises à porter témoignage en justice (Dig. 28. 1. 20. § 6. f. Ulp.), parce que c'était là attester des faits à leur connaissance, et non pas concourir à un ministère public. — (4) G. 2. § 83 et 87. — Ulp. Reg. 19. 18. pourvu qu'ils fussent parvenus à l'âge où ils pouvaient acquérir par mancipation. — (5) G. 2. 113. — (6) G. 2. § 87.

test; et, s'il est *libripens* ou témoin, il ne peut en rendre témoignage. — Le sourd, *quoniam verba familiæ emptoris (vel mancipantis) exaudire non potest*.

Cui bonis interdictum est. Le prodigue ne pouvait concourir à une mancipation d'aucune manière, parce que le commerce lui était interdit (*quoniam commercium illi interdictum est*) et, par conséquent, il n'avait la faction de testament en aucune qualité (1).

Improbum intestabilemque : cette expression *intestabilis* comprenait à la fois l'incapacité de tester et celle de concourir à la faction d'aucun testament : (*nec testamentum facere poterit, nec ad testamentum adhiberi*) : tel était l'individu condamné pour libelle (*ob carmen famosum*) (2), pour concussion (*repetundarum*) (3), pour adultère (*adulterii*) (4), et celui que nous indique la paraphrase de Théophile, et, qu'il est surtout le cas de faire remarquer ici, savoir, celui qui, ayant concouru à un testament, aurait refusé d'assister à son ouverture, après la mort du testateur, pour reconnaître sa *subscription* et son cachet.

Nous venons d'expliquer ce paragraphe par les principes de l'ancien droit à l'époque où l'héritier concourait lui-même à la confection du testament en qualité de *familiæ emptor*; et, par ces principes, tout s'explique clairement; mais il faut examiner les changemens survenus depuis.

Le *familiæ emptor* ayant cessé d'être l'héritier lui-même, ce dernier n'étant plus institué que dans les tablettes et demeurant étranger à la mancipation, il en

---

(1) Ulp. Reg. 19. 4 combiné avec 20. 13, et Dig. 28. 1. 18. — (2) D. 28. 1. 18. § 1. f. Ulp. — 22. 5. 21. f. Arcad. — (3) *Ib*. 15. f. Paul. — (4) *Ib*. 14. f. Papi.

résulta que des individus qui, d'après la forme primitive, ne pouvaient pas être héritiers parce qu'il leur était impossible d'intervenir dans une mancipation, purent être institués d'après la forme nouvelle : tels furent l'impubère même *infans*, le fou, le muet, le sourd, l'interdit; et sans aucun doute, quoique nous ne le trouvions pas exprimé dans les fragmens des jurisconsultes, cette extension dans la faculté d'instituer certaines personnes fut un des principaux motifs qui déterminèrent la modification du testament *per æs et libram*. Dès lors, l'expression avoir faction de testament avec quelqu'un, appliquée aux héritiers, ne signifia plus, comme jadis, pouvoir concourir personnellement à la confection solennelle du testament; mais elle prit le sens que lui donnent déjà les jurisconsultes au temps de Gaïus, d'Ulpien, et que nous trouvons clairement défini dans le paragraphe 4 du titre 19 des Instituts, ci-dessous : ceux-là ont faction de testament qui peuvent recevoir par le testament d'un autre, et acquérir soit pour eux-mêmes soit pour autrui, bien qu'ils ne puissent pas tester eux-mêmes (1). Dans ce sens, l'esclave, l'impubère, même *infans*, le fou, le muet, le sourd, l'interdit, ont faction de testament, quoiqu'ils ne puissent pas coopérer personnellement à la confection du testament.

Par suite des mêmes changemens, il est encore arrivé qu'on n'a plus considéré pour le *familiæ emptor*, les conditions exigées de celui qui acquérait par la mancipation, mais celles d'un simple témoin, puisque lui et le *libripens* ne sont plus intervenus que pour la forme. Aussi après Gaïus qui disait : *De libripende eadem, quæ et de testibus*,

---

(1) Inst. 2. 19. 4. — Dig. 28. 1. 16. f. Pomp. — 28. 5. 49. § 1. f. Florent.

dicta esse intelligemus : nam et is testium numero est.
Ulpien écrivait déjà : *mutus, surdus, furiosus, pupillus, femina, neque familiæ emptor, neque testis, libripensve fieri potest* (1).

Une règle générale à l'égard des témoins, c'est que les conditions de leur capacité ne doivent être considérées en eux qu'au moment où ils prêtent leur ministère ; c'est-à-dire au moment de la confection du testament (*testamenti quidem faciendi tempore*, comme dit le paragraphe suivant ; peu importent les changemens survenus depuis. *Conditionem testium tunc inspicere debemus, cum signarent, non mortis tempore* (2).

7. Sed cum aliquis ex testibus testamenti quidem faciendi tempore liber existimabatur, postea vero servus apparuit, tam divus Hadrianus Catonio Vero quam postea divus Severus et Antoninus rescripserunt, subvenire se ex sua liberalitate testamento, ut sic habeatur, ac si ut oportet factum esset ; cum eo tempore quo testamentum signaretur, omnium consensu hic testis loco liberorum fuerit, neque quisquam esset qui ei status quæstionem moveret.

7. Un des témoins qui était, à l'époque de la confection du testament, réputé libre, fut, plus tard, reconnu esclave ; Adrien, dans un rescrit adressé à Catonius Verus, et ensuite Sévère et Antonin déclarèrent qu'ils entendaient venir à l'appui du testament, afin qu'il fût considéré comme aussi valable que si tout y avait été régulier ; puisque, au moment où le testament avait été cacheté, ce témoin était communément tenu pour libre, et qu'il n'existait personne qui lui contestât son état.

8. Pater, nec non is qui in potestate ejus est, item duo fratres qui in ejusdem patris potestate sunt, utrique testes in uno testamento fieri possunt ; quia nihil nocet ex

8. Le chef de famille et celui qui est sous sa puissance, de même que deux frères soumis au même chef, peuvent être témoins ensemble dans le même testament ; car rien n'em-

―――――――――――――――――

(1) G. 2. 107. — Ulp. Reg. 20. 7.
(2) D. 28. 1. 22. § 1. f. Ulp.

una domo plures testes alieno negotio adhiberi.	pêche de prendre dans une même maison plusieurs témoins pour un acte étranger à cette maison.

Outre les prohibitions absolues d'être témoin dans le testament de qui que ce soit, il existe des prohibitions relatives qui empêchent seulement qu'on puisse être témoin dans le testament de certaines personnes. La règle générale, à cet égard, est que, le testament se passant entre le testateur et l'héritier, aucun d'eux, ni aucun membre de leur famille ne peuvent être témoins. Quand nous disons membre de leur famille, cela ne s'entend que du chef et de ceux qui sont réunis ensemble sous la même puissance, parce que entre eux, selon le droit civil, ils ne forment, quant à la propriété, qu'un seul et même être collectif, et ne peuvent par conséquent se prêter témoignage à eux-mêmes (*reprobatum est domesticum testimonium*). On n'a aucun égard, à ce sujet, à la parenté naturelle; ainsi, une fois sortis de la famille et hors de la puissance, le lien de parenté qui existe, même entre frères ou entre le père et ses fils, n'est pas un obstacle à ce qu'ils soient témoins dans le testament l'un de l'autre.

Quant aux témoins, rien n'empêche qu'ils soient entre eux membres de la même famille, pourvu qu'ils soient étrangers au testateur et à l'héritier.

9. *In testibus autem non debet esse qui in potestate testatoris est. Sed si filius familias de castrensi peculio post missionem faciat testamentum, nec pater ejus recte adhibetur testis, nec is qui in potestate ejusdem patris est; reprobatum est enim in ea re domesticum testimonium.*	9. *Mais au nombre des témoins ne doit pas être l'individu placé sous la puissance du testateur; et si un fils de famille veut tester, après son congé, sur son pécule castrens, ni son père, ni celui qui est soumis à la puissance du même chef ne pourront lui servir de témoins, car la loi réprouve, en cette matière, un témoignage domestique.*

De castrensi peculio. Nous savons que le fils de famille pouvait tester sur son pécule *castrans* (V. ci-des. p. 251). Comme à l'égard de la propriété de ce pécule, la famille ne formait pas un seul être collectif, mais que le fils en avait la propriété exclusive et séparée, Ulpien, en se fondant sur l'autorité de Marcellus, était d'avis que les membres de la famille du fils testateur pouvaient lui servir de témoins dans le testament relatif à ce pécule. Mais Gaïus, au contraire, considérant le lien de puissance paternelle qui les unissait, avait donné dans ses Commentaires, une décision inverse (1). C'est cette décision que nous voyons maintenue ici, dans les Instituts; tandis que celle de Marcellus et d'Ulpien a été insérée au Digeste (2).

Post missionem. Parce que si le fils faisait son testament étant encore à l'armée, il jouissait du privilége des testamens militaires, et n'était pas soumis aux règles ordinaires du droit civil ni pour le nombre, ni pour les incapacités des témoins, ni pour les autres formes.

10. Sed neque heres scriptus, neque is qui in potestate ejus est, neque pater ejus qui habet eum in potestate, neque fratres qui in ejusdem patris potestate sunt, testes adhiberi possunt; quia hoc totum negotium quod agitur testamenti ordinandi gratia, *creditur hodie inter testatorem et heredem agi.* Licet enim totum jus tale conturbatum fuerat, et veteres quidem familiæ emptorem et eos qui in potestate coadunati fuerant, a

10. De même, ni l'héritier institué, ni ses fils ou son chef de famille, ni ses frères soumis à la même puissance ne peuvent être témoins; car aujourd'hui le testament est considéré comme un acte passé en entier entre le testateur et l'héritier. En effet, bien que, par suite de la subversion complète de ce droit, les anciens, repoussant le témoignage du familiæ emptor et des membres de sa famille, eussent admis celui de l'héritier et des personnes liées à

---

(1) G. 2. 106. — (2) Dig. 28. 1. § 2.

testamentariis testimoniis repellebant, heredi et iis qui conjuncti ei per potestatem fuerant, concedebant testimonia in testimoniis præstare; licet ii qui id permittebant, hoc jure minime abuti eos debere suadebant; tamen nos eamdem observationem corrigentes, et quod ab illis suasum est in legis necessitatem transferentes, ad imitationem pristini familiæ emptoris, merito nec heredi qui imaginem vetustissimi familiæ emptoris obtinet, nec aliis personis quæ ei, ut dictum est, conjunctæ sunt, licentiam concedimus sibi quodammodo testimonia præstare : ideoque nec ejusmodi veteres constitutiones nostro codici inseri permisimus.

lui par les nœuds d'une même puissance ; bien qu'en leur reconnaissant cette faculté, on se bornât à leur conseiller de ne pas en abuser, toutefois, quant à nous, corrigeant cet usage et transformant le conseil en une nécessité légale, nous sommes revenus à l'imitation du familiæ emptor, tel qu'il était primitivement employé, et nous avons refusé à l'héritier qui représente véritablement cet ancien familiæ emptor, ainsi qu'aux personnes qui lui sont unies, le droit de se prêter en quelque sorte personnellement témoignage. En conséquence nous avons sur ce point rejeté de notre code ces anciennes constitutions.

Creditur hodie inter testatorem et heredem agi. A l'époque du testament *per æs et libram*, l'acte se passait entre le testateur et le *familiæ emptor* : c'était sur eux et sur les membres de leur famille que portaient les incapacités d'être témoins; or, comme dans les temps primitifs le *familiæ emptor* était l'héritier lui-même, l'acte se passait avec lui, il ne pouvait être témoin, ni aucun des siens. Mais lorsqu'on employa un tiers pour *familiæ emptor*, l'héritier devint étranger à la confection de l'acte; il put être témoin et les membres de sa famille aussi. Ce témoignage était rigoureusement conforme au droit civil; cependant les jurisconsultes conseillaient, comme chose convenable, de s'en abstenir. Sous la nouvelle forme de tester introduite par les constitutions, il n'est plus question de *familiæ emptor*, l'acte est considéré comme passé entre le testateur et l'héritier : le témoignage de ce dernier et des siens est donc forcément repoussé.

Suadebant : Tels sont les conseils que donne Gaïus dans ses Commentaires, liv. 2. § 108.

11. Legatariis autem et fideicommissariis, *quia non juris successores sunt*, et aliis personis eis conjunctis testimonium non denegamus : imo in *quadam nostra constitutione* et hoc specialiter concessimus, et multo magis iis qui in eorum potestate sunt, vel qui eos habent in potestate, hujusmodi licentiam damus.	11. *Quant aux légataires et aux fidéicommissaires, comme ils ne sont pas successeurs au droit du défunt, nous n'avons dénié ni à eux ni aux personnes qui leur sont unies la faculté d'être témoins; au contraire, nous la leur avons spécialement concédée par une de nos constitutions; à eux, et, à bien plus forte raison, à ceux qui sont sous leur puissance ou qui les tiennent en la leur.*

Quia non juris successores sunt : Les légataires et les fidéicommissaires ont sans doute un intérêt particulier aux dispositions du testament; mais cet intérêt n'avait jamais suffi pour écarter leur témoignage. Lorsque le testament n'était considéré que comme une mancipation opérée entre le mancipant et le *familiæ emptor*, étant étrangers entièrement à l'acte, leur exclusion comme témoins ne pouvait pas même venir en la pensée; il ne leur était même pas conseillé de s'abstenir à titre de convenance. Ce droit se maintint après le testament des constitutions impériales, sur le motif qu'ils ne sont pas successeurs au droit du testateur, que l'hérédité ne leur est pas transmise et que le testament, par conséquent, ne peut pas être considéré comme passé entre le testateur et eux.

Quadam nostra constitutione. Elle ne nous est pas parvenue; nous en trouvons une au code, mais de Zénon (1).

---

(1) Cod. 6. 23. 22.

12. Nihil autem interest, testamentum in tabulis, an in charta membranave, vel in alia materia fiat.

12. Peu importe, du reste, que le testament soit écrit sur des tablettes sur du papier, sur du parchemin ou sur toute autre matière.

13. Sed et *unum testamentum pluribus perficere codicibus* quis potest, secundum obtinentem tamen observationem omnibus factis: quod interdum etiam necessarium est, veluti si quis navigaturus et secum ferre et domi relinquere judiciorum suorum contestationem velit; vel propter alias innumerabiles causas, quæ humanis necessitatibus imminent.

13. *On peut faire un seul testament en plusieurs originaux, les formes requises étant observées, bien entendu, à l'égard de chacun. Il peut arriver même que cela soit nécessaire ; par exemple, si quelqu'un qui entreprend une navigation veut emporter avec lui et laisser en même temps à son domicile l'attestation de ses dernières volontés, ou pour tant d'autres causes imminentes dans les destinées humaines.*

Unum testâmentum pluribus codicibus : Il n'y a qu'un seul testament, mais plusieurs exemplaires originaux. Il ne faut pas confondre ces exemplaires avec de simples copies. Les exemplaires, dont il s'agit ici, sont faits chacun avec l'accomplissement de toutes les formes prescrites (*secundum obtinentem observationem omnibus factis*) ; chacun a le caractère d'original et peut suppléer seul à la perte des autres, ils ne sont même faits que dans ce but. Des copies prises sur l'original n'auraient ni ce caractère, ni ces effets.

14. Sed hæc quidem de testamentis quæ scriptis conficiuntur. Si quis autem voluerit sine scriptis ordinare *jure civili* testamentum, septem testibus adhibitis et sua voluntate coram eis nuncupata fiet hoc perfectissimum testamentum

14. Tout cela n'est relatif qu'aux testamens faits par écrit; mais si quelqu'un veut ordonner, d'après le droit civil, son testament sans aucun écrit, en appelant sept témoins, et en faisant devant eux la déclaration verbale de sa volonté,

jure civili, firmumque constitutum. *ce sera là un testament parfait selon le droit civil, et confirmé par les constitutions.*

Si les testamens n'avaient pu se faire que par écrit, un grand nombre de citoyens auraient été réduits à l'impuissance de tester : mais on pouvait tester soit par écrit, soit verbalement. Le testament primitif *per æs et libram*, ne comportait même aucune nécessité d'écriture : le testateur, après avoir mancipé son hérédité au *familiæ emptor*, qui était alors l'héritier lui-même, pouvait lui faire connaître les dispositions qu'il lui donnait à exécuter, aussi bien par une déclaration verbale que par la remise de tablettes écrites (V. cid. p. 282) (1). Il en fut de même lorsque le *familiæ emptor*, ne fut plus qu'un étranger ; après la mancipation accomplie, le testateur pouvait, sans doute, remettre des tablettes écrites en faisant la nuncupation générale dont nous avons rapporté la formule (p. 283); mais il pouvait également s'abstenir de présenter aucun écrit et faire une nuncupation spéciale et détaillée, déclarant à haute voix le nom de son héritier et ses autres dispositions. Voilà pourquoi Ulpien dit : « *Licebit ergo testanti* » *vel nuncupare heredes vel scribere* » (2); la nuncupation générale accompagnée d'un écrit n'avait même été admise que comme un équivalent de la véritable et entière nuncupation.—L'édit prétorien, en exigeant l'apposition des cachets, et les constitutions impériales celle de la subscription des témoins, supposèrent la nécessité d'un écrit; mais, en même temps, la faculté de tester verbalement, selon le droit civil, par la nuncupation de sa volonté devant sept témoins, fut toujours maintenue aux citoyens : seulement il n'y fut plus question ni de mancipation préalable, ni de *emptor familiæ*, ni de *libripens*.

---

(1) G. 2. 103. — (2) Dig. 28. 1. 21 prin.

Jure civili. Nous venons de voir, en effet, que ce testament resta étranger aux nouvelles formes introduites par le droit prétorien et par le droit des constitutions; mais les préteurs n'en protégeaient pas moins son exécution, en donnant la possession de biens en vertu de ses dispositions (1). C'est ce testament que les commentateurs appelent *nuncupatif.*

TIT. XI.
DE MILITARI TESTAMENTO.

TIT. XI.
DU TESTAMENT MILITAIRE.

Du moment que les soldats commencèrent à pouvoir faire ou défaire les empereurs, et que ceux-ci, de leur côté, commencèrent à pouvoir donner, par leurs édits, des faveurs et des priviléges, les priviléges ne manquèrent pas aux soldats; ils en reçurent d'importans quant à leurs testamens, soit pour leur capacité de tester, soit pour la capacité de ceux à qui ils voulaient laisser leurs biens, soit pour la forme de l'acte, soit pour le mode de disposition. L'octroi de ces priviléges commença avec le premier empereur, Jules César, comme une simple concession temporaire (2); ses successeurs, Titus, Domitien, confirmèrent cette concession; Nerva et Trajan la généralisèrent; on en fit même une clause particulière, qui fut insérée dans les mandats impériaux, et dont le jurisconsulte Ulpien nous a conservé la formule (3). Les préteurs consacrèrent au testament militaire un chapitre spécial de l'édit, et diverses constitutions impériales réglèrent et

---

(1) Cod. 6. 11. 2 const. de Gordien.

(2) C'est un des exemples qui prouvent, ainsi que nous l'avons dit ci-dessus, tom. 1, p. 137, combien est fausse l'opinion vulgaire qui place seulement sous Adrien le commencement des constitutions impériales.

(3) D. 29. 1. 1 prin. f. Ulp.

développèrent ce droit exceptionnel(1). Le titre des Instituts que nous avons à expliquer ne traite que des priviléges relatifs à la forme du testament.

Supradicta diligens observatio in ordinandis testamentis, militibus *propter nimiam imperitiam* eorum constitutionibus principalibus remissa est. Nam quamvis ii neque legitimum numerum testium adhibuerint, neque aliam testamentorum solemnitatem observaverint, recte nihilominus testantur.

Videlicet, cum in expeditionibus occupati sunt : quod merito *nostra constitutio introduxit*.

Quoquo enim modo voluntas ejus suprema *sive scripta* inveniatur, *sive sine scriptura*, valet testamentum *ex voluntate ejus*.

Illis autem temporibus, per quæ citra expeditionum necessitatem in aliis locis vel suis ædibus degunt, minime ad vindicandum tale privilegium adjuvantur. Sed testari quidem, *etsi filii familias sunt*, propter militiam conceduntur ; jure tamen communi eadem observatione in eorum testamentis adhibenda, quam et in testamentis paganorum proxime exposuimus.

La nécessité rigoureuse de ces formes, dans la confection des testamens, a été remise aux militaires par les constitutions impériales, à cause de leur excessive impéritie. En effet, bien qu'ils n'aient employé ni le nombre légal des témoins, ni toute autre solennité requise, leur testament n'en est pas moins valable ; toutefois, dans le temps seulement qu'ils sont occupés en expédition, comme l'a introduit à bon droit notre constitution. Ainsi, de quelque manière que la volonté du militaire soit attestée, par écrit ou sans écrit, le testament est valable par l'effet seul de cette volonté. Mais dans les intervalles qu'ils passent hors de toute expédition, soit dans leurs foyers, soit ailleurs, il ne leur est nullement permis de réclamer un tel privilége. S'ils sont fils de famille, ils tireront bien du service militaire la capacité de tester, mais dans les formes du droit commun, en observant tout ce qui est prescrit aux autres citoyens.

Propter nimiam imperitiam. Ce n'était pas à cause de leur impéritie, mais bien à cause de leur qualité et de leur situation de soldat, puisque leurs priviléges portaient

---

(1) D. 2. f. Gai. — Voir aussi G. com. 2. § 109, 110. — Ulp. Reg. 3. 10. mandats.

même sur des conditions de capacité; et que, d'ailleurs, ils n'en jouissaient qu'à l'armée, en expédition.

Nostra constitutio introduxit. Malgré cette assertion, on peut justement mettre en doute que la constitution de Justinien soit la première origine introductive de cette règle, par laquelle le privilége des militaires est limité aux testamens faits dans les camps, en expédition : la règle paraît avoir existé dès le principe, ou du moins bien antérieurement à Justinien, à en juger par les fragmens d'Ulpien et par deux constitutions, l'une d'Antonin, l'autre de Constantin (1).

Sive scripta. L'eût-il, de son propre sang, dans le combat, au moment où la vie allait l'abandonner, écrite en lettres sanglantes sur son bouclier, sur le fourreau de son épée, ou l'eût-il tracée sur la poussière avec la pointe de son glaive (2).

Sive sine scriptura. Si le militaire constate sa volonté par écrit, aucun témoin n'est nécessaire; s'il la déclare verbalement, rien n'exige que les témoins auxquels il la déclare aient été convoqués spécialement ni qu'il y en ait plus de deux, nombre suffisant pour faire preuve, toutes les fois que la loi n'en a pas prescrit un plus grand (3).

Ex voluntate ejus. La seule volonté du militaire fait la force de son testament, indépendamment de toute forme et de toute solennité « *sufficiat nuda voluntas testatoris*, » porte le mandat impérial. Tout ce qu'on exige,

---

(1) Ulp. Reg. 23. 10. et surtout Dig. 29. 1. 4. f. Ulp.— Cod. 23. 21. 1 const. Anton. — 15 const. Constant. — La constitution de Justinien est au même titre du Code. loi 17. — (2) Ce sont les termes de la loi. Cod. 23. 21. 15 const. Constant. — (3) D. 22. 5. 12. f. Ulp.

c'est que cette volonté soit constante; de quelque manière qu'elle le soit, peu importe.

Etsi filii familias. Il s'agit du testament sur le pécule castrans, que les fils de famille peuvent faire, même lorsqu'ils ne sont plus au service; mais alors avec l'accomplissement de toutes les formes ordinaires.

1. Plane de testamentis militum divus Trajanus Statilio Severo ita rescripsit : « Id privilegium quod » militantibus datum est, ut quo-» quo modo facta ab iis testamenta » rata sint, sic intelligi debet, ut » utique prius constare debeat testamentum factum esse, *quod et sine scriptura* a non militantibus » quoque fieri potest. Is ergo miles » de cujus bonis apud te quæritur, » si *convocatis ad hoc hominibus* ut » voluntatem suam testaretur, ita » locutus est, ut declararet quem » vellet sibi heredem esse et cui » libertatem tribueret, potest videri sine scripto hoc modo esse » testatus, et voluntas ejus rata » habenda est. Ceterum, si, ut » plerumque sermonibus fieri so-» let, dixit alicui : Ego te here-» dem facio aut bona mea tibi » relinquo, non oportet hoc pro » testamento observari. Nec ullo-» rum magis interest, quam ipso-» rum quibus id privilegium datum » est, ejusmodi exemplum non » admitti. Alioquin non difficulter » post mortem alicujus militis tes-» tes existerent, qui affirmarent se » audisse dicentem aliquem, re-» linquere se bona cui visum sit :

1. *Voici à l'égard des testamens des militaires, un rescrit de l'empereur Trajan, adressé à Statilius Severus :* « Ce privilége accordé » aux soldats, de n'être tenus à au-» cune formalité pour la confec-» tion de leurs testamens, doit être » compris en ce sens, qu'il doit » être constant avant tout, qu'un » testament a été fait : or cet acte » peut être fait sans écrit, même » par des non militaires. Si donc » le soldat sur les biens duquel le » procès s'est élevé devant vous, » après avoir convoqué des témoins » pour leur manifester sa volonté, » leur a parlé de manière à décla-» rer qui il voulait pour son héri-» tier, à qui il accordait la liberté, » il peut être considéré, par cela » seul, comme ayant fait un tes-» tament sans écrit, et sa volonté » doit être maintenue. Que si au » contraire, comme cela a lieu » journellement en conversation, » il a dit à quelqu'un je te fais » mon héritier, ou, je te laisse mes » biens, il ne faut pas regarder » cela comme un testament. Per-» sonne n'est plus intéressé que » ceux-là même qui jouissent du » privilége militaire, à ce qu'un

» et per hoc vera judicia subver-
» tuntur. »

» pareil exemple ne soit pas admis;
» autrement il ne serait pas diffi-
» cile, à la mort d'un soldat, de
» trouver des témoins qui affirme-
» raient lui avoir ouï dire qu'il
» laissait ses biens à tel ou tel selon
» leur gré, et par là se trouve-
» raient subverties les véritables in-
» tentions. »

Quod et sine scriptura. Le *quod* se rapporte bien au testament. Le sens est que le testament peut être fait sans écrit, *même* par des non militaires (ET *a non militantibus*), et par conséquent aussi par des militaires, toujours, bien entendu, avec la dispense des solennités. Voilà pourquoi l'empereur résume plus loin sa décision par ces mots : *potest videri sine scripto hoc modo esse testatus.* Du reste, la controverse des commentateurs sur ce *quod* est sans importance.

Convocatis ad hoc hominibus. Ce qui ne veut pas dire que les témoins, dans les testamens des militaires, doivent être spécialement convoqués. L'empereur répond à l'espèce sur laquelle il avait été consulté, et il pose les faits; mais il ne promulgue pas une règle. Il suffit de lire la paraphrase de Théophile pour bien apprécier le caractère de rescript qui appartient à cette constitution.

2. Quinimo et mutus et surdus miles testamentum facere potest.

2. *Bien plus, le militaire muet ou sourd peut faire son testament.*

Il faut supposer, dit la paraphrase de Théophile, qu'il s'agit d'un militaire qui, par suite de l'infirmité qui lui est survenue, va recevoir son congé pour cause accidentelle (*causaria missio*), et qui fait son testament, comme dit Ulpien, avant d'avoir reçu ce congé (*ante causariam missionem*), au moment où il compte encore dans les rangs de l'armée (1). Il serait, en effet, absurde et honteux, ajoute Théophile, que le sourd ou le muet fussent admis ou restassent au service militaire; car l'un n'entend pas les commandemens de son chef, et l'autre, s'il fallait appeler aux armes, ne le pourrait pas.

Le privilége de forme dont il s'agit ici devient, pour le sourd ou muet, un privilége de capacité, puisque la nécessité des formes solennelles ne lui permettrait aucunement de tester.

3. Sed hactenus hoc illis a principalibus constitutionibus conceditur, *quatenus militant* et in castris degunt. *Post missionem* vero veterani, vel extra castra si faciant adhuc militantes testamentum, communi omnium civium romanorum jure facere debent. Et quod in castris fecerunt testamentum, non communi jure, sed quomodo voluerint, post missionem intra annum tantum valebit. Quid igitur si intra annum quidem decesserit, conditio autem heredi adscripta *post annum extiterit ? an quasi testamentum militis valeat ? Et placet valere quasi militis.*

3. *Mais les constitutions impériales n'accordent ce privilége aux soldats que lorsqu'ils sont au service et dans les camps; ainsi les vétérans après leur congé, et les soldats encore au service, mais hors du camp, ne peuvent faire leur testament qu'en suivant les formes du droit commun à tous les citoyens. Le testament qu'ils auront fait au camp non d'après le droit commun, mais par leur seule volonté, ne restera même valable après leur congé que pendant une année. Qu'arrivera-t-il donc si le testateur vient à mourir dans l'année, mais que la condition imposée à l'héritier s'accomplisse seulement passé ce délai ? le testament sera-t-il valable comme testament d'un soldat ? On décide qu'il sera valable comme tel.*

Quatenus militant. Le privilége n'existe pas encore lorsqu'on n'est pas encore militaire, et il n'existe plus lorsqu'on a cessé de l'être. Or, on n'est militaire que du

---

(1) D. 29. 1. 4. f. Ulp.

moment où l'on a été incorporé, inscrit dans les cadres (*in numeris*), et on cesse de l'être lorsqu'on en a été rayé par suite d'un congé ou de toute autre cause. Les nouvelles levées, par exemple, (*lecti tirones*), bien qu'elles fassent route aux frais de l'État pour rejoindre l'armée, ne sont pas encore militaires, jusqu'à leur incorporation (1).

Post missionem. Pourvu que ce soit un congé honorable ou pour cause accidentelle (*honestam*, vel *causariam missionem*, termes consacrés). Les testamens de ceux qui sont renvoyés pour cause honteuse (*ignominiæ causa missi*) cessent à l'instant de valoir comme testamens militaires. Il en est de même de ceux des officiers qui ont reçu, non pas leur congé, mais un successeur (2).

Conditio autem... post annum extiterit? Dans le droit romain, lorsque l'institution d'héritier est conditionnelle, l'hérédité testamentaire ne s'ouvre qu'à l'accomplissement de la condition et non à la mort du testateur. Dans cet intervalle et jusqu'à l'addition, l'hérédité est censée, comme nous l'avons déjà dit, *continuer la personne du défunt;* faudra-t-il en conclure que le testament du militaire mort dans l'année de son congé ne sera pas valable, parce que la condition ne se sera accomplie, et par conséquent l'hérédité testamentaire ne se sera ouverte qu'après l'année? Non, sans doute; si on donne une année au militaire, c'est pour lui laisser le temps de refaire son testament selon le droit commun; si ce temps lui a manqué, son testament militaire est valable, à quelque époque que se reportent ses dispositions. C'est donc le moment

---

(1) D. 29. 1. 42. f. Ulp. — (2) *Ib.* 26. f. Macer. — 21. f. Afric.

même de la mort du testateur qu'il faut considérer ici et non pas celui de l'ouverture de l'hérédité.

Néanmoins ce n'était pas seulement pour ce qui concernait les priviléges de forme, mais même pour les autres priviléges testamentaires des militaires que la durée du testament militaire était limitée à une année après le congé. Ainsi il en était de même pour les priviléges relatifs à la capacité du testateur, à celles des héritiers, etc. (1). Voilà ce qui avait pu surtout autoriser le doute dans la question que nous venons de poser et de résoudre avec le texte.

4. Sed et si quis ante militiam non jure fecit testamentum, et miles factus in expeditione degens resignavit illud; et quædam adjecit sive detraxit, vel alias manifesta est militis voluntas hoc valere volentis, dicendum est valere testamentum, quasi *ex novâ militis voluntate*.

4. Quelqu'un, avant d'entrer au service, a fait un testament irrégulier; plus tard, devenu militaire et en expédition, il l'a ouvert; il y a ajouté, ou bien il en a retranché quelques dispositions, ou, de toute autre manière, s'est trouvée manifestée la volonté du militaire que ce testament fût valable : il faut décider que le testament vaut, comme par la nouvelle volonté d'un militaire.

Ex novâ militis voluntate. Puisqu'il est dispensé de toutes formes, en manifestant sa volonté d'adopter son ancien testament, soit avec, soit sans modification, il fait de ce testament, nul jusque-là, un *nouveau testament*, valable selon le droit militaire. Mais, s'il n'avait pas manifesté cette nouvelle volonté, le testament serait toujours resté nul, parce que le privilége ne s'applique pas aux testamens des militaires, mais aux testamens *faits* par les militaires (*non militum testamenta, sed quæ a militibus facta sunt.*)

---

(1) D. 28. 3. 7. f. Ulp.

Après avoir examiné, avec le texte des Instituts, les priviléges de forme accordés à l'état militaire, il nous reste à dire quelques mots des autres principaux priviléges. *Quant à la capacité de tester* : le droit concédé aux fils de famille de tester sur le pécule castrans n'était, dans son origine, qu'un privilége militaire. *Quant à la capacité de ceux en faveur de qui on teste* : Les militaires pouvaient instituer héritiers les déportés et presque tous ceux avec lesquels on n'avait pas faction de testament (1); tels étaient encore au temps de Gaïus les *peregrini*, les latins juniens, les célibataires, les *orbi* (2). *Quant à la liberté, à l'étendue et au mode de leurs dispositions* : Ils n'étaient pas soumis à la nécessité d'une déclaration formelle pour exhéréder leurs enfans (3); leur testament n'était pas rescindé pour inofficiosité (4); ils pouvaient léguer plus des trois quarts de leurs biens (5); mourir partie testat et partie intestat (6); par conséquent avoir plus d'un testament (7); disposer de l'hérédité même par codicilles 8).

C'est à cette classe de priviléges que se rapporte le paragraphe suivant de notre titre, et non aux priviléges de forme.

5. Denique si *in adrogationem datus fuerit miles*, vel filius familias *emancipatus* sit, testamentum ejus *quasi militis ex nova voluntate valet*, nec videtur capitis diminutione irritum fieri.

5. Enfin qu'un soldat se soit donné en adrogation, ou bien que fils de famille il ait été émancipé, son testament vaudra comme par une nouvelle volonté de militaire, et sera considéré comme n'ayant pas été rendu inutile par la diminution de tête.

---

(1) Dig. 29. 1. 13. § 2. f. Ulp. — (2) Gai. 2. § 110 et 111. — (3) Voir ci-dessous tit. 13. § 6. — (4) Cod. 3. 28. 9. Const. Alexand. — (5) Cod. 6. 21. 12. Const. — (6) Dig. 29. 1. 6. f. Ulp. — 37. f. Paul. - -(7) *Ib.* 19. pr. f. Ulp. — (8) *Ib.* 36. pr. f. Paul.

Il faut savoir, pour l'intelligence de ce paragraphe, que, d'après le droit commun, le testament du citoyen romain, bien que fait valablement dans son principe, tombait, devenait inutile (*irritum*), si le testateur éprouvait l'une quelconque des trois diminutions de tête. Examinons quelles étaient sur ce point les exceptions produites par l'état militaire, en commençant par la grande et par la moyenne diminutions, dont le texte ne parle pas.

Ces deux diminutions rendaient le testament *irritum*, parce que le testateur perdait les droits de liberté ou de cité. Il y avait une exception en faveur du militaire qui les aurait éprouvées par suite d'une peine infligée pour un délit militaire (*ex militari delicto damnatus*). Un rescript d'Adrien lui permettait de tester malgré sa condamnation, et Ulpien affirme qu'il testera selon le droit privilégié des militaires (*et, credo, jure militari testabitur*). Cela posé, le jurisconsulte se demande ce que deviendra son testament, s'il en avait fait un avant sa diminution de tête? Selon le droit rigoureux, il deviendra *irritum*, par suite du changement d'état et de personne que le testateur a subi; mais faudra-t-il nécessairement qu'il soit refait pour reprendre la validité qu'il aura perdue en droit strict (*an vero pœna irritum factum reficiendum est?*) Non, décide Ulpien, car puisque le rescrit d'Adrien permet à ce condamné de tester, et puisqu'il teste alors avec les priviléges militaires, la seule volonté, de sa part, que son testament précédent reste valable, suffit pour faire considérer ce testament comme refait (*et si militari jure ei testandum sit, dubitari non oportet, quin si voluit id valere, fecisse id credatur* (1). C'est bien le cas d'appliquer justement ces expressions

---

(1) Di. 28. 3. 6. § 6. f. Ulp.

de notre paragraphe : *Quasi militis ex nova voluntate valet.*

Passons à la petite diminution de tête, qui peut arriver, soit pour les chefs de famille par l'adrogation, soit pour les fils par l'émancipation ou par l'adoption. Il faut bien se pénétrer de cette idée que, par la petite diminution de tête, de quelque manière qu'elle arrivât, soit qu'elle augmentât ou qu'elle diminuât la capacité de celui qui la subissait, il y avait toujours renouvellement de personne, renouvellement de famille, renouvellement de propriété. L'individu diminué de tête, en passant dans une nouvelle famille, devenait une nouvelle personne, et s'identifiait à une nouvelle propriété, puisque la propriété était concentrée dans chaque famille. D'où il résultait que le testament qu'il avait fait auparavant ne pouvait plus conserver aucun effet lorsque la personne, la famille et même la propriété, n'étaient plus les mêmes. Il devenait donc *irritum*, sauf au testateur à en faire un nouveau, dans la nouvelle position où il venait d'entrer, si cette position le lui permettait. Tel était le droit commun. Mais les militaires avaient encore sur ce point le privilége qu'ils n'avaient pas besoin de dresser ces nouvelles dispositions ; le testament fait pour la position qu'ils occupaient avant leur changement d'état s'appliquait à la nouvelle (*quasi militis ex nova voluntate*); et bien que rigoureusement, il fût devenu *irritum* par la diminution de tête, il était censé ne pas l'être (*nec videtur capitis diminutione irritum fieri*).

In adrogationem. Ainsi, le testament fait par un chef de famille *militaire*, soit pour tous ses biens, soit pour les seules choses acquises dans les camps, se transformait, en quelque sorte, si ce chef de famille venait à se donner en adrogation, et s'appliquait au pécule castrans formé par la diminution de tête, comme s'il eût été fait pour ce pécule. Mais il n'en aurait pas été ainsi, s'il se fût agi de l'adrogation d'un vétéran ayant déjà cessé d'être militaire (1).

Emancipatus. Ainsi, le testament que le fils de famille *militaire* avait fait sur son pécule castrans se transformait en quelque sorte, si ce fils de famille venait à être émancipé; et bien que celui-ci, étant devenu chef, n'eût plus aucun pécule, mais seulement des biens formant une seule et même masse (2), le testament fait pour le pécule castrans s'appliquait à cette nouvelle situation, comme s'il eût été fait pour elle (3). Il paraît que ce dernier privilége avait été même étendu aux vétérans (4).

Quasi militis ex nova voluntate. Dans tous ces cas, la transformation du testament répond à la transformation de la personne et de la propriété, comme s'il y avait eu volonté nouvelle.

6. Sciendum tamen est, quod ad exemplum castrensis peculii,

6. A l'imitation du pécule cas.rans, des lois antérieures et les cons-

---

(1) D. 29. 1. 23. f. Tertull.—(2) Cod. 3. 28. 37. in fine.—(3) *Ib.* 22. f. Marcian.—(4) D. 37. 11. 1. § 8. f. Ulp.—28. 3. 6. § 13 f. Ulp.—Quoi qu'on puisse induire des expressions de ce jurisconsulte, c'était bien là un droit exceptionnel et privilégié. Pour le cas d'adrogation, Tertullien le dit positivement; pour le cas d'adoption, Marcien le dit encore, et il faut le reconnaître forcément, même dans ce cas, pour toutes les hypothèses. En effet, veut-on supposer que le testament fait par le fils de famille sur son pécule castrans se maintenait, après son émancipation, seulement sur les choses acquises dans les camps; mais comment ce chef de famille pouvait-il, si ce n'était par suite d'un privilége, être partie testat, partie intestat? Veut-on supposer, au contraire, que ce testament s'appliquait à tous les biens; mais comment, n'ayant été fait que pour le pécule castrans, prenait-il cette extension universelle, subissait-il cette transformation, si ce n'était encore par présomption privilégiée, *quasi ex nova militis voluntate?*

tam *anteriores leges* quam principales constitutiones quibusdam quasi-castransia dederunt peculia, et *quorum quibusdam* permissum erat etiam in potestate degentibus testari. Quod *nostra constitutio*, latius extendens, permisit omnibus in his tantummodo peculiis testari, *sed jure quidem communi*. Cujus constitutionis tenore perspecto licentia est nihil eorum quæ ad præfatum jus pertinent, ignorare.

titutions impériales avaient permis à certains personnages d'avoir un pécule quasi-castrans; parmi eux, quelques uns avaient reçu l'autorisation d'en disposer par testament, bien qu'ils fussent en puissance. Notre constitution, étendant cette faculté, l'a concédée à tous ceux qui ont de semblables pécules; leurs testamens restant d'ailleurs assujettis au droit commun. Par la lecture de cette constitution on peut apprendre tout ce qui se rapporte à ce droit particulier.

Anteriores leges. Il ne faut pas conclure de là que la création du pécule quasi-castrans remonterait à des lois antérieures aux constitutions, c'est-à-dire à des lois de la république. On peut tout au plus induire (comme nous l'avons dit ci-dessus, pag. 252), de certains fragmens d'Ulpien au Digeste, que ce pécule était déjà connu avant les constitutions de Constantin; encore cette date est-elle controversable, car, dans une autre opinion, on considère les fragmens d'Ulpien comme ayant été interpolés par les rédacteurs du Digeste, et le pécule quasi-castrans comme étant une innovation qui date de Constantin seulement.

Quorum quibusdam. Le droit de tester sur le pécule castrans n'avait pas été accordé, avant Justinien, généralement à tous ceux qui avaient un pareil pécule; mais seulement, par exception, à quelques classes privilégiées : tels étaient les consuls, les proconsuls, les préfets de légion, les présidens de province et autres; Justinien est le premier qui l'accorde à tous sans distinction.

Nostra constitutio. Au Code, liv. 3, tit. 28, *de inoffi-*

cioso testamento, constitution, 37. — C. lib. 6, tit. 22, const. 12.

Sed jure quidem communi. Sans les priviléges militaires.

Du reste, ce paragraphe appartient au titre suivant plutôt qu'à celui-ci.

De quelques autres testamens dispensés des formes ordinaires.

Dans cette classe se rangent :

Les testamens faits dans les camps par ceux qui, sans être militaires, vivent à l'armée (*in hosticolo, in procinctu versantur*) et sont exposés aux mêmes périls (*eadem pericula experiuntur*). Ces testamens, en cas de décès à l'armée, sont valables, sans autres formes que ceux des militaires (1);

Les testamens des *navarchi, trierarchi*, des rameurs et des nautonniers sur les flottes, car ces marins sont militaires (2);

Les testamens des individus atteints d'une maladie contagieuse, pour lesquels une constitution de Dioclétien et de Maximien fait remise, non pas de la convocation et du nombre des témoins, mais de la nécessité de les rapprocher, de les mettre en présence du testateur, ou même entre eux, suivant une autre interprétation (3);

Les testamens faits à la campagne, où il est souvent difficile de trouver des individus sachant écrire. Pour ces testamens une constitution de Justinien accorde, selon les cas, diverses remises quant à la nécessité de la

---

(1) D. 37. 13. 1. pr. f. Ulp. — (2) *Ib.* § 1. — (3) Cod. 6. 23. 8.

subscription du testateur et des témoins, et permet même de réduire jusqu'à cinq le nombre de ces témoins (1).

TIT. XII.
QUIBUS NON EST PERMISSUM FACERE TESTAMENTUM.

TIT. XII.
QUELS SONT CEUX QUI N'ONT PAS LA PERMISSION DE FAIRE UN TESTAMENT.

Une première chose à considérer, dit Gaïus, si nous recherchons la validité d'un testament, c'est de savoir si celui qui l'a fait avait la faction de testament : « *imprimis advertere debemus, an is qui id fecerit, habuerit testamenti factionem.* »

Nous avons suffisamment expliqué quelle était l'origine et la valeur primitive de cette expression : *faction de testament*. Nous savons que, depuis la simplification des formes testamentaires, elle désigne, selon la propre définition des Instituts, en premier lieu la capacité de faire un testament; et, en second lieu, celle de recevoir et d'acquérir, pour soi ou pour autrui, par le testament d'un autre (2).

C'est de la première de ces deux capacités que nous allons nous occuper ici avec le texte.

La faction de testament n'était pas de droit privé, mais de droit public : « *Testamenti factio non privati sed publici juris est,* » nous dit Papinien (3). Le droit de régler son hérédité n'était pas une conséquence nécessaire de la propriété, il fallait l'avoir reçu de la loi; et ceux-là n'avaient pas la faction de testament auxquels elle n'avait

---

(1) *Ib.* 31. C'est l'origine des dispositions analogues de notre droit.
(2) D'où les commentateurs ont fait deux sortes de faction : la *faction active* et la *faction passive*; expressions qui n'ont jamais été dans la langue du droit romain. La faction, c'est-à-dire la coopération à la confection du testament, était un fait actif, tant de la part du testateur que du *familiæ emptor*, du *libripens* et des témoins.
(3) D. 28. 1. 3.

pas été concédée : *quibus non est permissum facere testamentum.*

Il importe de bien distinguer deux choses dans la faction de testament : le droit d'avoir un testament et celui de le faire, c'est-à-dire l'attribution légale du droit et la capacité suffisante pour l'exercer, ou, plus simplement, le droit et l'exercice du droit. Ainsi, tout citoyen romain, chef de famille, a le droit d'avoir un testament; mais, s'il est fou ou impubère, voilà une impossibilité morale; s'il est sourd et muet, une impossibilité physique, qui le mettent hors d'état de tester et qui produisent à son égard une incapacité exceptionnelle d'exercer le droit qui, selon la règle commune, lui était dévolu.

Pour la faction de testament, c'est-à-dire pour pouvoir le confectionner, le faire valablement, il faut les deux choses : l'attribution légale du droit et la capacité de l'exercer; l'une et l'autre sont également indispensables : si l'une ou si l'autre manque, le testament est nul dès son principe et ne pourra jamais rien valoir. Mais une fois le testament valablement fait, des distinctions importantes se présentent.

La capacité d'exercer le droit peut cesser et ne plus reparaître; le testateur peut devenir fou, interdit, sourd et muet et l'être encore au moment de sa mort, peu importe : pourvu que l'attribution du droit d'avoir un testament lui soit restée, il n'a plus affaire de l'exercice de ce droit, puisqu'il l'a déjà exercé, puisqu'il s'est précautionné, puisqu'il a fait son testament à l'avance, en temps opportun. Ce testament reste valable, et l'incapacité subséquente, qui n'affecte que l'exercice, ne nuit pas plus au droit du testateur que ne nuirait l'incapacité physique, résultat de la maladie et des approches de la mort.

Mais quant à l'attribution légale du droit en lui-même,

il en est tout autrement : il faut que ce droit existe et se maintienne jusqu'au décès. En effet, le testament n'est fait en réalité que pour cette époque suprême; s'il est dressé avant, ce n'est que par anticipation. La disposition de l'hérédité, quoique déclarée par avance, est censée faite par le mourant au moment même où la vie l'abandonne; il faut donc qu'à ce moment il ait encore, non pas la capacité de déclarer sa volonté, mais le droit lui-même de disposer. Il y a plus, les principes rigoureux exigeaient que le droit n'eût jamais cessé d'exister en lui, depuis le moment où le testament avait été fait, jusqu'à celui de la mort. S'il avait été détruit dans l'intervalle, pendant un temps quelconque, peu importait qu'il eût été rétabli avant la mort, cela avait suffi pour rendre inutile le premier testament, sauf à en faire un autre. Nous verrons quels adoucissemens le droit prétorien avait apportés à ces rigueurs de principes.

En résumé, posons en règle qu'il y a, quant au droit du testateur, trois époques à considérer : celle de la confection du testament, celle de la mort et le temps intermédiaire. La capacité d'exercer le droit n'est exigée qu'à la première de ces époques, c'est-à-dire lors de la confection de l'acte; mais le droit en lui-même l'est aux trois époques, depuis le testament jusqu'à la mort, sans interruption.

Ces préliminaires étant posés, l'intelligence du texte nous sera facile.

Non tamen omnibus licet facere testamentum. Statim enim ii qui alieno juri subjecti sunt, testamenti faciendi jus non habent, adeo quidem ut, *quamvis parentes eis permiserint*, nihilo magis jure testari possint : exceptis iis quos	*Il n'est pas permis à tous de faire un testament. Et d'abord ceux qui sont soumis à la puissance d'autrui n'en ont pas le droit, à un tel point que, même avec la permission des chefs de famille, ils ne pourraient légalement tester:*

antea enumeravimus, et præcipue militibus qui in potestate parentum sunt, quibus de eo quod in castris acquisierunt, permissum est ex constitutionibus principum testamentum facere. Quod quidem jus initio, tantum militantibus datum est, tam auctoritate divi Augusti, quam Nervæ, necnon optimi imperatoris Trajani; postea vero subscriptione divi Hadriani et etiam dimissis a militia, idest veteranis, concessum est. Itaque si quod fecerint de castrensi peculio testamentum, pertinebit hoc ad eum quem heredem reliquerint. *Si vero intestati decesserint nullis liberis vel fratribus superstitibus*, ad parentem eorum *jure communi* pertinebit. Ex hoc intelligere possumus, quod in castris adquisierit miles qui in potestate patris est, neque ipsum patrem adimere posse, neque patris creditores id vendere vel aliter inquietare, neque patre mortuo cum fratribus commune esse, sed scilicet proprium ejus esse qui id in castris adquisierit; quamquam jure civili omnium qui in potestate parentum sunt, peculia perinde in bonis parentum computantur, ac si servorum peculia in bonis dominorum numerantur. Exceptis videlicet iis quæ ex sacris constitutionibus, et præcipue nostris, propter diversas causas non adquiruntur. *Præter hos igitur* qui castrense vel quasi-castrense habent, si quis alius filius familias

il faut excepter ceux que nous avons précédemment énumérés, et particulièrement les fils de famille militaires, auxquels les constitutions impériales ont permis de disposer par testament des choses acquises par eux dans les camps. Dans le principe ce droit, accordé successivement par le divin Auguste, par Nerva et par l'excellent prince Trajan, ne le fut qu'en faveur de ceux qui étaient au service; mais plus tard, le divin Adrien le concéda également à ceux qui avaient obtenu leur congé, c'est-à-dire aux vétérans. Si donc ils ont fait un testament sur leur pécule castrans, ce pécule appartiendra à celui qu'ils auront institué héritier; mais s'ils sont morts intestat, sans laisser d'enfans ou de frères, leur pécule appartiendra d'après le droit commun au chef de famille. Nous pouvons comprendre par là que le pécule castrans du soldat soumis à la puissance paternelle ne peut ni lui être enlevé par le père, ni être vendu ou saisi par les créanciers du père; et qu'à la mort du père, la propriété n'en est pas commune avec les frères; mais exclusivement propre à celui qui l'a acquise dans les camps; bien que d'après le droit civil, les pécules de tous ceux qui sont sous la puissance paternelle soient comptés au nombre des biens du chef de famille comme les pécules des esclaves le sont au nombre des biens

testamentum fecerit, inutile est, licet suæ potestatis factus decesserit.	*de leur maître: à l'exception toutefois des biens que les constitutions impériales et surtout les nôtres ont, pour diverses causes, soustrait à l'acquisition du père de famille. Hors ceux qui ont un pécule castrans ou quasi-castrans, si tout autre fils de famille fait un testament, c'est un acte inutile, quand bien même le testateur serait devenu chef de famille avant sa mort.*

Ce paragraphe préliminaire est relatif au droit lui-même de tester, et les paragraphes suivans à la capacité de l'exercer. Les individus auxquels le droit de tester n'a pas été attribué, sont :

Les esclaves, et par conséquent ceux qui ont éprouvé la grande diminution de tête, soit par la servitude de la peine, soit par la captivité chez l'ennemi. Nous voyons cependant dans Ulpien que les esclaves publics du peuple romain (*servus publicus populi romani*) pouvaient disposer par testament de la moitié de leur avoir (1);

Les *peregrini*, auxquels le droit de commerce n'a pas été concédé; et par conséquent ceux qui ont essuyé la moyenne diminution de tête. — Toutefois les *peregrini* spécialement citoyens d'une cité (*certæ civitatis cives*), pouvaient y tester selon les lois de cette cité (2);

Ceux dont l'état est incertain, douteux, (*qui incertus de statu suo est; de statu suo dubitantes vel errantes*). Tel serait l'esclave affranchi par le testament de son maître, mais qui ignorerait que celui-ci est mort et que l'addition a eu lieu. Ainsi, il faut avoir la conscience, la certitude de son état et du droit qu'il produit (3);

---

(1) Ulp. Reg. 20. 16. — (2) *Ib*, § 14. — (3) D. 28. 1. 14. f. Paul.— 15 f. Ulp.

Les affranchis, ni même les fils d'affranchis, n'avaient le droit de tester dans la législation primitive, antérieure aux douze Tables. Ce fut une rigueur dont les praticiens furent contraints de se relâcher lors de la rédaction de ces lois. Plus tard, lorsqu'on distingua trois classes d'affranchis, les deux nouvelles classes qui furent créées, c'est-à-dire les *latins juniens* et les *déditices*, n'eurent pas le droit de tester (1). Il ne s'agit plus de ces différences sous Justinien;

Les individus déclarés *intestabiles*, dont nous avons parlé ci-dessus, pag. 291;

Enfin les fils de famille, les seuls dont s'occupe le texte. Il ne pouvait pas même être question pour eux de tester, puisqu'ils n'avaient aucune propriété, *quoniam nihil suum habent*, dit Ulpien;

Quamvis parentes eis permiserint: Le consentement du chef sur la tête duquel la propriété reposait était impuissant, parce qu'on peut bien faire faire par autrui l'aliénation de sa chose, mais non pas une disposition testamentaire. Il n'y a qu'un droit privé dans le premier cas; il y a un droit public dans le second.

Lorsque la propriété de certains pécules fut attribuée aux fils de famille, ce droit ne fut pas suffisant pour emporter celui de tester; car l'un, selon ce que nous avons déjà dit, n'est pas la conséquence nécessaire de l'autre. Il fallut que la faction de testament leur fût spécialement concédée; et elle le fut graduellement, de la manière indiquée dans le texte: d'abord pour le pécule *castrans*, et en faveur seulement des militaires, ensuite même pour les vétérans; puis pour le pécule *quasi-castrans*, en faveur seulement de certaines classes, et enfin, d'après

---

(1) Ulp. 20. 14.

Justinien, pour tous ceux qui avaient ce genre de pécule.

Si vero intestati decesserint. La position du pécule castrens était bien différente, selon que le fils de famille mourait ayant testé ou n'ayant pas testé sur le pécule. S'il avait testé, le pécule castrens formait une véritable hérédité testamentaire, déférée, en cette qualité, à ceux qu'il avait désignés pour héritiers (*testamento facto, pro hereditate habetur castrense peculium*). S'il était mort sans tester, le pécule castrens ne formait pas une hérédité *ab intestat*, mais le fils n'ayant pas usé du droit qui lui avait été concédé, le pécule castrens rentrait dans le droit commun, c'est-à-dire dans le droit de tous les pécules; le chef de famille le reprenait, non par droit héréditaire, mais par droit de pécule (*non quasi hereditas, sed quasi peculium*) (1), comme chose à lui appartenant, selon le droit ancien (*antiquo jure*), et même, par une sorte de *postliminium*, le père était censé n'avoir jamais été privé de cette propriété, et les actes d'aliénation qu'il avait pu en faire avant la mort de son fils devenaient valables. (*Quod si intestatus decesserit filius, postliminii cujusdam similitudine pater antiquo jure habeat peculium, retroque videatur habuisse rerum dominia.* ») (2). En effet, dit ici Théophile dans sa paraphrase, lorsque celui à qui il a été concédé par innovation quelque faveur exceptionnelle n'en a pas usé, l'ancienne loi reprend son effet.

Nullis liberis vel fratribus superstitibus. C'est une dérogation introduite au droit que nous venons d'exposer. Ainsi, le fils étant mort intestat, son pécule castrens ne fait pas immédiatement retour, à titre de pécule, au chef de famille; mais il est recueilli de préférence comme

---

(1) D. 49. 17. 1 et 2. f. Ulp. — (2) *Ib.* 19. § 3. f. Triph.

succession *ab intestat*, par ses enfans, et à défaut par ses frères. Ce n'est qu'en cas où le fils décédé ne laisserait ni enfans ni frères, que le pécule castrans parviendrait au père.

Jure communi. Mais alors sera-t-il retour au chef de famille, à titre de pécule, selon le droit commun à tous les pécules; ou bien sera-t-il déféré aux ascendans, à titre de succession *ab intestat*, selon le droit commun des successions introduites par Justinien ? Les mots *jure communi* de notre texte ont-ils la première ou la seconde signification? C'est dans le premier sens qu'ils sont interprétés par les commentateurs; mais la paraphrase de Théophile leur donne la signification tout-à-fait inverse : *selon le droit commun*, dit le professeur contemporain de Justinien, *c'est-à-dire comme un pécule ordinaire*. Nous y reviendrons en nous occupant des successions.

Præter hos igitur. Quoique les fils de famille aient la propriété du pécule adventif, ils ne peuvent donc en disposer par testament, parce que ce droit ne leur est accordé par aucune loi.

1. Præterea testamentum facere non possunt] : impuberes , quia nullum eorum animi judicium est; item furiosi, quia mente carent. Nec ad rem pertinet, si impubes postea pubes, aut furiosus postea compos mentis factus fuerit et decesserit. Furiosi autem, si per id tempus fecerint testamentum quo furor eorum intermissus est, jure testati esse videntur : certe eo, quod ante furorem fecerint, testamento valente. Nam neque testamentum recte factum, neque ul-

1. *En outre, ne peuvent faire un testament : les impubères, parce qu'ils n'ont pas de jugement, et les fous parce qu'ils manquent de raison. Et peu importe que dans la suite l'impubère soit mort ayant atteint l'âge de puberté, ou le fou ayant recouvré sa raison ; toutefois, le testament fait par le fou dans un intervalle lucide, est réputé valable; à plus forte raison celui qu'il aurait fait avant sa folie. Car la folie qui survient ne peut rendre nuls, ni le testament*

lum aliud negotium recte gestum, postea furor interveniens perimit.

2. Item prodigus, cui bonorum suorum administratio interdicta est, testamentum facere non potest; sed id quod fecit antequam interdictio bonorum ei fiat, ratum est.

3. Item surdus et mutus *non semper* testamentum facere possunt. Utique autem de eo surdo loquimur qui omnino non exaudit, non de eo qui tarde exaudit: nam et mutus is intelligitur qui eloqui nihil potest, non qui tarde loquitur. Sæpe enim etiam litterati et eruditi homines variis casibus et audiendi et loquendi facultatem amittunt. Unde *nostra constitutio etiam his subvenit,* ut, certis casibus et modis secundum normam ejus, possint testari, aliaque facere quæ eis permissa sunt. Sed si quis post factum testamentum, adversa valetudine aut quolibet alio casu mutus aut surdus esse cœperit, *ratum nihilominus ejus permanet testamentum.*

ni tout autre acte valablement fait auparavant.

2. De même le prodigue à qui l'administration de ses biens est interdite ne peut faire un testament; mais celui qu'il a fait avant son interdiction demeure valable.

3. De même, le sourd et le muet ne peuvent pas toujours faire un testament; par sourd nous voulons dire celui qui ne peut absolument rien entendre, et non celui qui entend difficilement; par muet celui qui ne peut pas du tout parler, et non celui qui parle difficilement. Mais il arrive souvent que des hommes, même lettrés et érudits, perdent, par divers accidens, la faculté d'entendre et de parler. Une de nos constitutions est venue à leur aide afin que, dans certains cas et avec certaines formes, suivant les règles qui y sont tracées, ils puissent tester et faire d'autres actes qui leur sont permis. Du reste si quelqu'un, après avoir fait son testament, est devenu sourd ou muet par suite d'une maladie ou de tout autre accident, son testament n'en reste pas moins valable.

Non semper. Ils ne le pouvaient que par exception : soit par privilége militaire, soit par l'octroi d'une permission impériale qu'ils auraient individuellement obtenue (1).

---

(1) D. 28. 1. 7. f. Æmil. Mac.

Nostra constitutio etiam his subvenit. Cette constitution, la dixième au titre 22 du livre 6 du Code, accorde la faculté de faire leur testament à tous les sourds et muets qui sont en état de manifester leur volonté, soit parce qu'ils n'ont que l'une ou que l'autre de ces infirmités, soit parce qu'ils n'en ont été atteints que par accident et savent écrire, soit par toute autre cause. La faction du testament ne reste prohibée qu'à ceux qui se trouvent réellement dans l'impossibilité physique de le faire, tels que les sourds et muets de naissance.

Ratum permanet testamentum. Ce paragraphe et les deux qui précèdent n'étant relatifs qu'à des incapacités qui affectent l'exercice seulement et non pas le droit, il faut y appliquer les principes généraux que nous avons exposés ; c'est-à-dire que le testament fait à l'époque de l'impuberté, de la démence, de l'interdiction, ne sera jamais valable, quand même ces causes d'incapacité viendraient à cesser ; et, en sens inverse, le testament fait en pleine capacité restera valable quand bien même la démence, l'interdiction, le mutisme et la surdité surviendraient. Nous avons suffisamment expliqué pourquoi.

4. Cæcus autem non potest facere testamentum, nisi per observationem quam *lex divi Justini*, patris nostri, introduxit.	4. *L'aveugle ne peut tester qu'en suivant les formes introduites par la loi de l'empereur Justin, notre divin père.*

Lex divi Justini. Cette constitution est la huitième au titre du code déjà cité. Aucune règle, dans l'ancien droit, n'empêchait les aveugles de tester : « *Cæcus testamentum potest facere,* dit Paul dans ses sentences, *quia accire (scire) potest adhibitos testes, et audire sibi testimonium perhibentes* » (1). Mais le père adoptif de Justinien, pour

---

(1) Paul. sent. lib. 3, tit. 4. § 4.

prémunir le testament de l'aveugle contre toute fraude, le soumit à une forme particulière : il exigea, outre les sept témoins, l'assistance d'un tabellion (*tabularius*), et, à défaut, celle d'un huitième témoin, qui devait, dans le cas d'un testament noncupatif, l'écrire lui-même sous la dictée de l'aveugle; et, dans le cas d'un testament écrit par avance, en donner lui-même lecture, en présence des témoins, à l'aveugle, afin qu'il pût y reconnaître ses volontés et le déclarer.

5. Ejus qui apud hostes est, testamentum quod ibi fecit *non valet, quamvis redierit*. Sed quod, dum in civitate fuerat, fecit, *sive redierit, valet jure postliminii; sive illic decesserit, valet ex lege Cornelia*.	5. A l'égard du captif chez l'ennemi, le testament qu'il y a fait n'est pas valable, même en cas de retour. Mais celui qu'il avait fait étant encore dans la cité, vaudra, soit en cas de retour, par droit de postliminium; soit en cas de mort chez l'ennemi, par la loi Cornelia.

Il importe, pour l'intelligence de ce paragraphe, de se reporter à tout ce que nous avons dit dans le tome Ier (pag. 437 et suiv.), sur la position du citoyen captif chez l'ennemi. En résumé, nous y avons vu : 1° que tout ce qui tient à l'exercice des droits, tout ce qui consiste en fait, en action, lui est retiré *pendant sa captivité*, et ne sera jamais ratifié, soit qu'il revienne, soit qu'il meure chez l'ennemi; 2° que tout ce qui consiste en droits (*quæ in jure consistunt*) se trouve, non pas détruit pour lui, mais suspendu (*in suspenso retinentur, non abrumpuntur*), et lui sera acquis, s'il revient, par l'effet du *postliminium*, comme s'il n'avait jamais été au pouvoir de l'ennemi (*pro eo ac si nunquam iste hostium potitus fuisset*); 3° enfin, que, s'il meurt chez l'ennemi, il sera, pour tous ses droits, considéré comme mort, non pas en esclavage, mais au moment où il a été fait captif (*quasi tunc decessisse videtur cum captus est*). Appliquons ces principes au testament.

Non valet, quamvis redierit : Parce qu'il s'agit d'un testament *fait chez l'ennemi*, c'est-à-dire de l'exercice du droit, d'un fait, d'un acte opéré par le captif dans les fers.

Sive redierit, valet jure postliminii : Parce que le testament étant *fait avant la captivité*, il ne s'agit plus de l'exercice du droit, mais seulement du droit lui-même, qui se trouve, non pas détruit, mais tenu en suspens par la captivité, et qui est censé n'avoir jamais été perdu, si la condition du retour s'accomplit.

Sive illic decesserit, valet ex lege Cornelia. Selon la rigueur des principes, le captif mort à l'ennemi était mort esclave; le *postliminium* pour lui ne s'était pas accompli, il avait subi la grande diminution de tête, il était mort n'ayant plus aucun droit, ni par conséquent celui de laisser un testament valable. Telle fut la rigueur du droit jusqu'à la loi *Cornelia de falsis*, qu'on nomme aussi *lex Cornelia testamentaria*. Cette loi, qui date de la fin de la république (an d. R. 686), est au nombre des plébiscites qui furent rendus sous la dictature de Cornelius Sylla, et qui prirent tous également pour dénomination le nom du dictateur, suivi de la désignation du sujet qu'ils traitaient (*hist. d. dr. p.* 108). La loi *Cornelia de falsis* introduisit une nouvelle question criminelle contre les divers crimes de faux, et principalement contre les faux en matière de testament, dont elle prévit les différens cas, soit qu'ils eussent lieu par altération, radiation ou supposition de dispositions testamentaires, bris ou fausse apposition des cachets, détournement ou suppression de l'acte, ou de toute autre manière. On trouve, dans les sentences de Paul, un titre entier consacré à cette loi;

et un dans le Digeste (1). Si la loi Cornelia s'en était tenue au droit rigoureux à l'égard du testament de l'individu mort captif chez l'ennemi, elle n'aurait pas considéré comme punissables les actes commis contre ce testament, puisqu'il était nul sans retour. Mais, au contraire, par une disposition spéciale, elle leur appliqua la même pénalité, comme si le testateur n'était jamais tombé au pouvoir de l'ennemi, mais qu'il fût mort citoyen (*perinde ac si hi qui ea fecissent in hostium potestatem non pervenissent.—Atque si in civitate decessisset*); d'où la conséquence que les hérédités, les tutelles et toutes les autres dispositions contenues dans ces testamens se trouvent confirmées par la loi Cornelia : *Lex Cornelia confirmat*: Telles sont les expressions des divers jurisconsultes parvenues jusqu'à nous (2). Ce principe fut étendu : ainsi on l'appliqua, par voie de conséquence, aux tutelles et aux hérédités légitimes (3); enfin à toutes les parties du droit, et l'on en fit cette règle générale que nous avons déjà rapportée d'après Ulpien : *In omnibus partibus juris is qui reversus non est ab hostibus, quasi tunc decessisse videtur cum captus est* (4). C'est là ce que les commentateurs ont nommé *fiction de la loi Cornelia*; mais cette expression n'appartient pas aux jurisconsultes ro-

---

(1) Paul. sent. lib. 4, tit. 7 : *De lege Cornelia*. « § 1. Qui testamentum falsum scripserit, recitaverit, subjecerit, signaverit, suppresserit, amoverit, resignaverit, deleverit, pœna legis Corneliæ de falsis tenebitur, idest, in insulam deportatur. » —Dig. 48. 10.

(2) C'est ainsi que s'exprime Ulpien, au tit. 23, Reg., § 5. «... *ex lege Cornelia, quæ perinde successionem ejus confirmat atque si in civitate deces·isset* »; et au Digeste, 28. 3. 6. § 12. —Julien, au Dig. 28. 1. 12; et au même livre, tit. 6. fr. 28.—Paul, dans ses sentences, lib. 3, tit. 4, § 8.

(3) «... *Beneficio legis Corneliæ, qua lege etiam legitimæ tutelæ hereditatesque firmantur.* » Paul, sent. 3. 4. § 8.—(4) D. 49. 15. 18. f. Ulp.

mains, qui disent toujours : par la loi Cornelia; par le bienfait de la loi Cornelia : *ex lege Cornelia; beneficio legis Corneliæ.*

TIT. XIII.
DE EXHEREDATIONE LIBERORUM.

TIT. XIII.
DE L'EXHÉRÉDATION DES ENFANS.

Le droit primitif n'imposait aucune restriction au chef de famille pour la disposition testamentaire de ses biens. « Ces expressions des douze Tables, *uti legassit suæ rei ita jus esto,* nous dit Pomponius, paraissaient attribuer le pouvoir le plus large dans l'institution des héritiers, dans la concession des legs, des libertés et dans la constitution des tutelles; mais cela fut restreint, tant par interprétation que par l'autorité des lois et de ceux qui établissent le droit » (1), c'est-à-dire des préteurs et des empereurs.

En effet, on considéra que les personnes placées sous la puissance ou sous la main du chef de famille, faisant, en quelque sorte, avec lui un seul et même être collectif quant à la propriété; et, après sa mort, recueillant cette propriété comme si elles se succédaient à elles-mêmes, comme si elles étaient leurs propres héritiers, si bien qu'on les appelait *heredes sui,* il fallait au moins, pour les exclure de cette propre succession, le déclarer formellement. De là vint la nécessité imposée au chef de famille qui testait, d'instituer ces personnes ou de les exhéréder

Du reste, comme le chef de famille resta entièrement libre de faire l'un ou l'autre, pourvu qu'il le déclarât, cette condition lui fut imposée moins pour enchaîner sa volonté que pour la rendre plus certaine et pour en assu-

---

(1) D. 50. 16. 120 f. Pomp.

rer l'exécution, afin qu'il n'y eût aucun doute de savoir s'il avait voulu réellement les exclure, ou bien s'il n'avait fait que ne pas penser à elles, soit par oubli, soit par ignorance qu'elles existassent.

On ne connaît pas l'origine précise de ce nouveau droit; mais il était déjà en usage du temps de Cicéron, qui en parle dans son Traité de l'orateur (1).

L'exhérédation se faisait de deux manières : ou bien *nominativement*, c'est-à-dire en désignant l'exhérédé par son nom, *Titius filius meus exheres esto*, ou du moins par une indication précise, individuelle, comme si, n'ayant qu'un seul fils, on disait : *filius meus exheres esto*; c'était là ce que les Romains appelaient *nominatim exheredare* ; — ou elle se faisait collectivement, c'est-à-dire en comprenant toutes les personnes dans une exhérédation générale : *ceteri exheredes sunto* ; c'était là ce qu'on nommait *inter ceteros exheredare*. Certaines personnes ne pouvaient être valablement exhérédées que si elles l'étaient nominativement; d'autres pouvaient l'être en masse, *inter ceteros*.

D'ailleurs, si les enfans n'étaient ni institués ni exhérédés, bien qu'il y eût quelque disposition de legs ou de fidéi-commis en leur faveur, ils n'en étaient pas moins omis ou prétérits; car, à l'égard du droit d'hérédité, il y avait réellement, pour eux, omission.

Une chose bien importante à remarquer, c'est que, pour qu'il y eût lieu à exhéréder quelqu'un (*exheredem scribere, exheredare*), c'est-à-dire à le repousser de l'hérédité (*ex hereditate repellere*), il fallait qu'il y fût appelé par la loi. La question de savoir quels étaient ceux que le chef de

---

(1) Cicéro, *de oratore*, 1. 38. — Valer. Maxim. *lib. VII, cap.* 7, *ex.* 1.

famille devait nécessairement exhéréder, s'il ne les voulait pas pour héritiers, revient donc à savoir, avant tout, quels étaient ceux qui étaient appelés à son hérédité; et, comme l'obligation n'existait qu'à l'égard des héritiers *siens*, elle revient à savoir quels étaient les héritiers *siens*. Ainsi, la nécessité de l'exhérédation se lie intimement au droit de succession *ab intestat* des héritiers siens: l'une a suivi les vicissitudes de l'autre. Or, de même qu'à l'égard des successions *ab intestat* en général, et de la classe des héritiers *siens* en particulier, nous verrons qu'il faut distinguer soigneusement trois ordres de systèmes: le droit civil primitif; le droit prétorien, et enfin le droit introduit par les empereurs: de même il faut faire ces trois distinctions relativement à l'exhérédation. C'est à peu près dans cet ordre que les Instituts en exposent les règles, en copiant presque mot pour mot les Instituts de Gaïus en cette matière.

Non tamen, ut omnino valeat testamentum, sufficit hæc observatio quam supra exposuimus; sed qui *filium in potestate* habet, curare debet ut eum heredem instituat vel exheredem nominatim faciat. Alioquin si eum silentio præterierit, inutiliter testabitur, adeo quidem ut, et si vivo patre filius mortuus sit, nemo ex eo testamento heres existere possit, quia scilicet *ab initio non constiterit* testamentum. Sed non ita *de filiabus vel aliis per virilem sexum descendentibus* liberis utriusque sexus antiquitati fuerat observatum: sed si non fuerant scripti heredes scriptæve vel exheredati exheredatæve, testamentum quidem non	*L'observation des règles que nous avons exposées ne suffit pas encore entièrement pour la validité du testament; il faut de plus que celui qui a un fils sous sa puissance ait soin de l'instituer héritier ou de l'exhéréder nominativement; car s'il l'a passé sous silence le testament sera nul; et tellement nul que le fils vînt-il même à mourir avant son père, personne ne pourrait être héritier, en vertu de ce testament parce qu'il n'a rien valu dès le principe. Quant aux filles et aux autres descendans par mâles, de l'un ou de l'autre sexe, le droit n'était pas le même dans l'antiquité. Lorsqu'ils n'avaient été ni*

infirmabatur, sed *jus adcrescendi* eis præstabatur *ad certam portionem.* Sed nec nominatim eas personas exheredare parentibus necesse erat, sed licebat inter ceteros facere. Nominatim autem quis exheredari videtur, sive ita exheredetur: TITIUS MEUS EXHERES ESTO; sive ita : FILIUS MEUS EXHERES ESTO, non adjecto proprio nomine, scilicet si alius filius non extet.	institués ni exhérédés, le testament n'était pas infirmé pour cela : seulement ils avaient le droit de concourir pour une certaine part avec les héritiers institués. De plus, les chefs de famille n'étaient pas forcés de les exhéréder nominativement, ils pouvaient le faire inter ceteros. L'exhérédation est faite nominativement lorsqu'on dit : QUE MON FILS TITIUS SOIT EXHÉRÉDÉ; *ou simplement :* QUE MON FILS SOIT EXHÉRÉDÉ, *sans ajouter de nom propre, pourvu qu'il n'y ait pas d'autre fils.*

Filium in potestate. Le droit civil ne considère ici que les enfans soumis à la puissance du chef, ou la femme placée sous sa main (*in manu*); ceux-là seuls sont partie dans la co-propriété de famille, et par conséquent *sui heredes.*

Il résulte du texte que les fils doivent être exhérédés *nominativement*, et que, s'ils ne sont ni institués ni exhérédés, le testament est radicalement nul dès le principe.

Ab initio non constiterit. Ce point avait été controversé entre les deux sectes de jurisprudens. « Nos précepteurs, dit Gaïus en parlant des Sabiniens, pensent que l'institution est nulle dès le principe ; mais les auteurs de l'école opposée (*les Proculéiens*) pensent que si le fils, avant la mort du père, vient à ne plus exister dans la famille (*interceptus est*), comme il ne fait plus obstacle, l'hérédité peut être acquise en vertu du testament » (1). Ce fut l'opinion contraire qui prévalut, et

---

(1) G. 2. § 123.

qu'Ulpien, Paul et enfin les Instituts de Justinien rapportent sans plus y mettre de doute (1).

De filiabus vel aliis per virilem sexum descendentibus. A l'égard des filles, des petits-fils, petites-filles ou autres descendans, le lien de la puissance paternelle avait toujours été considéré comme moins important, moins fort qu'à l'égard des fils. C'était ainsi qu'une seule mancipation suffisait, dans le premier cas, pour le détruire, tandis qu'il en fallait trois pour le fils. Nous retrouvons, à l'occasion de l'exhérédation, une différence fondée sur la même idée. Ainsi: 1° les filles, petits-fils, petites-filles et autres descendans, peuvent être exhérédés *inter ceteros*, par la formule générale *et ceteri exheredes sunto*, dans laquelle ils se trouveront tous compris; 2° s'ils ont été omis, le testament ne sera pas nul pour cela; mais seulement les filles et les descendans omis viendront en concours avec les héritiers institués, prendre une part déterminée dans la succession.

Per virilem sexum descendentibus, dit notre texte, parce que ceux-là seuls sont dans la famille, *sui heredes*; les enfans des filles et autres descendans par les femmes n'y sont pas, ainsi que nous l'avons déjà expliqué en exposant la composition des familles; ajoutons encore, à l'occasion des petits-fils, petites-filles ou autres descendans, que la nécessité de les instituer ou de les exhéréder s'applique seulement à ceux qui se trouvent sous la puissance immédiate du testateur leur aïeul; car, s'ils

---

(1) Ulp. Reg. 22. 16. — D. 28. 2. 7 f. Paul. — Cependant Papinien, dans un certain cas, décide que, malgré la subtilité du droit (*licet subtilitas juris refragari videtur*), si le fils omis s'abstient de l'hérédité qui a été *dévolue à ses frères*, la volonté du testateur, *à l'égard des legs et des libertés*, sera équitablement protégée (*ex æquo et bono*) D. 28. 3. 17.

y sont précédés par leur père, c'est celui-ci qui est héritier sien et qui doit être institué ou exhérédé, et non pas eux.

Jus adcrescendi ad certam portionem. En cas d'omission, ils viennent se joindre aux héritiers institués par le testament, et prendre, en concours avec eux, une part, qui varie selon que ces héritiers sont des héritiers siens, ou des étrangers. Dans le premier cas, les filles ou les descendans omis prennent une part virile, une part d'héritier; ils comptent pour un héritier de plus; dans le second cas, ils prennent la moitié : « *scriptis heredibus adcrescunt*, dit Ulpien, *suis quidem heredibus in partem virilem, extraneis autem in partem dimidiam* (1).

1. *Postumi* quoque liberi vel heredes institui debent, vel exheredari. Et *in eo par omnium conditio est*, quod et filio postumo, et quolibet ex ceteris liberis sive masculini sexus sive feminini præterito, valet quidem testamentum; sed postea agnatione postumi sive postumæ rumpitur, et ea ratione totum infirmatur. Ideoque si mulier, ex qua postumus aut postuma sperabatur, abortum fecerit, nihil impedimento est scriptis heredibus ad hereditatem adeundam. Sed femi-

1. Les enfans posthumes doivent aussi être ou institués héritiers ou exhérédés. Et leur condition est la même, en ce que l'omission d'un posthume, soit d'un fils, soit de tout autre enfant du sexe masculin ou féminin, ayant eu lieu, le testament n'en est pas moins valable; mais plus tard il est rompu par l'agnation de ce posthume ou bien de cette posthume, et se trouve ainsi infirmé tout entier. D'où il suit que si la femme dont on attendait un posthume ou une posthume fait une fausse couche,

---

(1) Ulp. Reg. 22. 17.—Dans le cas où il y a à la fois des héritiers siens et des externes, on suit la même règle en la combinant respectivement pour chacun. Paul en expose fort bien et très-brièvement les conséquences dans cet exemple : « *Filio et extraneo æquis partibus heredibus institutis*, dit-il, *si præterita adcrescat, tantum suo avocabit* (enlèvera) *quantum extraneo. Si vero duo sint filii instituti, suis tertiam, extraneis dimidiam tollit.* » Paul. sent. 3, 4 bis. 8.

nini quidem sexus postumæ vel nominatim vel inter ceteros exheredari solebant : dum tamen, inter ceteros si exheredentur, aliquid eis legetur, *ne videantur prætéritæ esse per oblivionem.* Masculos vero postumos, id est filium et deinceps, placuit non recte exheredari, *nisi nominatim exheredentur*, hoc scilicet modo : Quicumque mihi genitus fuerit, exheres esto.

rien n'empêche les héritiers inscrits d'arriver à l'hérédité. Du reste pour les posthumes du sexe féminin, l'usage était de les exhéréder ou nominativement, ou inter ceteros pourvu, dans ce dernier cas, qu'il leur fût légué quelque chose afin qu'elles ne parussent pas omises par oubli. Quant aux posthumes mâles, savoir les fils et les autres descendans, ils ne pouvaient être régulièrement exhérédés que nominativement, c'est-à-dire de cette manière : Quelque fils qui me naisse, qu'il soit exhérédé.

Postumi. Il ne s'agit, dans ce paragraphe, que des posthumes proprement dits, de ceux qui sont nés après la mort du père, selon la définition même d'Ulpien : « *Postumos autem dicimus eos duntaxat qui post mortem parentis nascuntur,* c'est-à-dire, en matière de testament, de ceux qui sont nés après la mort du testateur (1).

Tous les posthumes, en général, étaient incapables d'être institués héritiers ou de recevoir aucun legs; car, à l'égard du testateur mort avant leur naissance, ils n'avaient jamais été que des personnes incertaines : or, *incerta persona heres institui non potest* (2).

Cependant il pouvait arriver que le posthume, bien qu'incapable d'être institué testamentairement, naquît l'héritier sien du testateur : si, par exemple, c'était un fils dont il avait laissé sa femme enceinte, ou bien un petit-fils dont sa bru, déjà veuve au moment de sa mort,

---

(1) Voir ce que nous avons déjà dit des posthumes, tom. 1, p. 464.
— (2) Ulp. Reg. 22: 4.

était accouchée après son décès. Dans ces cas et autres semblables, l'enfant, déjà conçu du vivant du testateur, et dans une position telle qu'au moment de sa mort, bien que dans le sein de sa mère, il se trouvait sous sa puissance immédiate, cet enfant naissait libre et héritier sien, *heres suus*, ainsi que nous l'avons déjà expliqué avec détail, tom. I, p. 464 et suiv.

Que devenait donc le testament du défunt? Il se trouvait rompu par l'agnation du posthume. Car il eût été inique, et contraire même aux intentions du testateur, de conserver un testament dans lequel cet enfant n'avait rien pu recevoir, et de le dépouiller complètement de l'hérédité paternelle. Mais, d'un autre côté, voilà un cas dans lequel le droit de tester se trouvait inévitablement paralysé, sans qu'il fût même possible d'y pourvoir, dans la prévoyance de la naissance qui allait arriver.

De là se fit sentir la nécessité de permettre au testateur de régler ses dispositions testamentaires en y comprenant cette espèce de posthume, qu'il fut alors permis d'instituer. Aquilius Gallus, jurisconsulte des derniers temps de la république, imagina même une formule qui nous est conservée dans le Digeste, et à l'aide de laquelle il devenait régulier d'instituer même des enfans posthumes qui ne se trouvaient pas dans cette position, mais qui étaient susceptibles d'y tomber par la suite, par exemple, le petit-fils qui pourrait naître d'un fils vivant encore : en ne faisant qu'une institution conditionnelle, pour le cas où, avant la mort du testateur, cet enfant conçu, ayant perdu son père, devrait naître *sui juris* et *suus heres* (1).

---

(1) « Gallus sic posse institui postumos nepotes induxit : *Si filius meus, vivo me, morietur, tunc si quis mihi ex eo nepos, sive quae neptis, post mortem meam, in decem mensibus proximis quibus filius meus moreretur, natus, nata erit, heredes sunto.* » (D. 28. 2. 29 pr. f. Scaevol.

Enfin la condition, quoique non exprimée, finit par être toujours supposée.

Dès lors on distingua les posthumes en deux classes, savoir : les posthumes siens (*postumus suus*), ceux qui doivent naître parmi les héritiers siens du testateur, et les posthumes étrangers (*postumus alienus*), tous ceux qui ne doivent pas naître parmi ces héritiers, fussent-ils, d'ailleurs, membres de la famille : « *est autem alienus postumus*, dit Gaïus, *qui natus, inter suos heredes testatori futurus non est* (1). Les dispositions testamentaires restèrent toujours prohibées, par le droit civil, à l'égard des posthumes étrangers; mais les posthumes siens purent être institués et recevoir par le testament du chef de famille.

Comme conséquence de cette capacité, il devint possible, et en même temps nécessaire, de les exhéréder, si on ne les voulait pas pour héritiers, afin que, par leur naissance, en qualité d'héritiers siens, ils ne rompissent pas le testament.

In eo par omnium conditio est. Il n'y a aucune distinction à l'égard des posthumes, quant à l'effet de leur omission sur la validité du testament. Que ce soit un fils posthume, une fille, un petit-fils ou tout autre descendant posthume qui ait été omis, le testament n'en est pas moins valable dans son principe, parce qu'à l'époque de sa confection, ces posthumes n'existaient pas, il n'y avait aucun droit pour eux, et par conséquent aucune nécessité actuelle de les exhéréder; mais par leur naissance, qu'il s'agisse d'un fils, d'une fille ou de tout autre, le testament dans lequel ils ont été omis se trouve rompu.

---

(1) G. 2. § 241.

Quant au mode d'exhérédation, il existait une différence entre les posthumes du sexe féminin et ceux du sexe masculin : les premières pouvaient être comprises dans l'exhérédation générale, *inter ceteros*; les seconds devaient être exhérédés nominativement.

Ne videantur præteritæ per oblivionem. Le testateur ayant dit : « *Ille mihi heres esto, ceteri exheredes sunto,* » les femmes posthumes pouvaient se trouver englobées dans cette exhérédation collective; mais comment prouver, à cet égard, l'intention du testateur? comment distinguer s'il avait songé à elles, prévu la possibilité de leur naissance et voulu les exhéréder? La mention spéciale que le testateur faisait d'elles, en leur laissant collectivement un legs si petit qu'il fût, fournissait cette preuve : « *Ille mihi heres esto, ceteri exheredes sunto : postumæ vero meæ, si qua nascetur, centum solidos lego* » pouvait dire le testament; et il n'y avait alors aucun doute : les femmes posthumes se trouvaient comprises dans l'exhérédation, *inter ceteros*.

Nisi nominatim exheredentur. Mais comment désigner par leur nom des posthumes qui ne sont pas encore nés? dit Théophile. Cela doit s'entendre d'une désignation nominale de la classe des posthumes, et non pas d'une désignation individuelle : *quisquis mihi postumus natus fuerit exheres esto*; ou bien celle que donne le texte, ou simplement : *quicumque mihi nascetur; — postumus exheres esto; — venter exheres esto*, ou autres semblables. Si l'on ne voulait frapper d'exhérédation que quelques uns d'entre eux, il faudrait les désigner, par exemple, par l'indication de la mère : *qui ex Seia nascetur*, ou de toute autre manière (1).

---

(1) Il est bon de lire, sur ce paragraphe, et en général sur tout ce

2. Postumorum autem loco sunt et hi qui in sui heredis loco succedendo, quasi adgnascendo fiunt parentibus sui heredes. Ut ecce, si quis filium et ex eo nepotem neptemve in potestate habeat : quia filius gradu præcedit, is solus jura sui heredis habet, quamvis nepos quoque et neptis ex eo in eadem potestate sint. Sed si filius ejus vivo eo moriatur, aut qualibet alia ratione exeat de potestate ejus, incipiunt nepos neptisve in ejus loco succedere, et eo modo jura suorum heredum quasi adgnatione nanciscuntur. Ne ergo eo modo rumpatur ejus testamentum, sicut ipsum filium vel heredem instituere vel nominatim exheredare debet testator, ne non jure faciat testamentum, ita et nepotem neptemve ex filio necesse est ei vel heredem instituere vel exheredare : ne forte eo vivo filio mortuo, succedendo in locum ejus nepos neptisve quasi adgnatione rumpant testamentum. Idque lege *Junia Velleia* provisum est, in qua simul *exheredationis modus ad similitudinem postumorum demonstratur*.

2. *On doit assimiler aux posthumes ceux qui, prenant la place d'un héritier sien, deviennent par cette quasi agnation héritiers siens de leur ascendant. Ainsi, par exemple, quelqu'un a sous sa puissance un fils, et de ce fils un petit-fils ou une petite-fille; comme le fils est plus proche en degré, lui seul a les droits d'héritier sien bien que ses enfans soient avec lui sous le même chef. Mais si du vivant de ce chef, le fils meurt ou sort de sa puissance de toute autre manière, dès-lors, le petit-fils ou la petite-fille prend sa place et acquiert ainsi par quasi agnation les droits d'héritiers siens. Il faut donc pour que le testament ne soit pas rompu par cet événement, que le testateur, en même temps qu'il est obligé d'instituer ou d'exhéréder son fils pour la validité de l'acte, ait soin d'instituer ou d'exhéréder aussi son petit-fils ou sa petite-fille, dans la crainte que son fils venant à mourir de son vivant, les petits enfans, en prenant sa place, ne rompent le testament par quasi agnation. C'est à quoi a pourvu la loi Junia Velleia, dans laquelle le mode de cette exhérédation est indiqué, par assimilation à celle des posthumes.*

Tout ce que nous avons dit sous le paragraphe précédent n'a trait qu'aux posthumes proprement dits, aux

---

titre, la paraphrase de Théophile qui donne des explications fort claires. — Voir aussi D. 28. 3. 3. § 5. f. Ulp.

héritiers siens nés après la mort du testateur. Mais il pouvait arriver que, de son vivant, après la confection de son testament, il lui survînt de nouveaux héritiers siens, dont l'agnation, c'est-à-dire l'adjonction dans la famille, vînt rompre le testament. Le mal, dans ce cas, n'était pas irrémédiable : le testament était rompu ; mais, puisque le testateur vivait encore, il pouvait le refaire, en tenant compte du nouvel héritier sien qui lui était né. Aussi la permission d'instituer ou d'exhéréder par avance les posthumes avait-elle été uniquement introduite par l'usage, pour ceux qui naîtraient après la mort du testateur, et non pas pour ceux qui naîtraient de son vivant, après la confection du testament. A l'égard de ces derniers, ce fut une loi postérieure et spéciale (la loi *Junia Velleia*), qui pourvut à ce que leur naissance ne rompît pas inévitablement le testament (*voluit vivis nobis datos similiter non rumpere testamentum*), en permettant de les instituer ou de les exhéréder. De sorte qu'Ulpien résume en ces termes le droit à l'égard des posthumes : « *Eos qui in utero sunt, si nati sui heredes nobis futuri sunt, possumus instituere heredes : si quidem post mortem nostram nascantur, ex jure civili* (c'est-à-dire par le droit civil résultant de l'usage et de l'interprétation); *si vero viventibus nobis, ex lege Julia* (il faut lire *Junia*) » (1).

Lege Junia Velleia. Cette loi *Junia* (c'est ainsi qu'elle est nommée par Gaïus, et non pas *Julia*) (2), fut portée dans les dernières années de l'empire d'Auguste, l'an 763 de la fondation de Rome. Elle contenait plusieurs chefs :

Le premier était relatif aux enfans non encore nés lors de la confection du testament, mais qui pourraient

---

(1) Ulp. Reg. 22. 19. — (2) G. 2. 134. — D. 28. 3. 13.

naître ensuite héritiers siens, même du vivant du testateur; elle permettait de les instituer ou de les exhéréder par avance, bien que cela fût contraire aux règles du droit commun, parce qu'ils n'étaient, à l'époque du testament, que des personnes incertaines. Une partie du texte relatif à ce chef nous est conservé : « *Qui testamentum faciet, is omnis virilis sexus qui ei suus heres futurus erit*.... (probablement il pourra l'instituer ou l'exhéréder) *etiamsi parente vivo nascatur* (1) ».

Le second chef était relatif aux petits-enfans du testateur qui étaient déjà nés au moment de la confection du testament, mais qui, à cette époque, ne se trouvaient pas au nombre des héritiers siens, parce qu'ils étaient précédés, dans la famille et par conséquent dans l'hérédité, par leur père. Dans cette position, le chef de famille pouvait certainement les instituer s'il le voulait, puisqu'ils étaient déjà nés et capables de recevoir; mais nous avons vu ci-dessus (pag. 328) qu'il ne devait ni même ne pouvait les exhéréder, les repousser de l'hérédité, puisqu'ils n'y étaient pas appelés. Cependant il pouvait arriver que le père qui les précédait venant à mourir, à être émancipé ou à sortir de la famille d'une manière quelconque, du vivant du testateur, ils se trouvassent monter en première ligne, devenir héritiers siens à sa place, et par cette *quasi-agnation*, cette sorte d'adjonction, rompre le testament dans lequel on ne les aurait pas institués, et où l'on n'avait pas pu les exhéréder. La loi *Junia Velleia* permit au testateur, dans la prévoyance de ce cas, non pas de les instituer, puisqu'ils pouvaient l'être régulièrement, mais de les exhéréder, quoiqu'ils ne fussent pas

---

(1) D. 28. 2. 29. § 12. f. Scœvol.

encore héritiers siens (*posteriore capite non permittit instiui, sed vetat rumpi*), afin que leur quasi-agnation ne rompît pas le testament. Le fragment du texte qui nous a été conservé sur ce second chef, est ainsi conçu: « *Si quis ex suis heredibus suus heres esse desierit, liberi ejus, ..., in locum suorum suis heredes succedunto* (1). »

Exheredationis modus ad similitudinem postumorum demonstratur. C'est-à-dire, dit Théophile, les descendans mâles nominativement, et les femmes *inter ceteros*, pourvu qu'on leur laisse quelque legs, comme à l'égard des posthumes. Des commentateurs interprètent ces mots *exheredationis modus*, en ce sens que la loi *Junia Velleia* indiquait la manière de faire cette exhérédation *conditionnellement*, comme Aquilius Gallus l'avait indiqué pour les posthumes.

On a désigné sous le nom de *quasi posthumes velléiens*, les enfans auxquels se rapportait la loi *Velleia*.

L'agnation d'un héritier sien après la confection du testament, pouvait survenir de plusieurs autres manières que par la naissance : par exemple, dans l'ancien droit, si, après le testament, une femme (*uxor*) tombait en la main du testateur (*in manu*); si son fils, qu'il avait donné en mancipation, venait à être affranchi pour la première ou pour la seconde fois, et rentrait ainsi sous sa puissance paternelle;—ou bien si le fils captif chez l'ennemi revenait; si, par la mort de l'aïeul, le fils se trouvant chef de famille, ses enfans devenaient ses héritiers siens; ou enfin si le testateur adoptait quelqu'un postérieurement au testament. Dans ces divers cas, l'agnation postérieure rompait le testament, à moins d'institution ou d'exhérédation faite d'avance. Cependant, dans plusieurs de ces cas, l'ex-

---

(1) D. 28. 2. 29. § 13 et 14. f. Scæv.

hérédation anticipée n'aurait pas pu avoir lieu même depuis la loi *Junia Velleia* : tels étaient les deux premiers ; et, sous Justinien encore, le cas de l'adoption, comme nous le verrons plus tard.

3. Emancipatos liberos jure civili neque heredes instituere, neque exheredare necesse est, *quia non sunt sui heredes.* Sed prætor omnes tam feminini sexus quam masculini, si heredes non instituantur, exheredari jubet : virilis sexus nominatim, feminini vero inter ceteros. Quod si neque heredes instituti fuerint, neque ita ut diximus exheredati, permittit eis prætor *contra tabulas testamenti bonorum possessionem.*

3. *Quant aux enfans émancipés, le droit civil n'impose aucune nécessité ni de les instituer, ni de les exhéréder, car ils ne sont pas héritiers siens.* Mais le préteur ordonne que tous, sans distinction de sexe, s'ils ne sont pas institués, soient exhérédés ; les mâles nominativement, ceux du sexe féminin inter ceteros. *Et s'ils n'ont été ni institués ni exhérédés comme nous venons de le dire, le préteur leur accorde la possession des biens* contra tabulas.

Quia non sunt sui heredes. En effet, la qualité d'héritier sien étant essentiellement attachée à l'existence dans la famille sous la puissance du chef, l'enfant qui en était sorti par émancipation ou de toute autre manière, n'était plus héritier sien, et, selon le principe que nous avons posé, il ne pouvait plus même y avoir lieu pour lui à exhérédation. Mais nous verrons au titre des successions *ab intestat*, que le préteur, ayant égard seulement au lien naturel et non au lien de famille, rétablit au rang des héritiers siens et fit concourir avec ces héritiers, tous les enfans ou descendans placés en première ligne du défunt, bien qu'ils eussent cessé d'être dans la famille : en leur donnant, non pas l'hérédité civile, mais un droit héréditaire prétorien, une possession de biens, celle qu'on nommait *unde liberi*, par laquelle les enfans étaient appelés au premier rang des héritiers *ab intestat.*

Dès lors naquit pour le père qui faisait son testament la nécessité d'instituer ses enfans ou de les exhéréder, c'est-à-dire de les repousser de l'espèce d'hérédité prétorienne à laquelle ils étaient appelés.

Contra tabulas testamenti bonorum possessionem. Si ces enfans sont omis, leur omission ne constitue, selon le droit civil, aucune nullité dans le testament, puisque, selon le droit civil, ils ne sont pas héritiers. Ainsi le testament, en principe, est valable, et le préteur reconnaît son existence. Mais pour faire respecter le droit de possession de biens *ab intestat* qu'il avait attribué aux enfans, il leur accorde, contre les Tables de ce testament, une nouvelle possession de biens (*contra tabulas testamenti bonorum possessionem*), par laquelle ils feront rescinder cet acte en totalité, et ils viendront à l'hérédité comme s'il n'existait pas. Cette possession, du moment qu'il y avait eu quelque enfant omis, pouvait être demandée même par ceux qui avaient été institués.

Le préteur, dans cette rescision totale du testament par la possession de biens *contra tabulas*, n'avait mis aucune différence entre les enfans omis du sexe masculin et ceux du sexe féminin. De sorte que, dans ce cas et par cette possession de biens, les femmes omises avaient plus d'avantages que n'en avaient, d'après le droit civil, celles qui étaient réellement *sui heredes :* puisque, par la possession de biens *contra tabulas*, elles faisaient annuler le testament en totalité; tandis que, par le droit civil, elles n'avaient que le droit d'accroissement pour une part déterminée. « C'est pourquoi, tout récemment, nous dit Gaïus, l'empereur Antonin signifia dans son rescript que les femmes n'obtiendraient, par la possession de biens, rien au delà de ce qu'elles auraient obtenu par le droit d'accroissement » (1). C'est ce que nous apprenait déjà Théophile.

4. Adoptivi liberi, quamdiu sunt in potestate patris, ejusdem juris habentur cujus sunt justis nuptiis quæsiti. Itaque heredes instituendi vel exheredandi sunt, secundum ea quæ de naturalibus exposuimus. Emancipati vero a patre adoptivo, neque jure civili neque quod ad edictum prætoris attinet, inter liberos connumerantur. Qua ratione accidit ut, ex diverso, quod ad naturalem parentem attinet, quamdiu quidem sunt in adoptiva familia, extraneorum numero habeantur, ut eos neque heredes instituere, neque exheredare necesse sit. Cum vero emancipati fuerint ab adoptivo patre, tunc incipiunt in ea causa esse in qua futuri essent, si ab ipso naturali patre emancipati fuissent.

4. *Les enfans adoptifs tant qu'ils sont en la puissance de l'adoptant, y sont dans la même condition que les enfans issus de justes noces : ils doivent donc être institués ou exhérédés par lui, comme nous l'avons exposé pour les enfans naturels. Mais s'ils sont émancipés par l'adoptant, ils ne comptent plus parmi ses enfans, ni d'après le droit civil, ni d'après le droit établi par l'édit du préteur. En conséquence, par réciprocité, à l'égard de leur père naturel, tant qu'ils sont dans la famille adoptive, ils sont considérés comme des étrangers qu'il n'est obligé ni d'instituer ni d'exhéréder; mais dès qu'ils ont été émancipés par le père adoptif, ils entrent dans la même condition que celle qu'ils auraient eue s'ils avaient été émancipés par le père naturel.*

De ce que nous avons déjà dit sur l'adoption (*tom.* 1, pag. 405 *et suiv.* — p. 412 *et suiv.*), nous pouvons conclure que, selon le droit civil, l'enfant donné en adoption n'était plus héritier sien de son père naturel, puisqu'il était sorti de sa puissance : par conséquent il n'y avait de la part de celui-ci ni obligation ni même possibilité de l'exhéréder. Mais étant devenu le fils de famille et par conséquent l'héritier sien du père adoptif, c'était

---

(1) G. 2. § 125 et 126.

celui-ci qui devait l'instituer ou l'exhéréder, comme tout autre fils soumis à sa puissance.

L'adoption était-elle détruite, et le fils renvoyé de la famille adoptive par l'émancipation : alors cet enfant, selon le droit civil, n'avait plus de droits dans aucune famille : ni dans la famille naturelle, puisqu'il en était sorti par suite de l'adoption ; ni dans la famille adoptive, puisqu'il en était renvoyé par l'émancipation. Mais le préteur était venu à son secours. Ayant égard au lien naturel, il lui avait donné la possession de biens *unde liberi*, au nombre des enfans, non pas dans la succession du père adoptif auquel il ne tenait plus par aucune sorte de lien, mais dans celle de son père naturel, si toutefois ce dernier vivait encore au moment de l'émancipation : d'où naissait pour celui-ci, lorsqu'il faisait un testament, l'obligation d'instituer ou d'exhéréder cet enfant ; car, en cas d'omission, le préteur aurait donné la possession de biens *contra tabulas*, à son égard, de même qu'à l'égard des simples émancipés.

5. Sed hæc quidem vetustas introducebat. Nostra vero constitutio nihil inter masculos et feminas in hoc jure interesse existimans, quia utraque persona in hominum procreatione similiter naturæ officio fungitur, et lege antiqua duodecim Tabularum omnes similiter ad successionem ab intestato vocabantur, quod et prætores postea secuti esse videntur; ideo simplex ac simile jus et in filiis et in filiabus et in ceteris descendentium per virilem sexum personis, non solum jam natis sed etiam postumis, introduxit : ut omnes, sive sui sive

5. *Telle était l'ancienne législation. Mais pour nous, considérant qu'il n'y a à faire quant à ce droit, aucune distinction de sexe, puisque l'homme et la femme concourent également, selon leur nature, à la procréation de l'espèce humaine, et que d'ailleurs l'antique loi des douze Tables les appelait également à la succession* ab intestat, *ce que les préteurs ont pareillement fait depuis; nous avons, par notre constitution, introduit une législation simple, uniforme, tant pour les fils que pour les filles et autres descendans par mâles, soit déjà*

emancipati sunt, vel heredes instituantur vel nominatim exheredentur, et *eundem habeant effectum circa testamenta parentum suorum infirmanda* et hereditatem auferendam, quem filii sui vel emancipati habent, sive jam nati sint sive adhuc in utero constituti postea nati sint. Circa adoptivos autem filios suos *certum induximus divisionem* quæ in nostra constitutione quam super adoptivis tulimus, continetur.

nés, soit posthumes, ordonnant que tous, tant siens qu'émancipés, soient institués héritiers ou exhérédés nominativement, et qu'à défaut, leur omission, quant à l'infirmation du testament et à la révocation de l'hérédité, produise le même effet que celle des fils héritiers siens ou émancipés, soit qu'il s'agisse d'enfans déjà nés ou d'enfans seulement conçus et nés plus tard. Quant aux fils adoptifs, nous avons établi entre eux une division qui est exposée dans notre constitution précédente sur les adoptions.

Eundem habeant effectum circa testamenta parentum suorum infirmanda. Toutefois, avec cette différence qui tient à la nature même des choses, que dans le cas d'omission des enfans existans et ayant droit d'hérédité au moment même de la confection du testament, le testament est nul dès le principe; tandis que dans le cas d'omission des posthumes ou de ceux qui leur sont assimilés, le testament, valable dans le principe, est seulement rompu par leur agnation ou quasi-agnation. Ainsi, dans les deux cas, l'effet est le même en ce sens que l'infirmation du testament est totale, quel que soit l'enfant omis; mais, dans le premier, il y a nullité dès le principe; dans le second, rupture subséquente.

Certam induximus divisionem. Il s'agit de la distinction entre les deux cas d'adoption : 1° celui où un fils est donné en adoption à un étranger (*extraneo*); par étranger on entend quelqu'un qui n'est point ascendant; 2° celui où il est donné à un ascendant. Nous savons que, dans le premier cas, l'adopté reste toujours sous la puissance et par conséquent héritier sien de son père naturel; c'est donc celui-ci qui est obligé de l'instituer ou de l'exhéréder. Quant au père adoptif, nous savons que l'enfant n'acquiert sur son hérédité que des droits *ab intestat*, pour le cas où il n'y aurait pas de testament; mais s'il y en a un, il peut impunément y avoir été omis. Le père adoptif n'est obligé ni de l'instituer ni de l'exhéréder. Le droit ancien se trouve donc interverti.

Mais dans le second cas, c'est-à-dire lorsqu'il s'agit de l'adoption par un ascendant, le droit est maintenu tel qu'il était, et il faut appliquer alors ce qui a été dit des enfans adoptifs au paragraphe précédent.

En résumé, d'après le droit nouveau de Justinien, les différences qui existaient entre le fils d'un côté et les filles ou petits-fils de l'autre; et, à l'égard des posthumes, entre ceux du sexe masculin et ceux du sexe féminin, sont supprimées, tant sous le rapport du mode que sous le rapport des effets de l'exhérédation.

Sous le rapport du mode : l'exhérédation doit être faite nominativement, soit qu'il s'agisse d'un fils ou bien d'une fille ou d'un petit-fils, d'un posthume du sexe masculin ou du sexe féminin. Bien entendu qu'il faut entendre l'exhérédation nominative des posthumes dans le sens que nous avons expliqué ci-dessus pag. 336.

Sous le rapport des effets : l'omission entraîne toujours la nullité entière du testament; celle des filles ou petits-fils, aussi bien que celle du fils; celle des posthumes du sexe féminin aussi bien que celle des posthumes mâles. Bien entendu avec cette différence que, dans ce dernier cas, le testament n'est pas nul dès le principe, mais seulement rompu par la naissance du posthume.

Le droit prétorien, à l'égard des enfans émancipés, se trouve confirmé. Justinien, pour les droits d'hérédité des enfans, et par conséquent pour la nécessité de leur exhérédation, n'a égard qu'au lien naturel et non au lien de puissance.

Quant aux enfans adoptifs, Justinien introduit un droit nouveau, que nous avons déjà exposé au titre de l'adoption (tom. 1, pag. 412.)

6. Sed si in expeditione occupatus miles testamentum faciat, et liberos suos jam natos vel postumos nominatim non exheredaverit, sed præterierit, non ignorans an habeat liberos, silentium ejus pro exheredatione nominatim facta valere constitutionibus principum cautum est.

6. Si, dans un testament fait pendant le cours d'une expédition, un militaire n'a pas exhérédé nominativement ses enfans déjà nés ou posthumes, mais qu'il les ait passés sous silence, n'ignorant pas qu'il a des enfans, son silence, aux termes des constitutions impériales, équivaudra à une exhérédation nominative.

Le testament militaire n'est pas, à proprement parler, dispensé des règles relatives à l'exhérédation des enfans; mais seulement des formes de cette exhérédation. Ainsi le militaire n'est pas obligé de déclarer son intention nominativement ni même expressément; il suffit qu'elle résulte de l'acte, soit qu'il s'agisse d'enfans déjà nés ou de posthumes (*etsi ignoraverit prægnantem uxorem,... hoc tamen animo fuit, ut vellet quisquis sibi nasceretur exheredem esse*). Elle peut même résulter de son silence seul, s'il est prouvé qu'il connaissait bien l'existence des enfans ou la grossesse. C'est donc, comme dans tout ce qui concerne les testamens militaires, une question d'intention (1).

7. Mater vel avus maternus necesse non habent liberos suos aut heredes instituere aut exheredare;

7. *La mère et l'aïeul maternel ne sont pas obligés d'instituer ou d'exhéréder leurs enfans, mais ils*

---

(1) D. 29. 1. 7. f. Ulp. — 33. § 2. f. Tertul. — 36. § 2. f. Paul.

sed possunt eos omittere. Nam silentium matris aut avi materni, ceterumque per matrem ascendentium, tantum facit quantum exheredatio patris. Nec enim matri filium filiamve, neque avo materno nepotem neptemve ex filia, si eum eamve heredem non instituat, exheredare necesse est ; sive de jure civili quæramus, sive de edicto prætoris quo præteritis liberis contra tabulas bonorum possessionem permittit : sed *aliud eis adminiculum* servatur, quod paulo post vobis manifestum fiet.

peuvent les passer sous silence; car le silence de la mère ou de l'aïeul et des autres ascendans maternels produit le même effet que l'exhérédation du père. En effet, soit qu'on applique le droit civil ou bien cet édit par lequel le préteur accorde aux enfans omis la possession de biens contra tabulas, il n'en résulte aucune nécessité pour la mère d'exhéréder son fils ou sa fille, ni pour l'aïeul maternel son petit-fils ou sa petite-fille, qu'ils n'ont pas voulu instituer. Mais il est ménagé à ces enfans un autre recours que nous exposerons bientôt.

L'origine même du droit d'exhérédation, fondé sur l'existence d'une copropriété de famille et sur la qualité d'héritier sien, avait dû rendre ce droit entièrement étranger à tout ce qui regardait les successions de la mère et des ascendans maternels, dans lesquelles les enfans n'avaient aucune copropriété de famille; et il ne fut étendu à ces successions ni par l'interprétation ni par le droit prétorien, ni par le droit impérial, bien que les enfans y eussent obtenu graduellement différens droits d'hérédité *ab intestat*.

Aliud adminiculum. Ce recours est celui qui se trouve exposé ci-dessous, au titre XVIII, et qui est ouvert aux enfans contre les testamens dans lesquels ils ont été injustement exhérédés par les ascendans paternels, ou injustement omis par la mère ou par les ascendans maternels.

TIT. XIV.
DE HEREDIBUS INSTITUENDIS.

TIT. XIV.
DE L'INSTITUTION DES HÉRITIERS.

Après nous être occupés des formes du testament, du

testateur et des personnes exhérédées, nous arrivons à ce qui concerne les héritiers, et d'abord leur institution.

Nous aurons à examiner sur ce sujet : 1° ce que c'est que l'institution et comment elle doit être faite; 2° quels sont ceux qui peuvent être institués; 3° comment l'hérédité peut être divisée entre eux; 4° quels sont les modes et les conditions que le testateur peut ou ne peut pas imposer à l'institution. Tel est l'ordre des paragraphes de ce titre.

1° CE QUE C'EST QUE L'INSTITUTION ET COMMENT ELLE DOIT ÊTRE FAITE. L'institution est la désignation de celui ou de ceux que le testateur veut pour héritiers. C'est ce que la loi des douze Tables et le langage du droit primitif entendaient par l'expression générale *legare*, c'est-à-dire *legem testamenti dicere*; mais par la suite, le mot *legare* prit une signification beaucoup plus restreinte, et ce ne furent plus que les termes *heredem instituere*, *heredem scribere*, ou autres semblables, qui désignèrent, par opposition, le choix de l'héritier.

L'institution d'héritier est comme la tête et le fondement de tout le testament (*veluti caput atque fundamentum totius testamenti*); le testament ne tire son existence et sa force que d'elle (*testamenta vim ex institutione heredis accipiunt*). En effet, c'est elle qui distingue le testament de tous les autres actes de dernières volontés : dès qu'il y a une institution, l'acte est un testament et doit être revêtu de toutes les formes requises. S'il n'y a pas d'institution, l'acte n'est pas un testament. Toutes les autres dispositions de dernières volontés ne sont que des accessoires de l'institution, car ce ne sont que des charges imposées à l'héritier. Et si l'institution tombe, de sorte que, soit par refus d'accepter, soit par toute autre cause, il n'y ait aucun héritier en vertu du testament, toutes les autres dispositions qui y étaient contenues tombent également.

Aussi, d'après le droit romain, l'institution devait être placée en tête du testament (*caput testamenti*); toute disposition de legs, d'affranchissement ou autre, mise avant l'institution, était non avenue. On n'avait admis d'exception que pour l'exhérédation qui naturellement pouvait précéder l'institution, afin de lui ouvrir la place (1); et, par bénigne interprétation, pour les tutelles (v. tom. I, p. 473) Justinien abrogea cette subtilité : pourvu que l'institution d'héritier se trouve dans le testament, peu importe, du reste, sa place, cela suffit (2).

L'institution ne pouvait être faite jadis qu'en des termes solennels, termes impératifs, conçus dans le style de la loi (*legis modo; — legare*, selon les douze Tables), «*ante omnia requirendum est*, dit Gaïus, *an institutio heredis solemni more facta sit*»; et il ajoute que l'institution solennelle est celle-ci : Titius heres esto. Cependant, d'après le même jurisconsulte et d'après Ulpien, on avait déjà approuvé de leur temps ces autres institutions : Titius heres sit; Titium heredem esse jubeo; mais celles-ci : Titium heredem esse volo; heredem instituo; heredem facio, étaient généralement réprouvées (3). Constantin II supprima, en 339 de J.-C., la nécessité de ces institutions solennelles; pourvu que l'intention d'instituer soit bien exprimée, peu importe en quels termes (4).

2° Quels sont ceux qui peuvent être institués. Ceux-là, répond Ulpien, qui ont faction de testament avec le testateur (*qui testamenti factionem cum testatore habent*).

---

(1) D. 28. 5. 1 pr. f. Ulp. — (2) G. 2. 229. — Inst. 2. 20. 34. — (3) G. 2. 116 et 117. — Ulp. Reg. 20. — (4) Cod. 6. 23. 15. c. Constant. — V. ce que nous en avons dit, hist. du droit p. 193.

Il s'agit de la faction de testament prise dans le second sens, par rapport à la capacité d'être institué et de recevoir par testament.

Les *peregrini*, les déportés, les déditices, ne jouissant pas du droit civil, n'avaient pas faction de testament. Ni les Latins juniens, à moins qu'ils ne devinssent citoyens avant l'adition.

Parmi les Romains, les femmes avaient été frappées, par la loi *Voconia*, sous la république (an 585 de Rom.), d'une incapacité de recevoir par testament dont nous ne connaissons pas bien l'étendue (1); les célibataires (*cælibes*) par la loi *Junia*, et les personnes sans enfans (*orbi*) par la loi *Papia Poppea*, sous Auguste (2).

On ne pouvait pas instituer les personnes incertaines; par exemple : celui qui viendra le premier à mes funérailles. Comme telles étaient considérées et ne pouvaient, en conséquence, être institués : les municipalités et leurs colléges, auxquels les sénatus-consultes avaient cependant permis de pouvoir être institués par leurs affranchis; — les dieux (ce qui doit s'entendre des temples), à l'exception de ceux qu'il avait été permis, par sénatus-consulte ou par constitutions impériales, de prendre pour héritiers. Tels étaient Jupiter Tarpéien, Apollon de Didyme, Mars dans la Gaule, et quelques autres énumérés dans Ulpien (3); — les posthumes, et en général les personnes non encore nées au moment du testament. Nous avons

―――――

(1) Paul. sent. 4. 8. 22. — (2) Nous avons suffisamment parlé de ces lois dans l'hist. d. d. p. 145. — (3) « ... *Sicuti Jovem Tarpejum*, *Apollinem Didymæum*, *sicuti Martem in Gallia*, *Minervam Iliensem*, *Herculem Gaditanum*, *Dianam Ephesiam*, *Matrem Deorum Sipelensim quæ Smyrnæ colitur*, *et celestam Salinensem Carthaginis*. » Ulp. Reg. 22, 6.

vu comment on fit exception à la règle en faveur des posthumes siens, de telle sorte qu'elle ne s'appliqua plus qu'aux posthumes étrangers (1).

Sous Justinien, toutes ces distinctions ont cessé : il n'est plus question ni de déditices, ni de Latins juniens, ni de *cælibes*, ni de *orbi*, ni de Jupiter Tarpéien, ni des autres dieux du paganisme. La capacité de recevoir est rendue aux femmes. Justinien permet même d'instituer les personnes incertaines, pourvu qu'elles aient été suffisamment en vue dans la pensée du testateur, ainsi que nous l'expliquerons ci-dessous, tit. 20, § 25. A ce titre, les municipalités, leurs colléges et les autres corporations légalement établies, peuvent être institués héritiers; de même que tous les posthumes, sans distinction.

Mais il existe d'autres causes d'incapacité de recevoir par testament. Ainsi, outre les *peregrini* et les déportés, sont encore privés complètement de la faction de testament, les fils des condamnés pour crime de lèse-majesté (*filii perduellium*) (2), les apostats et les hérétiques (3). — D'un autre côté sont frappés d'incapacité relative, les enfans incestueux et leur père ou mère, qui ne peuvent respectivement s'instituer (4); et d'une incapacité à la fois relative et partielle, le second conjoint en cas de secondes noces, lorsqu'il existe des enfans du premier lit (5); et les enfans naturels, lorsqu'il y a des enfans légitimes (6). A part ces divers cas, on peut dire que tous les Romains, et leurs esclaves pour eux, ont faction de testament.

---

(1) Voir, sur tous ces détails, Ulp. Reg. 22. 1 et suiv. — G. 2. 285 et suiv. — (2) C. 9. 8. 5. § 1. — (3) C. 1. 7. 3. — 1. 5. 4. § 2. — (4) C. 5. 5. 6. — (5) C. 5. 9. 6. — (6) C. 5. 27. 2.

Heredes instituere permissum est tam liberos homines quam servos, et *tam proprios quam alienos*. Proprios autem servos, olim quidem secundum plurium sententias, *non aliter quam cum libertate* recte instituere licebat. Hodie vero etiam sine libertate ex nostra constitutione heredes eos instituere permissum est. Quod non per innovationem introduximus, sed quoniam æquius erat, et Atilicino placuisse Paulus suis libris, quos tam ad Massurium Sabinum quam ad Plautium scripsit, refert. *Proprius autem servus etiam is intelligitur*, in quo nudam proprietatem testator habet, alio usumfructum habente. Est autem casus in quo nec cum libertate utiliter servus a domina heres instituitur, ut constitutione divorum Severi et Antonini cavetur, cujus verba hæc sunt : « *Servum adulterio macula-*
» *tum*, non jure testamento manu-
» missum ante sententiam ab ea
» muliere videri, quæ rea fuerat ejus-
» dem criminis postulata, rationis
» est. Quare sequitur, ut in eundem
» a domina collata heredis institu-
» tio nullius momenti habeatur. »
Alienus servus etiam is intelligitur, in quo usumfructum testator habet.

Il est permis d'instituer héritiers les hommes libres comme les esclaves, et parmi ceux-ci les siens comme ceux d'autrui. Quant aux siens, autrefois, suivant l'avis du plus grand nombre, on ne pouvait les instituer régulièrement qu'avec affranchissement, mais aujourd'hui, d'après notre constitution, on peut les instituer héritiers même sans exprimer qu'on les affranchit. Ce qui n'est pas une innovation de notre part; car Paul, dans ses livres à Massurius Sabinus et à Plautius, rapporte que tel était l'avis d'Atilicinus, et nous l'avons suivi comme le plus équitable. Du reste, par esclave sien on comprend même celui dont le testateur n'a que la nue-propriété, un autre ayant l'usufruit. Il est cependant un cas où l'institution d'un esclave par sa maîtresse, même avec affranchissement, est inutile, aux termes d'une constitution des empereurs Sévère et Antonin, ainsi conçue : « *La raison commande*
» *qu'un esclave prévenu d'adultère*
» *ne puisse, avant la sentence,*
» *être valablement affranchi par le*
» *testament de celle qui est accusée*
» *comme sa complice. D'où il suit*
» *que l'institution d'héritier faite en*
» *sa faveur par sa maîtresse, doit*
» *être de nul effet.* » *Par esclave d'autrui, on comprend même celui dont le testateur a l'usufruit.*

Tam proprios quam alienos. Il faut bien distinguer ces

deux cas : l'institution (des propres esclaves du testateur et celle des esclaves d'autrui. Nous en développerons les conséquences dans le paragraphe suivant.

Mais, dans aucun de ces deux cas, l'esclave n'était institué pour lui-même, en tant qu'esclave. Dans le premier, il ne l'était qu'avec affranchissement, comme devant devenir libre à la mort du testateur; dans le second, que du chef de son maître, et seulement si l'on avait faction de testament avec son maître : « *Alienos servos heredes instituere possumus*, dit Ulpien, *eos tamen quorum cum dominis testamenti factionem habemus* (1). » Ainsi l'esclave d'un *peregrinus* n'eût pas pu être institué.

Non aliter quam cum libertate. Nous avons déjà parlé du dissentiment des anciens jurisconsultes à cet égard, et de la décision de Justinien, d'après laquelle l'affranchissement testamentaire résulte suffisamment et nécessairement de l'institution de l'esclave par son maître, sans qu'il soit indispensable de l'exprimer (tom. I, p. 326).

Servum adulterio maculatum. Tant que l'accusation d'adultère portée contre une femme de complicité avec son propre esclave, n'avait pas été purgée par une sentence d'absolution, cette femme, même venant à mourir avant le jugement (*ante sententiam*), ne pouvait pas valablement affranchir par son testament son esclave co-accusé; elle ne pouvait donc pas non plus l'instituer héritier; car l'esclave n'est valablement institué par son maître qu'autant qu'il en est affranchi.

Proprius autem servus etiam is intelligitur. — *Alienus servus etiam is intelligitur.* Ce sont deux cas inverses. L'usufruit étant un droit sur la chose d'autrui, il en résulte que l'esclave est, par rapport au nu-propriétaire, son

---

(1) Ulp. Reg. 22. 9.

propre esclave; par rapport à l'usufruitier, l'esclave d'autrui. D'où la conséquence que, si cet esclave est institué héritier par le nu-propriétaire ou par l'usufruitier, il faudra appliquer, dans le premier cas, les règles de l'institution des esclaves propres au testateur; et, dans le second, celles de l'institution des esclaves étrangers. — Dans l'ancien droit, l'affranchissement par le nu-propriétaire seul ne donnait pas la liberté : « *A proprietatis domino manumissus, liber non fit*, dit Ulpien, *sed servus sine domino est* (1). » Justinien modifia ce droit : l'esclave devient libre et affranchi du nu-propriétaire; mais il continue à servir de fait l'usufruitier jusqu'à la fin de l'usufruit; il acquiert pour lui-même; en conséquence c'est lui qui profite de l'institution que le testament du nu-propriétaire lui a laissée avec la liberté (2).

1. Servus autem a domino suo heres institutus, si quidem in eadem causa manserit, fit ex testamento liber heresque necessarius. Si vero a vivo testatore manumissus fuerit, suo arbitrio adire hereditatem potest; quia non fit heres necessarius, cum utrumque ex domini testamento non consequitur. Quod si alienatus fuerit, jussu novi domini adire hereditatem debet, et ea ratione per eum dominus fit heres. Nam ipse alienatus, neque liber neque heres esse potest, etiamsi cum libertate heres institutus fuerit; *destitisse enim a libertatis datione videtur* dominus, qui eum alienavit. Alienus quoque servus

1. *L'esclave institué héritier par son maître, s'il est resté dans la même condition, devient, en vertu du testament, libre et héritier nécessaire. Si, au contraire, il a été affranchi par le testateur de son vivant, il peut à son gré faire adition d'hérédité, car il n'est pas héritier nécessaire, puisque la liberté et l'hérédité ne lui sont pas acquises l'une et l'autre par le testament de son maître. S'il a été aliéné, il doit faire l'adition d'après l'ordre de son nouveau maître qui, par lui, devient ainsi héritier. En effet pour lui, une fois aliéné, il ne peut devenir ni libre ni héritier, quand bien même il aurait été institué avec af-*

---

(1) Ulp. Reg. 1. 19. — (2) C. 7. 15. 1.

heres institutus, si in eadem causa duraverit, jussu ejus domini adire hereditatem debet. Si vero alienatus fuerit ab eo, aut vivo testatore, aut post mortem ejus, *antequam adeat*, debet jussu novi domini adire. At si manumissus est vivo testatore vel mortuo antequam adeat, suo arbitrio adire potest hereditatem.

franchissement; car le maître par l'aliénation qu'il en a faite, a montré qu'il se départait du don de la liberté. L'esclave d'autrui institué héritier, s'il est resté dans la même condition, doit aussi faire l'addition d'hérédité par ordre de son maître. Mais s'il a été aliéné par lui, soit du vivant du testateur, soit après sa mort, mais avant l'adition, il ne devra faire cette adition que par ordre de son nouveau maître. S'il a été affranchi du vivant du testateur ou depuis sa mort, mais avant l'adition, il pourra faire cette adition à son gré.

Avant d'examiner en détail les dispositions de ce paragraphe, il faut se rappeler ce que nous avons déjà dit ci-dessus, pag. 257, qu'en cas d'institution d'un esclave, l'espérance de l'hérédité repose sur la tête de cet esclave, et le suit dans ses diverses conditions jusqu'à ce que le droit soit définitivement acquis. De telle sorte que si, avant cette acquisition, l'esclave passe de maître en maître, l'institution, selon l'expression énergique d'Ulpien, se promène avec le domaine (*ambulat cum dominio*); si l'esclave devient libre, elle est pour lui; s'il meurt, elle s'évanouit.

Cela posé, le premier cas dont nous ayons à nous occuper avec le texte est celui de l'esclave institué par son maître. Il faut distinguer à cet égard deux situations bien différentes : 1° si l'esclave est resté dans la même condition, c'est-à-dire au pouvoir du testateur; 2° s'il en est sorti, soit par affranchissement, soit par aliénation, avant sa mort.

Si quidem in eadem causa manserit. Tant que l'esclave

reste dans la même condition, au pouvoir du testateur, il ne se trouve institué qu'en tant qu'il est affranchi; l'hérédité ne peut lui arriver que parce que la liberté doit lui arriver en même temps; la validité de son institution dépend donc essentiellement de celle de l'affranchissement exprès ou tacite qui se trouve dans le même testament. Si donc l'affranchissement est nul, soit comme fait en fraude des créanciers, soit pour le motif particulier indiqué au paragraphe précédent, soit pour tout autre, l'institution l'est aussi; et, comme cette nullité existe dès le principe, l'institution ne produit aucun effet, quand même l'esclave viendrait postérieurement à changer de condition. De même, si l'affranchissement n'a été fait que sous condition, et que cette condition vienne à défaillir pendant que l'esclave est toujours au pouvoir du testateur, l'affranchissement se trouvant évanoui, l'institution s'évanouira aussi et ne revivra plus, quand même l'esclave changerait plus tard de condition (1). Mais si l'affranchissement est valable et se maintient, l'esclave, dès la mort du testateur ou dès l'accomplissement de la condition, s'il y en a une non accomplie à l'époque du décès, devient à la fois et de plein droit libre et héritier nécessaire. Remarquons bien que, dans ce cas, il n'est besoin d'aucune acceptation ou adition pour que l'hérédité soit acquise, elle l'est immédiatement et forcément. (V. tom. I, pag. 324.)

Si vero a vivo testatore manumissus fuerit: Si l'esclave institué par son maître change de condition et sort de ses mains avant sa mort, soit par affranchissement entrevifs, soit par aliénation, la nature de son institution se trouve intervertie et devient en tous points, à partir de

---

(1) D. 2. 5. 38. § 3. f. Ulp.

ce moment, ce qu'elle est dans le cas de l'esclave d'autrui. De là deux conséquences : 1º l'institution de l'esclave ne dépend plus de son affranchissement testamentaire; peu importerait donc, à partir de ce moment, que cet affranchissement n'eût été fait dans le testament que sous condition, et même que la condition vînt à défaillir, l'institution n'en resterait pas moins valable (1); 2º l'hérédité ne sera plus acquise de plein droit et nécessairement à la mort du testateur, mais seulement au moment de l'adition et par l'adition, savoir : au maître de l'esclave par l'ordre duquel il fera adition, si l'institué est encore esclave à cette époque; et à l'institué lui-même, s'il est devenu affranchi.

Destitisse enim a libertatis datione videtur. Comment se fait-il que le changement de volonté qu'indique l'aliénation de l'esclave suffise pour révoquer l'affranchissement testamentaire et ne révoque pas l'institution ? C'est que l'affranchissement testamentaire, le don de la liberté par testament, n'est qu'une sorte de legs; or le changement de volonté, même tacite, suffit, comme nous le verrons plus tard, pour révoquer les legs; tandis que les institutions ne peuvent se révoquer, si ce n'est formellement, par un testament postérieur.

Antequam adeat. Hors le cas où l'esclave est héritier sien et nécessaire, c'est toujours l'adition qu'il faut considérer pour savoir à qui l'hérédité est acquise, puisque c'est par elle seule et à ce moment seulement que l'acquisition a lieu.

2. Servus autem alienus post domini mortem recte heres instituitur,	2. *L'esclave d'autrui peut être valablement institué héritier, même*

(1) D. 28. 5. 38. § 2 f. Ulp.

quia et *cum hereditariis servis est testamenti factio*. Nondum enim adita hereditas, personæ vicem sustinet, non heredis futuri, sed defuncti : cum etiam *ejus qui in utero est, servus* recte heres instituitur.

après la mort de son maître, parce que la faction de testament existe avec les esclaves d'une hérédité. En effet, l'hérédité dont on n'a pas fait adition représente, non pas le futur héritier, mais le défunt ; aussi peut-on instituer héritier l'esclave d'un enfant qui n'est encore que conçu.

Cum hereditariis servis est testamenti factio : Si toutefois on avait faction de testament avec le défunt, parce que, selon ce que nous avons déjà dit pag. 276, tant que l'hérédité n'est pas acquise, elle continue et représente la personne du défunt.

Ejus qui in utero est servus : c'est-à-dire l'esclave de l'hérédité à laquelle un enfant conçu est appelé : du reste, ce ne sera pas du chef de l'enfant conçu, futur héritier, que cet esclave sera institué, mais bien du chef du défunt, toujours représenté par l'hérédité jusqu'à la naissance de l'enfant et à l'acquisition de cette hérédité.

3. Servus plurium, cum quibus testamenti factio est, *ab extraneo* institutus heres, unicuique dominorum cujus jussu adierit, pro portione dominii adquirit hereditatem.

3. *L'esclave de plusieurs maîtres ayant faction de testament, s'il est institué héritier par un étranger, acquiert l'hérédité à chacun de ses maîtres par l'ordre desquels il a fait adition, en proportion de leurs droits de propriété sur lui.*

C'est une conséquence du principe général que nous avons posé pag. 260, sur l'acquisition par les esclaves communs.

Ab extraneo. Mais s'il était institué par un des maîtres seulement, que décider ? Il faut distinguer : 1° si par le même testament ce maître l'a affranchi *expressément* et institué, alors c'est pour le rendre libre et héritier sien et nécessaire; il faut appliquer la nouvelle décision de Justinien, exposée ci-dessus pag. 235, relativement à l'affranchissement des esclaves communs. L'esclave sera libre, héritier sien et nécessaire du défunt, et les autres co-propriétaires seront indemnisés; 2° si au contraire le maître l'a institué sans l'affranchir expressément, ou sans que ses dispositions indiquent cette volonté de sa part, alors on peut dire qu'il l'a institué du chef de ses autres maîtres, comme esclave d'autrui; en conséquence l'hérédité reviendra proportionnellement aux copropriétaires qui lui feront faire adition. Du reste, ce point paraît devoir être, d'après la législation de Justinien, une question d'intention du testateur : a-t-il voulu l'affranchir, a-t-il voulu instituer en lui ses copropriétaires ?

Telles sont en résumé les règles sur la faction de testament, quant à la capacité d'être institué. Nous verrons ci-dessous, au paragraphe 4 du titre XIX, à quelles époques cette capacité doit exister chez les héritiers.

3° COMMENT L'HÉRÉDITÉ PEUT ÊTRE DIVISÉE. Le principe général qui doit dominer ici la matière, c'est que, sauf le privilége des militaires, le testateur ne peut pas mourir partie testat, partie intestat. L'institution de ses héritiers, soit qu'il en nomme un seul, soit qu'il en nomme plusieurs, doit donc comprendre forcément toute son hérédité, aucune partie ne peut rester en dehors. A un tel point que si le testateur instituant, par exemple, un seul héritier, ne l'a institué que pour une partie de sa succession : pour un tiers, pour un quart, ou pour un objet déterminé, pour tel fonds de terre, l'institution vaudra pour toute l'hérédité, abstraction faite de ces désignations particulières qui seront non avenues : « *Si ex fundo fuisset aliquis solus institutus, valet institutio, detracta fundi mentione* (1).

4. Et unum hominem, et plures in infinitum, quot quis velit heredes facere, licet.

4. On peut instituer un seul héritier, ou plusieurs, en tel nombre qu'on veut, jusqu'à l'infini.

Mais à eux tous, il faut qu'ils aient toute l'hérédité, et rien que l'hérédité, sans qu'aucune part reste vacante ni leur puisse être attribuée en plus. Si donc le testateur, dans les institutions faites par lui, a compris moins que l'hérédité ou plus que l'hérédité entière, ces institutions doivent toutes proportionnellement être augmentées dans le premier cas ou réduites dans le second, de manière que leur total comprenne toute l'hérédité et rien au-delà. Ceci nous conduit à examiner comment pouvait être faite, au gré du testateur, cette distribution de l'hérédité entre plusieurs institués. Pour plus de clarté, nous ferons cet exposé dans son ensemble, indépendamment du texte, dont l'intelligence nous deviendra facile par là.

Si le testateur a institué plusieurs héritiers, en déclarant que c'est par parties égales (*ex æquis partibus*); ou, ce qui revient au même, sans aucune déclaration, alors nulle difficulté : l'hérédité sera également divisée entre eux ; on fera autant de parts qu'ils seront d'héritiers.

Mais le testateur peut vouloir les traiter inégalement.

---

(1) D. 28. 4. 1. § 4 f. Ulp. — Ce texte porte *solus institutus*, parce que s'il y avait d'autres héritiers institués en termes généraux, le motif dont nous venons de parler n'existant plus, ceux-là seuls seraient héritiers ; et celui ou ceux qui auraient été institués seulement pour un fonds ou pour tout autre objet déterminé, seraient simplement légataires de ce fonds ou de cet objet : le mot *institués*, dont se serait servi le testateur à leur égard, n'étant, dans ce cas, qu'une expression impropre.

L'idée la plus naturelle, c'est de leur assigner à chacun quelque fraction de l'hérédité : par exemple, en cas d'institution de trois héritiers, à l'un un quart, à l'autre une moitié, et au troisième le quart restant. Dans cet exemple et autres semblables, on voit facilement que un quart, une moitié et un quart faisant un entier, le testateur a distribué toute son hérédité, ni plus ni moins. Mais, s'il avait assigné des fractions différentes par leur dénominateur : par exemple, à l'un un tiers, à l'autre un quart, à celui-ci un cinquième, à cet autre deux septièmes, il arriverait à la fois 1° que rarement ces fractions de diverse nature formeraient par leur total un entier exact, c'est-à-dire l'hérédité, mais que presque toujours, au contraire, elles vaudraient plus ou moins; 2° qu'il faudrait une opération mathématique pour reconnaître si elles égalent l'entier, si elles l'excèdent ou si elles sont moindres; et, dans ces deux derniers cas, pour les réduire ou pour les augmenter chacune proportionnellement de manière à faire toute l'hérédité et rien que l'hérédité; 3° que le testateur lui-même ne se rendrait pas bien compte de ses dispositions, et qu'il se trouverait d'ailleurs embarrassé par ces diverses considérations à observer.

Les Romains avaient trouvé un système ingénieux qui permettait au testateur d'assigner autant de parts qu'il voulait, à autant d'héritiers qu'il lui plaisait, d'en augmenter ou d'en diminuer le nombre, sans s'inquiéter de la valeur totale qui, en définitive, devait toujours se trouver équivalente à l'hérédité entière, sans plus ni moins. Ce système consistait à attribuer à chaque héritier, quel que fût leur nombre, une quotité quelconque de parts au gré du testateur : par exemple, à Titius trois parts, à Cornélius cinq, à Stichus deux, à Gaïus quatre (et ainsi de même, soit qu'il y eût deux, trois, cinq héritiers ou davantage), sans désigner pour aucun d'eux la valeur de ces parts. Pour connaître cette valeur lors du partage de l'hérédité, il suffisait de faire le total du nombre de parts distribuées dans le testament, et, s'il y en avait en totalité quatorze, comme dans notre exemple, ou dix, ou quinze, ou tout autre nombre, chaque part valait alors un quatorzième, un dixième, un quinzième ou toute autre fraction correspondante de l'hérédité, qui, de cette manière, ne pouvait se trouver ni excédée, ni vacante pour partie.

Le testateur était parfaitement libre à cet égard; il pouvait distribuer deux, trois, quatre, cinq parts ou davantage, et la valeur de chaque part était toujours déterminée par leur nombre total. Cependant un usage tiré du système de mesures des Romains, faisait communément distribuer douze parts, et par conséquent diviser l'hérédité en douzièmes. En effet on considérerait l'hérédité, par forme de comparaison, comme un *as*, c'est-à-dire comme un entier, comme une unité quelconque, à peser et à distribuer par poids entre les héritiers. La distribution des parts entre les héritiers était, pour ainsi dire, une pesée à faire (*pondius*) de l'hérédité. Or comme l'unité de poids se composait chez les Romains de douze onces, on était censé peser, partager l'hérédité par onces : à celui-ci deux, à celui-là quatre, cinq, jusqu'à concurrence de douze ordinairement; et chaque once (*uncia*) valait alors un douzième.

Ceci n'était qu'un usage et non pas une loi, car c'était toujours la volonté du testateur et la distribution faite par lui, qui déterminait s'il devait y avoir cinq, sept, douze, quinze onces ou tout autre nombre dans son hérédité; et si, par conséquent, chaque once devait valoir un cinquième, un septième, un douzième, un quinzième ou toute autre fraction héréditaire.

Mais il était des cas où la division commune par douze onces était nécessairement présumée et devenait ainsi une division légale. En effet, tant que le testateur aura assigné à chacun des héritiers un nombre de parts quelconque, il n'y aura aucune difficulté; le total des parts distribuées indiquera la division héréditaire que le testateur a voulue. Mais que décider si, faisant cette assignation pour les uns, il a laissé les autres sans part déterminée? par exemple, que Gaïus, Valérius et Sempronius soient héritiers; Gaïus pour trois onces et Valérius pour deux? évidemment on ne peut pas dire ici que l'hérédité n'aura que cinq onces, car Gaïus et Valérius auraient bien leur part; mais Sempronius n'en aurait aucune, et cependant il est héritier. Dans ce cas, le testateur sera légalement présumé avoir suivi la division commune, la division de l'*as* héréditaire par douze onces : Gaïus et Valérius prendront le nombre d'onces qui leur a été assigné, l'un trois et l'autre deux, et le surplus des douze onces, c'est-à-dire, dans l'espèce, les sept restant, reviendront à Sempronius; ou, s'il y avait plus d'un héritier sans part, à tous ces héritiers également. Telle sera ici la distribution, la pesée de l'hérédité; et, en effet, d'après l'usage des Romains, l'intention du testateur n'a pas été autre.

Mais si le total des onces assignées par le testateur égale ou surpasse déjà la division commune de l'as, c'est-à-dire si ce total est déjà de douze ou davantage, que faire? par exemple, que Gaïus, Valérius et Sempronius soient héritiers; Gaïus pour huit onces et Valérius pour quatre? ou bien Gaïus pour dix onces et Valérius pour six? Le testateur ayant déjà distribué douze onces, dans le premier cas; et même seize dans le second, que restera-t-il à Sempronius? Alors, le testateur sera censé, au lieu de faire une seule pesée de son hérédité, en avoir fait deux, composées chacune de douze onces, suivant la division commune; ce sera comme s'il avait séparé d'abord son hérédité en deux as, pour peser et distribuer ensuite successivement chacun d'eux par douze onces aux héritiers institués, ce qui fera pour toute l'hérédité vingt-quatre onces, et chaque once ne vaudra qu'un vingt-quatrième. Ainsi, dans l'exemple cité, la première pesée de douze onces étant épuisée ou même dépassée par Gaïus et par Valérius, il reviendra à Sempronius la seconde pesée tout entière ou le restant de cette seconde pesée, c'est-à-dire douze onces, si Gaïus et Valérius en ont déjà douze à eux deux, ou huit seulement, s'ils en ont seize. C'est là ce que les Romains appelaient une double pesée (*dupondius*).

Continuant ce système, il y aurait de même pour l'hérédité entière une triple pesée (*tripondius*), chacune d'un as ou douze onces, en tout trente-six onces; ou bien une quadruple pesée, en tout quarante-huit onces; et ainsi de suite, s'il arrivait que le testateur, ayant déjà distribué ou excédé vingt-quatre, trente-six onces, eût néanmoins laissé quelque héritier sans part.

En somme, l'hérédité se divise toujours en autant de parts égales qu'en a distribué le testateur; mais s'il a laissé un ou plusieurs héritiers sans parts, c'est alors seulement qu'il est censé nécessairement avoir suivi la division commune, la division légale de l'as en douze onces, par simple, double ou triple pesée, selon qu'il en est besoin pour fixer la part de ceux qui n'en ont pas.

5. Hereditas plerumque dividitur in duodecim uncias, quæ assis appellatione continentur. Habent autem et hæ partes propria nomina, ab uncia usque ad assem, ut puta	5. *L'hérédité se divise le plus souvent en douze onces, comprises ensemble sous le nom d'as. Ces diverses parties ont chacune leur nom propre depuis l'once jusqu'à l'as,*

hæc : *uncia, sextans, quadrans, triens, quincunx, semis, septunx, bes, dodrans, dextans, deunx, as.* Non autem utique semper duodecim uncias esse oportet : nam tot unciæ assem efficiunt, quot testator voluerit; et si unum tantum quis ex semisse, verbi gratia, heredem scripserit, totus as in semisse erit. Neque enim idem ex parte testatus, et ex parte intestatus decedere potest, nisi sit miles, cujus sola voluntas in testando spectatur. Et e contrario potest quis in quantascunque voluerit plurimas uncias suam hereditatem dividere.

savoir : sextans, quadrans, triens, quincunx, semis, septunx, bes, dodrans, dextans, deunx. Cependant il n'est pas nécessaire qu'il y ait toujours douze onces ; car autant d'onces que veut le testateur forment un as ; s'il a institué un seul héritier pour six onces, par exemple, ces six onces feront un as entier parce que le même individu ne peut décéder partie testat, partie intestat, à moins qu'il ne s'agisse d'un militaire dont on considère uniquement la volonté, en fait de testament. En sens inverse on peut diviser son hérédité en autant d'onces qu'on le veut.

Sextans, un sixième de l'as, ou deux onces; — *Quadrans,* un quart ou trois onces; — *triens,* un tiers ou quatre onces ; — *quincunx,* cinq onces ; — *semis,* la moitié ou six onces ; — *septunx,* sept onces; — *bes* (contraction de *bis-triens*), deux tiers ou huit onces; — *dodrans* (contraction de *de* privatif, et de *quadrans*), l'as moins un quart, c'est-à-dire trois quarts ou neuf onces; — *dextans* (contraction de *de* privatif et de *sextans*), l'as moins un sixième, c'est-à-dire cinq sixièmes, ou dix onces; — *deunx* (contraction de *de* privatif et de *uncia*), l'as moins une once, c'est-à-dire onze onces.

6. Si plures instituantur, ita demum partium distributio necessaria est, si nolit testator eos ex æquis partibus heredes esse. Satis enim constat, nullis partibus nominatis, *æquis partibus* eos heredes esse. Partibus autem in quorundam personis expressis, si quis alius sine

6. *Lorsque plusieurs héritiers sont institués, le testateur n'a besoin de leur faire une assignation de part, qu'autant qu'il ne veut pas qu'ils soient héritiers par portions égales ; car, en ne faisant aucune assignation, il montre suffisamment qu'ils doivent se partager éga-*

parte nominatus erit, si quidem aliqua pars assi deerit, ex ea parte heres sit : et si plures sine parte scripti sunt, omnes in eandem partem concurrent. Si vero totus as completus sit, ii qui nominatim expressas partes habent, in dimidiam partem vocantur, et ille vel illi omnes in alteram dimidiam. Nec interest primus an medius an novissimus sine parte heres scriptus sit; ea enim pars data intelligitur, quæ vacat.

lement l'hérédité. Mais s'il y a assignation de parts pour quelques uns, et qu'un autre soit institué sans part désignée, ce dernier, s'il reste quelque partie de l'as, sera héritier pour cette part; de même s'il y a plusieurs héritiers inscrits sans aucune fixation de part, ils viendront tous en concours sur la partie restante de l'as. Mais si l'as tout entier a été distribué, ceux qui ont des parts marquées se partageront une moitié de l'hérédité; et celui ou ceux qui n'ont pas de parts fixées prendront l'autre moitié. Et peu importe dans quel rang est écrit l'héritier sans part; qu'il soit le premier, le second ou le dernier, c'est toujours la part vacante qui est censée lui avoir été attribuée.

Æquis ex partibus eos heredes esse. On fera, avons-nous dit ci-dessus (pag. 361), autant de parts égales qu'il y aura d'héritiers; ajoutons toutefois que, si plusieurs ont été institués conjointement, c'est-à-dire ensemble, de manière à ne former pour l'hérédité qu'une seule personne collective, ils ne compteront dans le partage que pour un et ne prendront qu'une part à eux tous : « *Titius heres esto; Seius et Mævius heres sunto.* » L'avis de Proculus est vrai, dit Celse, on fera deux parts égales de l'hérédité, et l'on en donnera une à Seius et à Mævius conjointement (1).

7. Videamus, si pars aliqua vacet, nec tamen quisquam sine par-

7. *Voyons ce qu'il faut décider lorsqu'une part est vacante et que*

---

(1) D. 28. 5. 59. § 2. — *Ib.* 11. f. Javolen.

te sit heres institutus, quid juris sit; veluti si tres ex quartis partibus heredes scripti sunt. Et constat vacantem partem singulis tacite pro hereditaria parte accedere, et perinde haberi ac si ex tertiis partibus heredes scripti essent. Ex diverso, si plures in portionibus sint, tacite singulis decrescere : ut si, verbi gratia, quatuor ex tertiis partibus heredes scripti sint, perinde habeantur ac si unusquisque ex quarta parte heredes scriptus fuisset.

cependant aucun institué n'est sans part. Par exemple, si trois héritiers ont été institués chacun pour un quart, il est clair que la part vacante doit accroître tacitement à chacun d'eux pour leur part héréditaire, et ils seront considérés comme institués chacun pour un tiers. Si, à l'inverse, on a institué plus d'héritiers qu'il n'y a de parts, l'excédant doit tacitement décroître à chacun proportionnellement ; par exemple, si quatre héritiers ont été institués chacun pour un tiers, on les considèrera comme institués chacun pour un quart seulement.

8. Si plures unciæ quam duodecim distributæ sint, is qui sine parte institutus est, quod dupondio deest, habebit. Idemque erit si dupondius expletus sit: quæ omnes partes ad assem postea revocantur, quamvis sint plurium unciarum.

8. Si le testateur a distribué plus de douze onces, celui qui est institué sans part aura ce qui reste pour compléter la double pesée; il en sera de même si cette double pesée a été épuisée; du reste toutes ces portions sont ramenées définitivement à un seul as, bien qu'elles comprennent plus de douze onces.

4° QUELS SONT LES MODES ET LES CONDITIONS que le testateur peut ou ne peut pas imposer à l'institution.

9. Heres et *pure* et *sub conditione* institui potest; *ex certo tempore, aut ad certum tempus*, non potest: veluti, POST QUINQUENNIUM QUAM MORIAR, vel EX CALENDIS ILLIS aut USQUE AD CALENDAS ILLAS HERES ESTO. Denique diem adjectum haberi *pro supervacuo* placet;

9. L'institution peut être faite, ou purement, ou sous condition ; mais non pas à partir d'un terme fixe, ou jusqu'à un terme fixe; par exemple QU'IL SOIT HÉRITIER CINQ ANS APRÈS MA MORT, OU DEPUIS TELLES CALENDES, OU JUSQU'A TELLES CALENDES : *On considère la*

et perinde esse ac si pure heres institutus esset;	fixation d'un pareil terme comme superflue, et l'héritier comme institué purement et simplement.

Pure. Dans ce cas, le droit à l'hérédité s'ouvre pour l'héritier du jour même de la mort du testateur.

Sub conditione. Ici l'institution dépend de l'accomplissement de la condition. Si cet accomplissement a déjà eu lieu du vivant du testateur, le droit de l'héritier institué n'étant plus incertain, s'ouvre, comme dans le cas d'une institution pure et simple, du jour même du décès. Mais si, à l'époque de ce décès, la condition n'est pas encore accomplie, le droit de l'héritier institué reste encore douteux et en suspens, et il ne s'ouvre qu'au jour de l'accomplissement de la condition. Ainsi, le jour de l'accomplissement de la condition, dans les institutions conditionnelles, prend la place du jour du décès du testateur dans les institutions pures et simples. Toutes les règles que nous appliquerons, dans ce dernier cas, au jour de la mort du testateur relativement à la capacité de l'héritier, doivent, pour les institutions conditionnelles, être transportées au jour de l'accomplissement de la condition; et si l'institué meurt avant ce jour, comme il meurt avant l'ouverture de son droit, ce droit, ou plutôt cette espérance de droit, s'évanouit entièrement avec lui, de même que si, institué purement et simplement, il était mort avant le décès du testateur.

Mais lorsque l'accomplissement de la condition a eu lieu, faut-il dire, comme nous le verrons pour les obligations, que cet accomplissement a un effet rétroactif et que le droit de l'héritier conditionnel est censé avoir été ouvert du jour même de la mort du testateur? Non, il n'y a aucun effet rétroactif en ce sens : l'ouverture des droits ne date toujours que de l'accomplissement de la condition; c'est seulement d'après cette ouverture à cette date que se règlent les conditions de capacité de l'héritier conditionnel; et c'est l'hérédité et non pas lui, qui, jusqu'à ce moment, est censée avoir continué et soutenu la personne du défunt. Ce qui n'empêchera pas, toutefois, d'appliquer dans ce cas, comme dans tous les autres, cette règle générale : qu'une fois l'adition faite, à quelque époque que ce soit, l'héritier se trouve dans la même position que s'il avait succédé au défunt aussitôt après sa mort; « *heres quandoque adeundo hereditatem, jam tunc a morte successisse defuncto intelligitur* (1). » Mais c'est là un effet de l'adition, et non pas de l'accomplissement de la condition; cet effet, que nous aurons à expliquer plus tard en parlant de l'adition, est général; il a lieu pour l'héritier pur et simple aussi bien que pour l'héritier conditionnel; quelque intervalle que ces héritiers aient laissé écouler entre l'ouverture de leur droit (opérée pour l'un dès le décès, pour l'autre dès l'accomplissement de la condition) et l'époque postérieure où ils ont fait adition.

Ex certo tempore aut ad certum tempus. On demande pourquoi cette différence entre l'institution sous condition et l'institution à terme? Pourquoi l'une pouvait avoir lieu, tandis que l'autre ne le pouvait pas? L'explication est facile, sans qu'il soit besoin, pour la donner, de supposer aucun effet rétroactif dans l'institution conditionnelle. L'institution à terme ne pouvait pas avoir lieu, parce qu'on ne pouvait pas être partie testat, partie intestat. Or, que serait-il arrivé dans le cas d'une institution, à partir d'un certain terme (*ex certo tempore*) : « que Ti-

---

(1) D. 29. 2. 54. f. Florent.

tius soit héritier cinq ans après ma mort », ou d'une institution jusqu'à un certain terme (*ad certum tempus*) : que Titius soit héritier pendant cinq ans »? Dans le premier cas, tant que les cinq ans ne sont pas arrivés, il n'y a et il ne doit y avoir aucun héritier testamentaire : aucune incertitude ne tient en suspens à cet égard, cela est bien certain : l'hérédité testamentaire ne commencera que dans cinq ans; donc il faudrait, en attendant, déférer l'hérédité *ab intestat*, à laquelle aucun droit, aucune espérance de droit ne s'opposerait, et cette hérédité cesserait quand l'autre commencerait. Dans le second cas, lorsque l'hérédité testamentaire aura duré cinq ans, elle aura fini; il n'y aura plus ni héritier ni espérance d'héritier testamentaire; donc il faudrait encore déférer l'hérédité *ab intestat*. De sorte que la même hérédité aurait été pour un temps testat et pour l'autre intestat. L'héritier institué à terme (*ex certo tempore*) n'aurait pas réellement succédé au défunt, mais plutôt aux héritiers *ab intestat* qui l'auraient précédé; la personne du défunt n'aurait pas été continuée jusqu'à lui par l'hérédité vacante, mais bien par les héritiers *ab intestat*; enfin, on ne pourrait pas lui appliquer cette règle générale que, par l'adition faite, il se trouve comme s'il avait succédé au défunt dès l'instant de sa mort, puisqu'ici il y aurait eu des héritiers intermédiaires. Les mêmes conséquences s'appliqueraient, en sens inverse, aux héritiers *ab intestat*, s'il s'agissait d'institution jusqu'à un certain terme (*ad certum tempus*). Enfin, dans l'un et dans l'autre cas, il y aurait des héritiers qui ne le seraient que pour un temps, savoir : les héritiers *ab intestat*, dans le premier cas, et l'héritier testamentaire dans le second : au mépris de ce principe, qu'on ne peut pas faire que celui qui a été une fois héritier cesse de l'être : « *Non potest efficere*, dit Gaïus, *ut qui semel heres extitit, desinat heres esse* (1). » Par toutes ces raisons décisives, qui se résument dans celle-ci : on ne peut être partie testat et partie intestat, l'institution avec un terme ne pouvait pas avoir lieu.

Mais rien de tout cela ne se rencontrait dans l'institution conditionnelle, parce que, encore que la condition ne fût pas accomplie, tant qu'elle pouvait l'être, il y avait espérance d'un héritier testamentaire, et cette espérance suffisait pour exclure la succession *ab intestat*, celle-ci ne pouvant avoir lieu que si l'absence de tout héritier testamentaire était devenue certaine par la défaillance absolue de la condition (2).

Les différences et les raisons que nous venons d'exposer sont tellement exactes que nous les trouvons formellement produites dans un fragment de Tryphoninus. Les militaires pouvaient, par privilége, mourir partie testat, partie intestat; aussi pouvaient-ils, d'après le témoignage de ce jurisconsulte, instituer un héritier à partir d'un certain terme ou jusqu'à un certain terme. Qu'arrivera-t-il donc si un militaire a ainsi testé : *Titius usque ad annos decem heres esto ?* au bout des dix ans, dit toujours Tryphoninus, il y aura lieu à l'hérédité *ab intestat* (*intestati causa post decem annos locum habebit*). Et s'il a testé *ex certo tempore ?* jusqu'à ce que le terme soit arrivé, l'hérédité *ab intestat* sera déférée (*consequens est, ut antequam dies veniat, intestati hereditas deferatur*) (3). Certes tout cela n'aurait pas eu lieu, si ce militaire avait fait une institution, non pas à terme, mais conditionnelle; nous trouvons donc là un exemple frappant de la diffé-

---

(1) D. 28. 5. 88. — C'est de là qu'a été tiré ce brocard : *Semel heres, semper heres.* — (2) D. 29. 2. 39. f. Ulp. — 50. 17. 89. f. Paul. — (5) D. 29. 1. 41. pr.

rence qui existait entre l'institution à terme et l'institution sous condition; et du motif qui, pour les testamens non privilégiés, rendait l'une impossible et l'autre possible.

Le texte dit *ex certo tempore* : en effet, s'il s'agissait d'un terme, non pas fixé, déterminé dans son époque, mais incertain sous ce rapport seulement, quoique devant arriver nécessairement, l'institution faite à partir d'un pareil terme serait valable. Ainsi, l'on pouvait instituer valablement avec ce terme : quand son tuteur sera mort; quand tel individu sera mort; «*Etiam, cum quis moreretur, heredem scribi placuit* (1). » Et pourquoi cette différence entre le terme certain ou incertain? parce que dans un testament le terme incertain fait condition : « *Dies incertus conditionem in testamento facit*, » dit Papinien (2). Cependant il est hors de doute que le tuteur, que l'individu désigné mourra; le moment de sa mort est seul incertain. Nous verrons que, en conséquence, dans les obligations, il n'y aurait pas là une condition, puisque l'événement est hors de doute; pourquoi en est-il autrement dans les testamens? c'est parce que, d'après les règles particulières sur l'ouverture et sur l'acquisition des hérédités, il ne suffit pas, pour que le droit à l'institution soit ouvert, que le tuteur, que l'individu désigné meure; il faut qu'il meure avant l'institué, sinon celui-ci sera mort sans aucun droit. C'est donc comme si le testateur avait dit : «Titius sera héritier, si son tuteur ou si tel individu meurt avant lui »; c'est-à-dire que c'est une véritable condition. La même chose a lieu pour les

---

(1) Cod. 6. 24. 9. const. Dioclét. et Maxim. — (2) D. 35. 1. 75. — Ulpien répète, en parlant des legs : « *Dies incertus appellatur conditio.*» D. 30. 1. de legat. I. 3. § 4.

legs (1); on a donc raison de dire : « *Dies incertus conditionem in testamento facit* ».

Pro supervacuo : Remarquons bien les conséquences : le terme imposé illégalement ne rend pas l'institution nulle; mais il est considéré comme non avenu, et l'institution comme pure et simple.

La même chose a lieu à l'égard des conditions, pour celles qui ne peuvent être légalement imposées.

10. *Impossibilis conditio* in institutionibus et legatis, nec non fideicommissis et libertatibus, pro non scripto habetur.	10. *La condition impossible dans les institutions, les legs, les fidéicommis et les affranchissemens, est réputée non écrite.*

Impossibilis conditio. On dit que la condition est impossible, lorsque l'événement lui-même qui la constitue est impossible, étant repoussé par la nature même des choses : « *Possibilis est*, dit Paul, *quæ per rerum naturam admitti potest; impossibilis quæ non potest* (2); par exemple, s'il touche le ciel avec le doigt, s'il boit toute l'eau du Tibre. En matière d'obligations, une pareille condition aurait entraîné la nullité de l'obligation elle-même, comme nous le verrons par la suite (Inst. 3. 9. 11.); mais, en matière de testament, les jurisconsultes avaient été partagés. « Nos précepteurs, nous dit Gaïus en parlant des Sabiniens, pensent que le legs fait sous une condition impossible est valable comme si cette condition n'avait pas été apposée; mais les auteurs de l'école opposée (c'est-à-dire les Proculéiens), pensent que le legs est tout aussi nul que le serait une stipulation » (3). L'opinion des Sabiniens a prévalu pour toutes les dispositions tes-

---

(1) D. 35. 1. 1. § 2. f. Pomp. — 79. § 1. f. Pap. — 36. 2. 4. f. Ulp. — (2) Paul. sent. 3. 4. 2°. 1. — (3) G. 3. 98.

tamentaires; les conditions impossibles y sont considérées comme non écrites.

Il en est de même des conditions contraires aux lois ou aux mœurs : « *Conditiones contra leges et decreta principum vel bonos mores adscriptæ nullius sunt momenti, veluti* : SI UXOREM NON DUXERIS, SI FILIOS NON SUSCEPERIS, SI HOMICIDIUM FECERIS, SI BARBARO HABITU PROCESSERIS (ce qui est un trait de caractère), et *his similia* » (1).

Quant aux règles sur les conditions en elles-mêmes, sur leurs diverses espèces, sur leur accomplissement ou leur défaillance, nous les verrons plus tard, en traitant spécialement des conditions (Inst. 3. 15. 4.)

11. Si plures conditiones institutioni adscriptæ sunt : siquidem conjunctim, ut puta: SI ILLUD ET ILLUD FACTA ERINT, omnibus parendum est: si separatim, veluti SI ILLUD AUT ILLUD FACTUM ERIT, cuilibet obtemperare satis est.

11. *Lorsque plusieurs conditions ont été imposées à une institution, si c'est conjointement, par exemple:* SI TELLE ET TELLE CHOSE SONT FAITES, *il faut que toutes soient remplies; si c'est disjointement, par exemple* : SI TELLE OU TELLE CHOSE EST FAITE, *il suffit que l'une ou l'autre indifféremment soit accomplie.*

12. Ii quos nunquam testator vidit, heredes institui possunt; veluti si fratris filios peregri natos, ignorans qui essent, heredes instituerit : ignorantia enim testantis inutilem institutionem non facit.

12. *Le testateur peut instituer héritiers ceux qu'il n'a jamais vus, par exemple les enfans de son frère qui sont nés en pays étranger, et qui lui sont inconnus ; en effet cette ignorance du testateur ne vicie pas l'institution.*

Des Substitutions.

A la suite des institutions et des conditions qui peuvent y être apposées, se rangent naturellement les *substitutions*, qui ne sont autre chose que des institutions con-

---

(1) Paul. sent. *lb.* 2.

ditionnelles d'un genre particulier. Le nom de substitution leur vient de *sub-instituere*, instituer au dessous; *sub-institutio*, institution placée sous une autre. En effet, toute substitution n'est qu'une institution conditionnelle placée secondairement sous une institution principale. On en distinguait de deux sortes: la substitution vulgaire (*vulgaris substitutio*), et la substitution pupillaire (*pupillaris substitutio*), de laquelle Justinien a tiré, par analogie, une troisième espèce nommée par les commentateurs substitution quasi-pupillaire ou exemplaire (1). Toutes les substitutions avaient pour effet de prévenir certaines chances de mourir intestat, en instituant un héritier pour le cas où ces chances se réaliseraient. Voilà pourquoi elles n'étaient que des institutions conditionnelles.

TIT. XV.
DE VULGARI SUBSTITUTIONE.

Potest autem quis in testamento suo *plures gradus* heredum facere, ut puta: SI ILLE HERES NON ERIT, ILLE HERES ESTO; et deinceps, in quantum velit testator substituere. Potest et novissimo loco in subsidium vel *servum necessarium heredem* instituere.

TIT. XV.
DE LA SUBSTITUTION VULGAIRE.

On peut dans son testament faire plusieurs degrés d'héritiers, par exemple: SI UN TEL N'EST PAS HÉRITIER, QU'UN TEL LE SOIT; *et ainsi de suite en autant de substitutions que voudra le testateur; il peut même au dernier rang, et comme recours subsidiaire, instituer un de ses esclaves héritier nécessaire.*

Telle est la substitution vulgaire, ainsi nommée parce qu'elle est la plus commune et parce que, dit Théophile, on peut substituer de cette manière à tout le monde. De

---

(1) Le mot de substitution, dans notre droit français, est spécialement employé comme désignant les dispositions avec charge de rendre. Nous verrons ci-dessous qu'en droit romain, ces sortes de dispositions, nommées fidéi-commissaires, n'étaient pas classées parmi les substitutions.

toutes les substitutions, c'est celle qui a dû se présenter le plus naturellement à l'esprit des testateurs. Son origine doit se confondre, ou à peu près, avec celle des institutions d'héritiers elles-mêmes. En pleine vigueur sous la république, comme on le voit par les écrits de Cicéron (1), son usage devint beaucoup plus fréquent sous les empereurs, lorsque les lois caducaires, les lois *Julia* et *Papia*, dont nous avons parlé (hist. d. d., p. 145), eurent tant multiplié les incapacités de recevoir : parce qu'à cette époque, les testateurs, afin de prévenir, autant que possible, les nombreuses causes de caducité qui menaçaient leurs dispositions et qui auraient fait tomber leurs biens dans les mains du trésor public (*ærarium*), furent conduits à instituer plusieurs héritiers à défaut les uns des autres (2). D'ailleurs l'importance que les Romains attachaient à ne pas mourir intestat suffisait seule pour rendre fréquentes chez eux les substitutions vulgaires.

Plures gradus. Les héritiers appelés en première ligne forment le premier degré, ce sont les institués proprement dits; ceux qui sont appelés à défaut des premiers forment le second degré, ce sont les substitués; et ainsi de suite pour le troisième, pour le quatrième degré, etc., s'il y a plusieurs substitutions successives.

Si ille heres non erit. C'est là la condition particulière qui caractérise la substitution vulgaire. Ce genre de disposition n'est donc qu'une institution conditionnelle, pour le cas où les premiers institués ne seraient pas héritiers; soit par refus, soit par incapacité, car la géné-

---

(1) Cicér. *Brut.* c. 52. — *de Or.* 1. 39 et 57. — (2) ... « *Sed et ipsis testamentorum conditoribus sic gravissima caducorum observatio visa est ut et substitutiones introducerent ne fiant caduca.* » (Cod. 6. 5. 1.

ralité de ces termes *heres non erit* comprend également tous les cas (1).

Servum necessarium heredem : En instituant ainsi, en dernier lieu (*novissimo loco*), son esclave, qui deviendra forcément héritier nécessaire, le testateur se prémunit, en cas que tous les degrés précédens lui manquent, contre le refus de son hérédité de la part de ce dernier degré subsidiaire. Du reste, rien ne l'empêche d'instituer son esclave, non pas en dernier lieu, mais à tel degré qu'il lui plaît, même au premier; seulement, s'il s'agissait d'un testateur insolvable, il faudrait appliquer ce que nous avons dit au sujet de la loi *Ælia-Sentia* (tom. I, p. 324). L'esclave, quel que fût son rang d'institution, ne serait héritier qu'à défaut de tout autre institué ou substitué (*solus et necessarius heres*), comme s'il avait été inscrit après tous les autres, en dernier recours (2).

1. Et plures in unius locum possunt substitui, vel unus in plurium, vel singuli singulis, *vel invicem ipsi qui heredes instituti sunt.*

1. On peut substituer plusieurs à un seul, et un seul à plusieurs, ou bien tel à tel autre, ou substituer entre eux les institués eux-mêmes.

Vel invicem ipsi qui heredes instituti sunt : c'est-à-dire que si l'un ou quelques uns des institués n'est pas héritier, les autres lui seront substitués. Ainsi, la part de ceux qui manqueront reviendra proportionnellement à ceux qui seront héritiers (3). Mais remarquons bien qu'elle leur reviendra, non pas à titre d'accroissement, mais à titre de substitution; c'est-à-dire, non pas en vertu de leur première institution et comme conséquence for-

---

pr. const. Just.) — (1) Mais que décider si le testateur n'avait exprimé que l'un de ces cas : *Si heredem esse noluerit*, ou réciproquement; l'autre y serait-il sous-entendu ? oui. Argument D. 28. 2. 29. — 28. 6. 4. pr. — 35. 1. 101 pr. — Cod. 6. 24. 3. — 6. 26. 4. — Voyez pourtant contre cette opinion, Dig. 28. 2. 10. — (2) D. 28. 5. 57. f. Paul. — (3) Et à ceux-là seuls : D. — 28. 6. 23. f. Pap.

cée de cette institution, mais en vertu de leur seconde institution conditionnelle, *si heres non erit*, qui se sera réalisée; non pas en exécution de leur premier titre d'héritier, mais à titre nouveau et distinct. Il est vrai que, s'il n'y avait pas eu de substitution, les parts vacantes leur seraient revenues à chacun proportionnellement par droit d'accroissement; mais entre cet accroissement et l'acquisition par substitution, il y a de notables différences : 1° l'accroissement est forcé ; l'acquisition par la substitution est volontaire , car comme c'est une seconde institution distincte de la première, l'héritier n'est pas obligé, parce qu'il a accepté la première, d'accepter aussi la seconde : il peut la répudier ou en faire l'adition (1); 2° l'accroissement a lieu de plein droit, en vertu de la première adition, et se règle, soit pour les conditions de capacité, soit pour l'acquisition, sur l'époque de cette première adition ; l'acquisition par la substitution n'a lieu que par l'adition qui en est faite, et ne se règle que sur l'époque de cette seconde adition (2).

Posons donc en principe que, loin de se confondre avec le droit d'accroissement, toute substitution, soit d'un tiers, soit des héritiers entre eux, empêche l'accroissement d'avoir lieu, puisqu'elle empêche qu'il n'y ait des parts vacantes. Ce n'est qu'au cas où la substitution ellemême serait répudiée ou tomberait de toute autre manière, que le droit d'accroissement aurait lieu.

---

(1) Cod. 6. 26. 6 const. Dioclet. et Maxim. — Dig. 29. 2. 35 pr. f. Ulp. « *Ex causa substitutionis adeant* ». — Ib. 79. § 1. f. Javol. —
(2) De sorte qu'il peut se faire qu'à cette seconde époque l'acquisition ne soit plus pour le même individu (D. 29. 2. 35 pr.); ou même que les conditions de capacité n'existant plus pour tel ou tel héritier lorsque la substitution s'ouvre, l'adition ne puisse pas en être faite par lui. (Voir ci-dessous. 3. 4. 4.).

Sous l'empire des lois caducaires le droit d'accroissement n'avait pas lieu indistinctement au profit de tous les héritiers : il n'y avait, parmi les héritiers institués, que les ascendans ou enfans du testateur jusqu'au troisième degré, et, après eux, les institués ayant des enfans, qui pussent recueillir les parts caduques ou quasi-caduques, sinon elles revenaient au trésor public (*ærarium*) (1). C'était donc une raison de plus pour recourir aux substitutions, soit des tiers, soit des héritiers entre eux.

2. Et si ex disparibus portionibus heredes scriptos invicem substituerit, et nullam mentionem in substitutione partium habuerit, eas videtur in substitutione dedisse, *quas in institutione expressit*. Et ita divus Pius rescripsit.

2. *Et si des héritiers institués pour des parts inégales, ont été substitués entre eux, sans indication de parts dans la substitution, le testateur est censé avoir donné dans la substitution les mêmes parts que celles qu'il a assignées dans l'institution ; ainsi l'a décidé par rescrit le divin et pieux Antonin.*

Quas in institutione expressit. Mais il est également maître de leur assigner dans la substitution des parts tout autres que celles qu'ils ont dans l'institution; ce qui fait une nouvelle différence entre cette substitution des héritiers entre eux et le droit d'accroissement.

3. Sed si instituto heredi, et coheredi suo substituto dato, alius substitutus fuerit, divi Severus et Antoninus *sine distinctione* rescripserunt *ad utramque partem* substitutum admitti.

3. *Si à un héritier institué on a substitué son cohéritier, et à celui-ci un tiers, les divins Sévère et Antonin ont décidé par rescrit que le dernier substitué serait admis, sans distinction, à l'une et à l'autre part.*

D'où l'on tire la règle générale que celui qui est sub-

---

(1) Ulp. Reg. tit. 17 et 18.

stitué à un substitué est censé l'être également et tacitement à l'institué lui-même. Exemple : 1us est institué héritier; 2us lui est substitué; et à celui-ci 3us; ce dernier, bien qu'il ne soit substitué expressément qu'à 2us est censé l'être tacitement à 1us.

Sine distinctione : C'est-à-dire sans distinguer à quelle époque la première substitution est venue à défaillir; que ce soit avant ou après l'institution elle-même. Si c'était après, il n'y avait aucune raison de douter; par ex. : l'institution tombe la première, soit par le refus, soit par le décès de 1us ou par toute autre cause; alors la première substitution s'ouvre et le droit à l'hérédité revient à 2us; postérieurement celui-ci ne peut ou ne veut pas être héritier, dès lors son substitué prend sa place et arrive par ce moyen à l'hérédité. Mais si le premier substitué, 2us, meurt ou devient incapable le premier, avant que l'institution qui le précède soit tombée : lorsque plus tard cette institution tombera, 3us, prenant la place de 2us auquel il a été substitué, ne prendrait que la place d'un incapable mort avant l'ouverture des droits; il faut donc supposer qu'il vient de son chef, comme s'il avait été substitué lui-même directement à l'institué, 1us, dont les droits viennent de défaillir. C'était sur ce second cas que des doutes étaient élevés; cependant des jurisconsultes les résolvaient en faveur du substitué : « *Verius puto*, disait Julien, *in utramque partem substitutum esse* (1). » Les instituts nous apprennent que Sévère et Antonin levèrent tous les doutes, en décidant qu'on ne ferait plus de distinction.

Ad utramque partem admitti : Dans l'exemple cité soit ici, soit au digeste (2), c'est un héritier qui est substitué

---

(1) D. 28. 6. 27. — (2) *Ib.* 41. pr. f. Pap.

en première ligne à l'un de ses cohéritiers, et qui a lui-même, en second ordre, un substitué. Celui-ci s'il arrive recueillera donc deux parts, savoir : celle de l'héritier auquel il était directement substitué et celle de l'héritier auquel ce dernier était lui-même substitué, laquelle part, au lieu d'accroître proportionnellement à lui et aux autres cohéritiers, s'il y en a, lui reviendra exclusivement par droit de substitution, sans distinguer si c'est avant ou après l'autre qu'elle a été répudiée ou qu'elle est devenue caduque.

On peut remarquer que la substitution dont nous venons de nous occuper ici est une substitution tacite qui est, non pas exprimée, mais sous-entendue dans la disposition; cela pourrait arriver dans d'autres cas encore : et, par exemple, dans celui que cite Celse : « *Titius et Seius, uterve eorum vivat, heres mihi esto* », dans lequel, comme le dit ce jurisconsulte, « *tacita substitutio inesse videtur institutioni* » (1).

La substitution vulgaire n'étant qu'une espèce particulière d'institution, exige de la part du substitué les mêmes conditions de capacité que de la part de tout autre institué. Elle s'évanouit donc par les mêmes causes qui font évanouir une institution ordinaire : par exemple, si le substitué meurt ou est frappé de toute autre incapacité avant le décès du testateur ou avant l'ouverture de ses droits. De plus, comme elle n'est qu'une institution conditionnelle, *si heres non erit*, elle s'évanouit encore si cette condition vient à s'évanouir, c'est-à-dire si l'institué devient héritier. En sens inverse, le droit de la substitution s'ouvre après l'ouverture de la succession, lors-

---

(1) D. 28. 5. 24 et 25.

que la condition s'est accomplie, c'est-à-dire lorsqu'il est devenu certain que l'institué n'est pas héritier. Le paragraphe suivant traite, à ce sujet, d'un cas tout particulier.

4. Si servum alienum quis patrem familias arbitratus, heredem scripserit, et si heres non esset, Mævium ei substituerit, isque servus jussu domini adierit hereditatem, Mævius substitutus *in partem admittitur*. Illa enim verba SI HERES NON ERIT, in eo quidem quem alieno juri subjectum esse testator scit, sic accipiuntur : si neque ipse heres erit neque alium heredem effecerit. In eo vero quem patrem familias esse arbitratur, illud significant : si hereditatem sibi, sive cujus juri postea subjectus esse cœperit, non adquisierit. Idque Tiberius Cæsar in persona Parthenii servi sui constituit.

4. Lorsque quelqu'un réputant pour chef de famille un esclave étranger, l'a institué héritier, et, dans le cas où il ne serait pas héritier, lui a substitué Mœvius, si cet esclave fait adition par ordre de son maître, Mœvius le substitué sera admis pour partie. En effet, ces mots, s'IL N'EST PAS HÉRITIER, à l'égard d'un individu que le testateur sait être sous la puissance d'autrui, signifient : s'il n'est lui-même, ni ne rend un autre héritier ; mais à l'égard d'un individu que le testateur croit chef de famille, ces mots signifient : s'il n'acquiert l'hérédité, ni pour lui ni pour celui auquel il viendrait plus tard à être soumis. Ainsi l'a décidé Tibère César, au sujet de Parthénius, son propre esclave.

Il s'agit ici de déterminer le sens de ces mots : *si heres non erit*. Cette condition sera-t-elle considérée comme réalisée ou comme défaillie dans le cas où l'institué ne pourrait pas acquérir l'hérédité pour lui-même, mais seulement pour autrui? A cet égard, il faut distinguer si le testateur connaissait ou non la situation de l'institué.

S'il le savait esclave, il est clair que, lorsque celui-ci acquiert plus tard à lui-même, s'il a été affranchi, ou à son maître, s'il ne l'a pas été, il est héritier dans le sens où le testateur l'a entendu ; car pour le testateur, *si heres non erit* signifiait ici, selon les expressions du texte: *si neque heres erit, neque alium heredem effecerit.*

Mais en devrait-il être de même si le testateur l'avait institué héritier, le croyant libre, chef de famille, et qu'il ne fût en réalité qu'un esclave? Ici le testateur n'avait pas certainement en vue un mode d'acquisition qu'il ne pouvait pas soupçonner; il a bien compris dans sa disposition l'institué, ou son maître futur, s'il venait à tomber au pouvoir d'autrui, puisque cela était dans l'ordre des choses possibles; mais non pas un maître actuel, puisqu'il le croyait dans une tout autre situation. *Si heres non erit* signifiait ici, pour le testateur, toujours selon les expressions du texte: *si hereditatem sibi, eive cujus juri postea subjectus esse cœperit, non acquisierit.* Cette intention n'étant pas remplie, la substitution devrait s'ouvrir.

Mais une décision contraire à ces principes, rendue par Tibère jugeant dans sa propre cause, puisqu'il s'agissait de l'un de ses esclaves, fit admettre, comme moyen terme, un partage de l'hérédité entre l'institué et le substitué.

In partem admittitur: pour quelle part? Pour moitié chacun, comme le dit formellement, sous ce paragraphe, la paraphrase de Théophile (1).

---

(1) Le fragment de Julien (D 28. 5. 40), d'où l'on a voulu conclure qu'ils ne se partageraient qu'une moitié de la succession, sans dire à qui resterait l'autre moitié, ne doit pas être opposé; il y avait probablement dans cette espèce un autre héritier pour moitié. — L'interprétation des mots *si heres non erit* donne lieu à plusieurs autres controverses: Cette condition est-elle défaillie et la substitution évanouie, si c'est le père seul qui a fait adition de l'hérédité déférée au fils de famille, dont il n'a que l'usufruit? (pour l'affirm. arg. Cod. 6. 30. 18. § 1. — 6. 61. 8 pr. § 1 et 2.) — Si l'institué, ayant fait d'abord adition, obtient contre

TIT. XVI.
DE PUPILLARI SUBSTITUTIONE.

TIT. XVI.
DE LA SUBSTITUTION PUPILLAIRE.

La substitution pupillaire est l'institution d'un héritier faite par le chef de famille, dans son propre testament, pour l'hérédité du fils impubère soumis à sa puissance, en cas que ce fils, lui survivant, meure avant d'avoir atteint l'âge de puberté. C'est, à proprement parler, le testament du fils fait par le chef, en accessoire du sien.

Comme toutes les substitutions, celle-ci n'est qu'une institution conditionnelle; car la condition sous laquelle elle est faite est : si le fils meurt avant d'être pubère (*Si prius moriatur quam in suam tutelam venerit*). Elle est placée secondairement sous une institution principale, car le chef de famille ne peut la faire que comme accessoire de son propre testament, de sa propre institution à laquelle elle est subordonnée et dont elle suit le sort. Enfin, elle a pour but de prévenir certaine chance de mourir intestat: seulement, dans la substitution vulgaire, le testateur pourvoit à sa propre succession; dans la substitution pupillaire, il porte sa sollicitude plus loin, et c'est son fils qu'il veut garantir du malheur de mourir intestat; car ce fils resté *sui juris*, s'il venait à mourir impubère mourrait sans la capacité nécessaire pour faire son testament; il mourrait donc forcément intestat, et, dans cette prévoyance, les Romains, continuant au-delà du tombeau la toute-puissance paternelle, avaient admis

---

cette adition la restitution en entier pour cause de minorité? (Aff. Dig. 4. 4. 7. § 10. — 38. 9. ult. in fin. — Neg. Dig. 42. 1. 44.) — Si l'institué est un fils héritier nécessaire, qui s'abstient? Théophile résout cette question négativement, parce que le fils n'en reste pas moins héritier.

que le chef de famille ferait, en même temps que le sien, ce testament que le fils impubère ne pouvait faire lui-même. On peut dire que l'impubère devenu *sui juris* a le droit d'avoir un testament; mais que n'ayant pas l'exercice de ce droit, son chef de famille y a suppléé d'avance en l'exerçant pour lui dans son propre testament.

Nous savons que la substitution pupillaire a été introduite par l'usage, par les mœurs : *moribus institutum est*, nous dit le texte, au paragraphe suivant, sans qu'il nous soit possible de déterminer l'époque où elle a commencé. Cicéron, dans son *Traité sur l'Orateur*, parle de l'une aussi bien que de l'autre.

Le paragraphe qui suit nous donne un exemple de substitution pupillaire.

Liberis suis impuberibus *quos in potestate quis habet*, non solum ita ut supra diximus, substituere potest, id est, ut si heredes ei non extiterint, alius ei sit heres; sed eo amplius, ut et si heredes ei extiterint et adhuc impuberes mortui fuerint, sit eis aliquis heres : veluti si quis dicat hoc modo ; Titius FILIUS MEUS HERES MIHI ESTO; ET SI FILIUS MEUS HERES MIHI NON ERIT, SIVE HERES ERIT ET PRIUS MORIATUR QUAM IN SUAM TUTELAM VENERIT (id est, pubes factus sit), TUNC SEIUS HERES ESTO. Quo casu si quidem non extiterit heres filius, tunc substitutus patri fit heres; si vero extiterit heres filius et ante pubertatem decesserit, ipsi filio fit heres substitutus. Nam moribus institutum est ut, cum ejus ætatis filii sint, in qua ipsi sibi testamentum

A l'égard des enfans impubères qu'on a sous sa puissance, on peut leur substituer, non seulement comme nous venons de l'exposer, c'est-à-dire en ce sens que s'ils ne sont pas héritiers un autre le soit; mais de plus, en ce sens, que si après avoir été héritiers ils meurent encore impubères, un autre soit leur héritier à eux. Par exemple en ces termes : QUE TITIUS MON FILS SOIT MON HÉRITIER, ET S'IL N'EST PAS MON HÉRITIER OU SI L'AYANT ÉTÉ IL MEURT AVANT D'AVOIR ATTEINT SA PROPRE TUTÈLE; *(c'est-à-dire avant d'être pubère),* QUE SEIUS SOIT HÉRITIER. *Dans ce cas, si le fils n'est pas héritier, le substitué devient héritier du père; mais si le fils, après l'avoir été, meurt encore impubère, le substitué devient héritier du fils. Car c'est un usage* facere non possunt, parentes eis faciant.

introduit par les mœurs que les chefs de famille fassent le testament de leur fils lorsque ceux-ci ne sont pas encore en âge de pouvoir le faire eux-mêmes.

Quos in potestate quis habet : cette condition est indispensable; le droit de faire ainsi le testament d'un impubère dérive uniquement de la puissance paternelle; d'où il suit que le chef de famille seul peut l'exercer; qu'il ne le peut plus à l'égard de ses enfans émancipés; ni la mère, ni les ascendans dépourvus de puissance, à l'égard d'aucun.

Si filius heres mihi non erit, sive heres erit et prius moriatur..., etc. Ceci n'est qu'un exemple: le texte cite celui-là parce qu'il est le plus fréquent. Le fils s'y trouve institué en première ligne par le père; mais nous verrons au § 4 qu'il pourrait en être autrement, et se trouver exhérédé. Il y a, à la fois, une substitution vulgaire et une substitution pupillaire formellement exprimées, de sorte que le même individu est substitué au fils vulgairement et pupillairement. Autrefois de graves discussions s'élevaient pour savoir si, lorsque la substitution pupillaire était exprimée, la substitution vulgaire devait être sous-entendue, et réciproquement. Cicéron regardait cette question comme très-difficile : (*ambigitur inter peritissimos*) (1). Une constitution de Marc-Aurèle a déclaré que toutes les fois qu'un cas de substitution était exprimé, l'autre devait être sous-entendu (2). C'est donc au testateur à déclarer le contraire, si telle n'est pas son intention.

1. Qua ratione excitati, etiam

1. Déterminé par les mêmes mo-

---

(1) Cicéro : *de Orat.* lib. 1, § 39 et 57. — *Brut.* § 52.
(2) Dig. 28. 6. 4 pr. f. Modest.

constitutionem posuimus in nostro Codice, quâ prospectum est ut, si mente captos habeant *filios vel nepotes vel pronepotes* cujuscumque sexus vel gradus, liceat eis, etsi puberes sint, ad exemplum pupillaris substitutionis *certas personas* substituere: sin autem resipuerint, eandem substitutionem infirmari et hoc ad exemplum pupillaris substitutionis, quæ postquam pupillus adolaverit, infirmatur.

tifs, nous avons inséré dans notre code une constitution par laquelle ceux qui ont des fils, des petits-fils ou autres descendans en démence, de quelque sexe ou de quelque degré que ce soit, sont autorisés, à l'exemple de la substitution pupillaire, à leur substituer, bien qu'ils soient pubères, certaines personnes ; mais s'il recouvrent la raison, la substitution est infirmée, et cela toujours à l'exemple de la substitution pupillaire qui tombe lorsque le pupille est parvenu à l'âge de puberté.

C'est là cette substitution particulière, que les commentateurs ont appelée *quasi pupillaire*, ou *exemplaire*, parce qu'elle a été introduite par Justinien à l'exemple de la substitution pupillaire (*ad exemplum pupillaris substitutionis*, porte le texte). Elle a pour but de prévenir, pour le fils pubère, la chance de mourir intestat que lui fait courir son état de démence. C'est une institution conditionnelle, car elle est faite sous cette condition : s'il meurt sans être revenu à la raison (*si non resipuerit*) ; elle est placée secondairement sous une institution principale, car l'ascendant ne peut la faire que comme accessoire de son propre testament.

Néanmoins, il existe entre cette substitution et la substitution pupillaire, deux différences notables que le texte indique, mais seulement d'une manière indirecte.

1° *Filios, vel nepotes, vel pronepotes* : le texte met ici sur la même ligne les fils, petits-fils, ou tous autres descendans, sans exiger aucune condition de puissance paternelle. C'est là, en effet, la première différence : la substitution quasi-pupillaire n'est pas faite, comme la substitution pupillaire, en vertu de la puissance paternelle, mais en vertu de la qualité d'ascendant; le droit en appartient non seulement au père, mais à la mère et à tous les autres ascendans sans distinction : à l'égard des enfans émancipés comme à l'égard des autres.

2° *Certas personas* : c'est la seconde différence : le chef de famille, dans la substitution pupillaire, peut substituer qui il veut pour héritier de son fils impubère; mais l'ascendant, dans la substitution quasi-pupillaire, est obligé de prendre le substitué qu'il veut faire héritier de son fils en démence, d'abord parmi les descendans de l'insensé, s'il en a; à défaut parmi ses frères; enfin ce n'est qu'à défaut des uns et des autres, qu'il peut substituer qui il veut (1).

La principale question sur cette substitution est de savoir quel serait l'ascendant dont la volonté serait suivie, en cas de concours, c'est-à-dire si plusieurs ascendans morts avant le fils insensé, avaient fait chacun une sub-

---

(1) La constitution de Justinien se trouve au code : 6, 26. 9. Quelques personnes croient pouvoir tirer des termes de cette constitution un troisième point de dissemblance, en ce qu'on serait obligé de laisser la portion légitime à celui pour qui on voudrait faire une substitution exemplaire, tandis qu'on peut substituer pupillairement même à son fils exhérédé; mais nous verrons que l'obligation de laisser la portion légitime existe pour tous les enfans; qu'elle est indépendante de toute substitution, et qu'à moins d'une juste cause d'exhérédation, tous y ont droit et peuvent attaquer, comme inofficieux, le testament dans lequel elle ne leur a pas été laissée, qu'il y ait ou non substitution, soit pupillaire, soit quasi-pupillaire. Ainsi, dans le premier cas, comme dans le deuxième, le fils exhérédé sans juste cause pourra également attaquer le testament, et la substitution tomberait avec lui. Voilà pourquoi Justinien avertit qu'il faut (à moins de juste cause) laisser la portion légitime, *ne querela contra testamentum moveatur* : avertissement applicable aux deux cas.

stitution quasi-pupillaire pour lui? Les textes étant muets, les uns pensent que la volonté du père devait toujours l'emporter; ou que les ascendans n'avaient ce droit qu'après la mort du père et successivement de degré en degré; ou enfin, que le droit n'appartenait qu'au dernier mourant des ascendans. On ne peut faire que des conjectures.

Avant la constitution de Justinien, ce n'était que par faveur exceptionnelle, sollicitée et obtenue individuellement, qu'on pouvait être autorisé par rescript du prince à faire une substitution pour son fils en démence (1).

2. Igitur in pupillari substitutione secundum præfatum modum ordinata, *duo quodammodo sunt testamenta*, alterum patris, alterum filii, tanquam si ipse filius sibi heredem instituisset; aut certe unum testamentum est duarum causarum, id est duarum hereditatum.

2. *Dans la substitution pupillaire, telle que nous l'avons indiquée, il y a en quelque sorte deux testamens : l'un du père, l'autre du fils, comme si ce dernier avait institué lui-même son héritier; ou du moins c'est un seul testament, mais à deux causes, c'est-à-dire à deux hérédités.*

Duo quodammodo sunt testamenta. Il y a en quelque sorte deux testamens, si l'on considère les effets, si l'on songe que le testament gît dans l'institution; car il y a ici deux institutions distinctes, deux hérédités réglées: celle du père et celle du fils. Quant aux formes extérieures, il n'y en a qu'un ordinairement, car la substitution pupillaire est faite dans le testament du père; cependant elle pourrait être faite par un acte postérieur et séparé, qui serait soumis lui-même à toutes les formes des testamens, et alors, même sous ce rapport, il y en aurait

---

(1) D. 28. 6. 43. f. Paul.

deux. Enfin, quant à leur existence et à leur validité, réunis ou séparés ces deux testamens n'en font qu'un, en ce sens que l'un n'est que l'accessoire de l'autre; en effet, le testament du père est le principal; la substitution pupillaire, qu'elle ait été faite dans le même acte ou dans un acte postérieur, n'en est qu'une disposition accessoire, et elle tombe si le testament paternel tombe.

Voilà pourquoi, en somme, le texte se termine par ces mots, que, dans tous les cas, s'il n'y a qu'un seul testament, il est à deux hérédités (*aut certe unum testamentum est duarum hereditatum*).

3. Sin autem quis ita formidolosus sit, ut timeret ne filius ejus, pupillus athuc, ex eo quod palam substitutum accepit, post obitum ejus periculo insidiarum subjiceretur, vulgarem quidem substitutionem palam facere, et in primis quidem testamenti partibus ordinare debet; illam autem substitutionem per quam, et si heres extiterit pupillus et intra pubertatem decesserit, substitutus vocatur, separatim in inferioribus partibus scribere, eamque partem proprio lino propriaque cera consignare; et in priore parte testamenti cavere debet, ne inferiores tabulæ vivo filio et adhuc impubere aperiantur. Illud palam est, non ideo minus valere substitutionem impuberis filii, quod in iisdem tabulis scripta sit quibus sibi quisque heredem instituisset, quamvis hoc pupillo periculosum sit.

3. *Du reste, si quelqu'un poussait la sollicitude jusqu'à craindre qu'après sa mort, son fils encore pupille, par cela seul qu'il aurait reçu ouvertement un substitué, se trouvât exposé aux périls de quelques embûches, il n'aurait qu'à faire ouvertement, dans la première partie du testament, la substitution vulgaire; quant à celle par laquelle un substitué est appelé pour le cas où le fils héritier viendrait à mourir impubère, il devra l'écrire séparément à la fin du testament, clore cette dernière partie d'un fil et d'un cachet séparé, et prescrire, dans la première, que les tablettes inférieures ne soient pas ouvertes tant que son fils sera vivant et impubère. Évidemment, cela n'empêche pas qu'une substitution pupillaire écrite sur les mêmes tablettes que l'institution ne soit très-valable; quelque danger qu'il puisse y avoir pour le pupille.*

Ces précautions que conseille le texte ne demandent aucune explication.

4. Non solum autem heredibus institutis impuberibus liberis ita substituere parentes possunt, ut si heredes eis extiterint et ante pubertatem mortui fuerint, sit eis heres is quem voluerint, *sed etiam exheredatis.* Itaque eo casu, si quid pupillo ex hereditatibus legatisve aut donationibus propinquorum atque amicorum adquisitum fuerit, id omne ad substitutum pertinet. Quæcumque diximus de substitutione impuberum liberorum vel heredum institutorum vel exheredatorum, *eadem etiam de postumis* intelligimus.

4. *La substitution par laquelle le chef de famille désigne à ses enfans, pour le cas où ils mourraient impubères, qui il veut pour héritier, peut être faite non seulement à ceux qui seront ses héritiers, mais même à ceux qu'il a exhérédés. Et dans ce cas le substitué recueillera tout ce que le pupille aura pu acquérir par succession, legs ou donation de ses proches ou de ses amis. Tout ce que nous avons dit de la substitution des enfans impubères institués ou exhérédés, doit s'entendre également des posthumes.*

Nous examinerons sous ce paragraphe quels sont ceux à qui on peut substituer pupillairement.

Aux enfans que l'on a sous sa puissance : telle est la condition essentielle. Et il faut que la puissance paternelle existe non seulement au décès du testateur, mais au moment où il fait la substitution. Si la substitution était faite par un acte séparé, postérieur au testament, il ne serait pas nécessaire que la puissance paternelle eût existé déjà à la confection du testament; c'est l'époque de la substitution seulement qu'il faut considérer (1).

Sed etiam exheredatis. Parce que le chef de famille, dans la substitution pupillaire, ne dispose pas de sa succession à lui, mais de celle de son fils, quel que soit l'hé-

---

(1) Tel est l'exemple cité au Dig. 28. 6. 2 pr. in fin. f. Ulp.

ritier à qui il attribue la sienne. Son droit de faire la substitution pupillaire ne lui vient pas de ce qu'il aurait institué son fils, mais uniquement de la puissance paternelle qu'il a sur lui. Il peut donc lui substituer pupillairement même lorsqu'il l'a exhérédé. Bien entendu que s'il l'a exhérédé sans motif légitime, son testament sera annulé comme inofficieux; et que s'il l'a passé sous silence, son testament sera nul, et la substitution pupillaire avec lui puisqu'elle n'en est que l'accessoire.

Les petits-fils et autres descendans peuvent aussi être l'objet d'une substitution pupillaire de la part de leur aïeul, lorsqu'ils sont sous sa puissance immédiate.

Eadem etiam de postumis. Ce qui doit s'entendre des posthumes qui, en les supposant nés au décès du testateur, auraient été sous sa puissance immédiate et seraient devenus *sui juris* par ce décès. On peut remarquer que ce sont les mêmes auxquels le testateur peut nommer un tuteur par testament. (V. tom. 1, p. 466.)

Il faut en dire autant des quasi-posthumes. Ainsi l'aïeul ne peut donner purement et simplement un substitué pupillaire aux petits-fils qu'il n'a pas sous sa puissance immédiate; mais il peut le leur donner éventuellement, pour le cas de la loi *Junia Velleia*, c'est-à-dire pour le cas où leur père venant à mourir avant l'aïeul testateur, ils arriveraient par là sous la puissance immédiate de ce dernier. Bien entendu qu'il faut, tant pour les posthumes que pour les quasi-posthumes, qu'ils aient été ou institués ou exhérédés dans le testament, sans quoi ce testament étant rompu par leur agnation ou par leur quasi-agnation, la substitution pupillaire tomberait avec lui (1).

---

(1) D. 28. 6. 2. pr. f. Ulp.

A l'égard des enfans adrogés, il faut rappeler d'abord qu'il ne peut s'agir que d'enfans adrogés à l'état d'impubères, sous les conditions voulues pour ces sortes d'adrogations, puisqu'il s'agit de substitutions pupillaires. Cela posé, il faut faire une distinction, selon qu'il est question d'une substitution pupillaire faite par le chef de famille que l'adrogé avait avant de devenir *sui juris* et d'être donné en adrogation, ou d'une substitution pupillaire faite par le père adrogeant. Quant à la substitution pupillaire faite par l'ancien chef de famille, elle se trouvait rompue par l'adrogation; mais nous savons que l'adrogeant devait donner caution aux personnes intéressées de leur rendre les biens de l'impubère adrogé, s'il venait à mourir avant sa puberté (tom. 1, p. 417) : l'individu substitué pupillairement par le chef de famille primitif recevait donc cette caution du père adrogeant, et en profitait, le cas échéant, puisque si l'adrogé mourait impubère, sa mort ouvrait à la fois pour l'adrogeant l'obligation de rendre, et pour le substitué primitif le droit de réclamer. Quant à la substitution pupillaire qui aurait été faite par le père adrogeant, par la même raison, elle ne peut porter sur les biens personnels de l'adrogé puisque s'il meurt impubère, ses biens doivent retourner à ceux qui les auraient eus si l'adrogation n'avait pas eu lieu ; elle embrasse donc uniquement les biens donnés au pupille par l'adrogeant ou à sa considération, et encore quelques jurisconsultes doutaient-ils s'il ne fallait pas en excepter même la *quarte Antonine*, dans le cas où elle avait lieu, parce qu'elle était acquise à l'adrogé, non par la volonté de l'adrogeant; mais en vertu de la constitution d'Antonin (1).

---

(1) D. 28. 6. 10. § 6. f. Ulp. — Voir sur la *quarte Antonine*, tom. 1, p. 417.

Pour les fils émancipés, on ne pouvait leur substituer pupillairement, puisqu'ils étaient sortis de la puissance paternelle; ni aux fils naturels, puisqu'ils n'y avaient jamais été (1).

5. Liberis autem suis testamentum nemo facere potest, *nisi et sibi faciat;* nam pupillare testamentum pars et sequela est paterni testamenti: adeo ut si patris testamentum non valeat, *nec filii quidem valebit.*	5. *Du reste on ne peut faire le testament de ses enfans, sans faire aussi le sien; car le testament pupillaire est une partie et une suite du testament paternel, si bien que le testament du père étant nul, celui du fils l'est également.*

Nisi et sibi faciat. Si le chef de famille tient de sa seule puissance paternelle le droit de tester pour son fils, il ne peut néanmoins exercer ce droit qu'autant qu'il l'exerce pour lui-même. L'institution d'héritier qu'il fait pour son fils n'est qu'une disposition secondaire de son propre testament à lui; voilà même pourquoi c'est une *substitution.* — Il n'est donc besoin que des formalités voulues pour un seul testament : sept témoins, sept cachets suffisent (2). — Mais rien n'empêche aussi de faire la substitution pupillaire dans un acte postérieur, revêtu lui-même de toutes les formes testamentaires (3); et de la faire avec une solennité différente, par exemple, le testament du père par écrit et la substitution pupillaire par noncupation verbale, ou réciproquement (4). Si le testament du père et la substitution pupillaire sont faits par actes séparés à divers intervalles, le testament du père doit précéder la substitution; mais lorsqu'ils sont faits dans un seul et même acte, l'inversion de la phrase ne vicierait

---

(1) D. 28. 6. 2. pr. — (2) Dig. 28. 6. 20 pr. f. Ulp. — (3) *Ib.* 16. § 1. f. Pomp. — (4) *Ib.* 20. § 1. — 37. 11. 8. § 4. f. Jul.

pas la substitution, par exemple si l'on avait dit d'abord :
« *Si filius meus intra quartum decimum annum decesserit, Seius heres esto* »; et plus bas : « *Filius heres esto* » (1).

Nec filii quidem valebit. Si, par exemple, le père n'a institué héritier dans son testament qu'un individu incapable, bien que celui qu'il a substitué pupillairement à son fils soit capable, la disposition pupillaire sera nulle, parce que l'institution l'est. De même, si personne ne fait adition d'hérédité en vertu du testament paternel, le testament pupillaire sera également caduc; ainsi le substitué ne pourrait pas accepter la succession du fils et négliger celle du père (2). En un mot, si, par une cause quelconque, le père meurt intestat, le fils suivra le même sort.

Mais le moindre effet conservé au testament du père, soit rigoureusement par le droit civil, soit équitablement par le droit prétorien, suffit pour faire maintenir la validité de la substitution pupillaire. Par exemple : si le testament n'a été rescindé que pour partie seulement (3); s'il n'a été infirmé que par la possession de biens prétorienne donnée contre les tables du testament : au fond et en droit strict, il est toujours censé valable (4); si l'héritier institué par le père est un héritier nécessaire qui s'est abstenu, en droit strict il est toujours censé héritier (5). En conséquence, la substitution pupillaire est maintenue.

La nullité du testament du père entraînait celle de la substitution pupillaire. Mais la réciproque n'était pas

---

(1) Dig. 28. 6. 2. § 4 et 5. f. Ulp.—(2) D. 28. 6. 2. § 1. f. Ulp.—(3) D. 5. 2. 8. § 5. f. Ulp.—(4) D. 28. 6. 34. § 2 et 35. f. Ulp.—(5) *Ib.* 2 § 3. — On peut ajouter encore à ces exemples celui de la loi 38. § 3 : Si l'institué par le père n'a fait adition que forcément, par ordre du préteur, pour conserver le droit du fidéi-commissaire et lui restituer l'hérédité. (Voir ci-dessous tit. 23. § 6.)

vraie, parce que le principal ne suit pas le sort de l'accessoire. Ainsi, une cause particulière pouvait vicier radicalement la substitution, et le testament paternel n'en restait pas moins valable.

6. Vel singulis autem liberis, vel ei qui corum novissimus impubes morietur, substitui potest: singulis quidem, si neminem corum intestato decedere voluerit; novissimo, si jus legitimarum hereditatum integrum inter eos custodiri velit.

6. On peut substituer à chacun de ses enfans ou à celui d'entre eux qui mourra le dernier impubère : à chacun, si on veut qu'aucun ne meure intestat; au dernier mourant, si on veut maintenir intégralement entre eux le droit des successions légitimes.

Le texte explique suffisamment le but et les effets de la substitution faite *ei qui supremus* ou *qui novissimus impubes morietur*. Dans ce cas, le substitué trouve dans la succession du dernier mourant impubère les successions de tous les autres, qui lui sont échues *ab intestat*; mais il faut que le dernier meure impubère; s'il arrivait à l'état de puberté, la substitution s'évanouirait.—Africain se demande, à ce sujet, ce qu'on déciderait si tous mouraient en même temps et impubères? Le substitué serait héritier à chacun, répond-il : *quia supremus non is demum qui post aliquem, sed etiam post quem nemo sit, intelligatur* (1).

7. Substituitur autem impuberi aut nominatim, veluti Titius heres esto; aut generaliter, ut *quisquis mihi heres erit*. Quibus verbis vocantur ex substitutione, impubere filio mortuo, qui et scripti sunt

7. On substitue à un impubère, ou nominativement, par exemple : que Titius soit héritier ; ou généralement, par exemple : quiconque sera mon héritier. Par ces termes se trouvent appelés à la

---

(1) D. 28. 6. 34 pr.

heredes et extiterunt, pro qua parte et heredes facti sunt.	substitution, au décès du fils impubère, ceux qui ont été inscrits héritiers et qui le sont devenus, dans la même proportion qu'ils l'ont été.

Nous examinerons sous ce paragraphe quels sont ceux que le testateur peut substituer pupillairement, et donner ainsi pour héritiers à l'impubère.

Tous ceux qu'il peut se donner pour héritiers à lui-même. Ainsi, même à l'époque où les posthumes externes ne pouvaient pas être institués héritiers, le posthume sien du père pouvait être substitué pupillairement à l'impubère, bien qu'à l'égard de cet impubère, il ne fût qu'un posthume externe. Il y a plus: ceux qui seraient héritiers nécessaires à l'égard du père (par exemple son fils, son esclave), le sont aussi à l'égard du fils impubère pour qui la substitution est faite. « *Quos possum heredes mihi facere necessarios, possum et filio* », dit Ulpien (1). La raison de tout cela c'est que, bien qu'il y ait deux hérédités et deux institutions, il y a identité de testament; la substitution pupillaire n'est qu'une disposition du testament paternel (2).

Du reste, il n'est pas obligé de substituer pupillairement à l'impubère ceux qu'il s'est institués héritiers pour lui-même : il est libre de prendre le substitué ailleurs.

Mais il peut aussi le prendre parmi ses héritiers, soit en désignant nommément l'un ou quelques uns d'entre eux; soit en les appelant tous généralement.

---

(1) D. 28. 6. 10. § 1. f. Ulp. — (2) « *Constat enim unum esse testamentum, licet duæ sint hereditates, usque adeo ut quos sibi facit necessarios, eosdem etiam filio faciat, et postumum suum filio impuberi possit quis substituere.* » (*Ib.* 2. § 4. in fin.)

Quisquis mihi heres erit. Ce qui comporte deux conditions, savoir : d'avoir été inscrit héritier du père, et de l'être devenu; double condition que le texte exprime par ces mots : *qui et scripti sunt heredes et extiterunt.* Ainsi, en premier lieu, ceux qui n'auront pas été héritiers du père, soit par répudiation, soit par toute autre cause, ne pourront pas venir à l'hérédité du pupille décédé impubère, puisqu'ils n'y étaient appelés qu'autant qu'ils seraient héritiers du père (1). En second lieu, ces expressions : *quisquis mihi heres erit*, doivent s'entendre en ce sens qu'elles s'appliquent à la personne même de ceux qui ont été inscrits héritiers, et qui le sont devenus soit pour eux, soit pour autrui; et non pas à tous ceux auxquels l'hérédité a été acquise : « *Hunc habent sensum, ut non omnis qui patri heres extitit, sed is qui ex testamento heres extitit, substitutus videatur.* » — « *Placuit scriptos tantummodo admitti.* » Par exemple si c'est un esclave qui ait été institué héritier du père, et qui ait acquis cette hérédité à son maître, mais qui soit devenu libre au moment où la substitution pupillaire s'ouvre, cette substitution ne sera pas déférée au maître auquel la première hérédité n'a été acquise que matériellement, par le moyen de l'esclave institué; mais bien à cet esclave devenu libre qui était inscrit personnellement. En résumé, la substitution, de même que l'institution, est censée posée sur la tête de l'esclave et le suit dans ses diverses conditions (2).

8. Masculo igitur *usque ad quatuordecim* annos substitui potest; feminæ, *usque ad duodecim* annos : et si hoc tempus excesserint, *substitutio evanescit.*	8. On peut substituer aux enfans mâles jusqu'à quatorze ans, aux femmes jusqu'à douze; une fois parvenus à cet âge, la substitution tombe.

---

(1) D. 28. 6. 34. § 1. f. Afr. — (2) *Ib.* 3. f. Modest. — 8. § 1. f. Ulp.

Usque ad quatuordecim; usque ad duodecim. Le père ne peut pas prolonger ce terme; la prolongation qu'il aurait faite serait considérée comme non avenue, puisqu'à cette époque l'enfant auquel il substitue, étant devenu pubère, aura le droit de faire lui-même son testament; mais il pourrait le restreindre à un temps plus court, par exemple: *Si filius meus intra decimum annum decesserit* (1).

Substitutio evanescit. En effet, la condition sous laquelle elle était faite est alors défaillie.

Outre cette cause qui fait évanouir la substitution pupillaire, il en existe d'autres qui lui sont propres, savoir : Si l'enfant auquel la substitution était faite meurt avant le testateur (2); s'il sort de sa puissance (3); si, après sa mort, il est adrogé : nous avons vu cependant comment, dans ce cas, le substitué doit profiter en partie de la substitution, au moyen de la caution qui lui est donnée par l'adrogeant (voy. ci-dess. p. 394); si le substitué néglige de demander, dans l'année, un tuteur à l'impubère (4). Enfin, à ces causes spéciales qui font tomber la substitution pupillaire, il faut ajouter encore toutes celles qui s'appliquent aux institutions, en général.

Mais lorsque la condition s'étant accomplie, et aucune cause n'ayant fait évanouir la substitution pupillaire, elle produit son effet, alors le substitué devient héritier du fils décédé impubère et exclut l'hérédité *ab intestat*. Il succède à tous les biens de l'impubère, sans distinction de ceux qui lui viennent ou qui ne lui viennent pas de

---

(1) D. 28. 6. 14. f. Pomp. — 21. f. Ulp. — (2) Soit qu'il meure réellement, soit qu'ayant été pris par l'ennemi et y étant mort, il soit censé, d'après la loi Cornélia, mort du jour de sa captivité. (*Ib.* 28. f. Jul.) — (3) *Ib.* 4. § 2. — 41. § 2. — (4) Cod. 6. 58. 10.

l'hérédité paternelle (1); car le chef de famille, en faisant la substitution pupillaire, ne l'a pas faite comme testant sur ses propres biens, mais comme testant sur les biens à venir du pupille; et même le testateur n'aurait pas eu le droit d'exclure de la substitution tels ou tels biens, car c'eût été faire décéder le pupille partie testat, partie intestat, ce qui n'était pas possible. Si le substitué qui succède au pupille, a succédé aussi au père, il est tenu des charges et des dettes des deux hérédités; sinon les charges de l'hérédité paternelle ne le regardent pas, à moins qu'il n'en soit tenu comme successeur du fils, dans le cas où celui-ci a été lui-même héritier de son père.

9. *Extraneo vero, vel filio puberi* heredi instituto, ita substituere nemo potest, ut, si heres extiterit et intra aliquod tempus decesserit, alius ei sit heres. Sed hoc solum permissum est, ut eum per fideicommissum testator obliget alii hereditatem ejus vel totam vel pro parte restituere : quod jus quale sit, suo loco trademus.

9. A l'égard d'un étranger ou d'un fils pubère, nul ne peut en les instituant leur substituer de telle sorte, que si, après avoir hérité, ils meurent dans un certain délai, tel autre soit leur héritier. Il est seulement permis au testateur de les obliger par fidéicommis à restituer à un autre son hérédité en tout ou en partie : droit que nous exposerons en son lieu.

Extraneo vero vel filio puberi. Le testateur n'a aucune puissance sur ceux qui lui sont étrangers; quant à son fils pubère, il pourra lui-même se faire son testament : par conséquent le testateur n'a aucun droit de le faire pour eux; s'il l'avait fait, même en les instituant héritiers, cet acte serait complètement nul et ne vaudrait pas même comme fidéicommis (2).

---

(1) D. 28. 6. 10. § 5. f. Ulp. — Sauf toujours ce que nous avons dit ci-dessus, pag. 394, pour le cas de l'adrogation. — (2) D. 28. 6. 7. f. Pap.

Hereditatem ejus vel totam vel pro parte restituere. Mais remarquons bien la différence : ici le testateur dispose de sa propre succession. C'est en vertu de son droit de propriété sur ses biens qu'il les donne à l'un avec charge de les restituer à un autre ; mais sa disposition ne touche en rien aux biens qui ne lui appartiennent pas et qui composent l'hérédité d'autrui. Il ne donne pas un héritier à autrui, il se donne à lui-même un fidéi-commissaire.

Substitutions faites par les soldats.

Toutes les règles que nous venons d'exposer ne s'appliquent pas aux soldats. Le privilége militaire leur donnait le droit de faire le testament de leur fils sans faire le leur (1); le testament pupillaire était valable même dans le cas où personne ne faisait adition de l'hérédité du père (2); rien ne les empêchait de restreindre l'effet de la substitution aux biens qu'ils avaient transmis (3); ils pouvaient, mais uniquement pour les biens qui venaient de leur hérédité, substituer à leur fils en puissance même au delà de l'âge de puberté (4), à leur fils émancipé (5), et même aux étrangers (6).

Substitution avec autorisation du prince.

Le prince pouvait donner par rescript à un chef de famille l'autorisation de faire le testament de son fils pubère, mais hors d'état de tester, soit parce qu'il était sourd et muet, soit par toute autre cause enlevant l'exercice du droit et non le droit lui-même (7). C'est cette au-

---

(1) D. 28. 6. 2. § 1. f. Ulp. — (2) D. 29. 1. 41. § 5. f. Triph. — (3) D. 28. 6. 10. § 5. f. Ulp. — (4) Ib. 15. f. Pap. — (5) D. 29. 1. 41. § 4. — (6) Ib. 5. f. Ulp. — Cod. 6. 21. 6. — (7) D. 28. 6. 43. f. Paul.

torisation individuelle que Justinien a transformée, pour le cas de folie, en un droit général, dont il a fait une espèce particulière de substitution à laquelle il a fixé des règles spéciales, ainsi que nous l'avons exposé ci-dessus, paragraphe 1.

TIT. XVII.
QUIBUS MODIS TESTAMENTA INFIRMANTUR.

TIT. XVII.
DE QUELLES MANIÈRES LES TESTAMENS SONT INFIRMÉS.

Testamentum jure factum usque adeo valet, donec rumpatur, irritumve fiat.

Un testament légalement fait est valable jusqu'à ce qu'il soit rompu ou inutile.

Le testament dans lequel n'ont pas été observées toutes les formes et les conditions essentielles à sa validité, selon ce que nous venons d'exposer, est nul dès son origine, dès le principe. Mais il peut arriver aussi qu'un testament dans la confection duquel on n'a omis aucune formalité, ne produise cependant aucun effet. C'est lorsqu'il est rompu (*ruptum*), ou lorsqu'il devient inutile (*irritum*), ou lorsqu'il est abandonné (*destitutum*).

Les jurisconsultes ont attaché à ces mots un sens divers, et ils ont voulu distinguer, par des expressions différentes, différentes causes de nullité pour les testamens. Aussi ils ont appelé *injustum*, *non jure factum*, *inutile*, et quelquefois *imperfectum*, celui qui n'est pas fait selon les règles du droit; *nullius momenti*, celui où le fils en puissance a été omis; *ruptum*, celui qui est cassé, révoqué, par l'agnation d'un héritier sien ou par un testament postérieur; *irritum*, celui qui est rendu inutile par suite du changement d'état du testateur; *destitutum*, celui en vertu duquel personne ne fait adition (1). Dans ce dernier cas

---

(1) D. 28. 3. 1. f. Pap. — Ci-dessous, § 5.

le testament est encore appelé quelquefois *irritum*.

1. Rumpitur autem testamentum, cum in eodem statu manente testatore ipsius testamenti jus vitiatur. — Si quis enim post factum testamentum adoptaverit sibi filium, per imperatorem, eum qui sui juris est; aut per prætorem secundum nostram constitutionem, eum qui in potestate parentis fuerit : testamentum ejus rumpitur, quasi agnatione sui heredis.

1. *Le testament est rompu lorsque le testateur restant dans le même état, c'est sur le testament lui-même que porte le vice. Par exemple : si quelqu'un, après avoir fait son testament, adopte pour fils, par rescrit du prince, un individu sui juris, ou devant le préteur, d'après notre constitution, un individu soumis à la puissance paternelle, le testament est rompu par la quasi-agnation d'un héritier sien.*

Le testament est rompu (*ruptum*) pour deux causes : 1° l'agnation d'un héritier sien qui n'a été ni institué, ni légalement exhérédé; 2° la confection d'un testament postérieur. C'est du premier cas que s'occupe ce paragraphe.

Il y a agnation d'un héritier sien toutes les fois qu'un individu vient sous la puissance immédiate du testateur. Ainsi le testament est rompu : 1° si, après sa confection, il naît au testateur un fils ou une fille; 2° si, par suite de la mort ou de l'émancipation de son père, le petit-fils passe sous la puissance immédiate du testateur; 3° si, par adoption ou adrogation, un individu est entré comme fils, ou comme petit-fils sans père désigné, dans la famille du testateur; 4° dans l'ancien droit, si la femme passant sous la main, dans le domaine romain, du mari (*in manu*), entrait ainsi dans sa famille au degré de fille (1), 5° il en était de même lorsque le fils, affranchi après une première ou une seconde mancipation, retombait sous la puissance pater-

---

(1) G. 2. 139.

nelle (1); 6° et encore, lorsqu'un enfant, né du mariage contracté avec une étrangère ou avec une Latine (*peregrina vel Latina*) qui avait été épousée comme citoyenne romaine, usant du bénéfice accordé par le Sénatus-consulte, prouvait que le mariage avait été fait de bonne foi (2).

Nous avons déjà exposé au titre de l'exhérédation, pages 333, 337, 340, le moyen d'éviter la rupture du testament par l'agnation d'un posthume ou d'un quasi-posthume, en les instituant ou en les exhérédant. Mais dans les autres cas d'agnation que nous venons d'énumérer, le testament était toujours rompu, *omni modo*, dit Gaïus, soit que les héritiers siens nouvellement survenus, y eussent été institués, soit qu'ils y eussent été exhérédés à l'avance. Quant à l'exhérédation, il n'y avait aucun doute : elle était nulle comme faite contre des individus qui, au moment de la confection du testament, n'étaient pas au nombre des héritiers siens, et auxquels, par conséquent, on n'avait pas pu enlever un droit qu'ils n'avaient pas encore (3). Mais, à l'égard de l'institution, quelques jurisconsultes admettaient que, si le nouvel héritier sien survenu dans la famille avait été institué à l'avance, le testament n'était pas rompu. Cette opinion, qui est celle de Scévola et de Papinien (4), prévalut auprès de Justinien qui a supprimé le *omni modo* de Gaïus.

La rigueur de ce principe a encore souffert un tempérament dans le dernier cas de rupture que nous avons mentionné, celui du mariage contracté de bonne foi avec une étrangère ou une Latine. Dans le droit primitif, lorsque l'enfant prouvait la bonne foi, que ce fût avant ou après la

---

(1) G. 2. 141.— (2) *Ib*. 142.— (3) *Ib*. 2. 140 et 141.— (4) D. 28. 2. 23.— 28. 3. 18.

mort du testateur, le testament était rompu malgré toutes les institutions et les exhérédations possibles. Sur la proposition d'Adrien, un nouveau sénatusconsulte décida que si la preuve était faite avant la mort du père, le testament serait dans tous les cas rompu; que si, au contraire, la preuve n'était faite qu'après sa mort, le testament ne serait rompu que lorsque le fils aurait été omis; si, au contraire, il avait été institué héritier ou exhérédé, le testament serait valable; car, dit Gaïus, il serait inique d'annuler un testament pour la validité duquel toutes précautions ont été prises, dans des circonstances où il est impossible d'en faire un nouveau (*ne scilicet diligenter facta testamenta rescinderentur eo tempore quo renovare non possint.*) (1).

2. Posteriore quoque testamento *quod jure perfectum est*, superius rumpitur. Nec interest an extiterit aliquis heres ex eo, an non extiterit: hoc enim solum spectatur, an aliquo casu existere potuerit. Ideoque si quis aut noluerit heres esse, aut vivo testatore, aut post mortem ejus antequam hereditatem adiret, decesserit; *aut conditione sub qua heres institutus est, defectus sit*: in his casibus paterfamilias intestatus moritur. Nam et prius testamentum non valet, ruptum a posteriore; et posterius æque nullas habet vires, cum ex eo nemo heres extiterit.

2. Le testament est pareillement rompu par un testament postérieur valablement fait. Et peu importe qu'en vertu de ce dernier il y ait eu un héritier ou non; on considère seulement s'il aurait pu y en avoir un. Si donc l'institué a répudié l'hérédité, ou s'il est mort, soit du vivant, soit après le décès du testateur, mais avant d'avoir fait l'adition, ou s'il est déchu par le non accomplissement de la condition sous laquelle il était institué, dans tous ces cas le chef de famille meurt intestat; car le premier testament est nul, ayant été rompu par le second, et celui-ci reste sans effet, puisqu'il ne donne aucun héritier.

---

(1) G. 2. 143.

Quod jure perfectum est. Il est évident que ces mots veulent dire, de la manière requise pour chaque espèce de testament; ainsi le testament militaire, quoique dispensé de toutes formalités, est régulier et peut casser un testament antérieur (1). Ulpien nous signale un cas où un testament, quoique non régulier, suffit pour casser un testament antérieur; c'est lorsque l'héritier inscrit dans ce testament pourrait venir à la succession *ab intestat* (2). Théodose, dans une constitution insérée au Code, répète cette même doctrine, en disant que le second écrit vaudra, non pas comme testament, mais comme volonté dernière de l'intestat *(secundam ejus volontatem, non quasi testamentum, sed quasi voluntatem ultimam intestati valere sancimus)*. Dans ce cas il suffira de cinq témoins assermentés. *(In quâ voluntate quinque testium juratorum depositiones sufficiunt* (3).

Aut conditione sub qua heres institutus est defectus sit.
« Il est très-important, dit Pomponius, de distinguer quelle espèce de condition a été imposée; si elle se reporte au passé, au présent ou au futur. Au passé elle est ainsi conçue : Si Titius a été consul. Si ce fait est vrai, c'est-à-dire si Titius a réellement été consul, l'institution ainsi faite, suffit pour rompre le testament antérieur, car il peut y avoir un héritier; si, au contraire, Titius n'a pas été consul, le premier testament ne sera pas rompu. Si la condition se reporte au présent, par exemple : si Titius est consul, nous aurons la même solution; si le fait est vrai, il peut y avoir un héritier et le testament est rompu; s'il est faux, il ne peut y avoir d'héritier, le premier testament subsiste. A l'égard des conditions qui se reportent à un fait futur et possible,

---

(1) D. 28. 3. 2. f. Ulp. — (2) *Ib.* — (3) C. 6. 23. 21. § 3.

elles suffisent pour rompre le testament, quand même l'événement ne se réaliserait pas; quant aux conditions impossibles, elles sont réputées non écrites (1).

3. Sed si quis priore testamento jure perfecto, posterius æque jure fecerit, etiamsi ex certis rebus in eo heredem instituerit, superius tamen testamentum sublatum esse divi Severus et Antoninus rescripserunt. Cujus constitutionis verba inseri jussimus, cum aliud quoque præterea in ea constitutione expressum est : « Imperatores Severus et » Antoninus Augusti, Cocceio Cam- » pano. Testamentum secundo loco » factum, licet in eo certarum re- » rum heres scriptus sit, perinde » jure valere ac si rerum mentio » facta non esset; sed teneri he- » redem scriptum, ut contentus re- » bus sibi datis, aut suppleta quarta » *ex lege Falcidia*, hereditatem res- » tituat his qui in priore testamen- » to scripti fuerant, propter inserta » verba secundo testamento, qui- » bus, ut valeret prius testamen- » tum expressum est, dubitari » non oportet. » Et ruptum quidem testamentum hoc modo efficitur.

3. Si quelqu'un, après un premier testament valable, en fait un second également valable, quand bien même il n'y aurait institué l'héritier que pour certaines choses déterminées, le premier testament, d'après un rescrit des divins Sévère et Antonin, n'en sera pas moins révoqué. Nous avons fait insérer ici les termes de cette constitution, parce qu'elle exprime quelque chose de plus. « Les empereurs Sévère et » Antonin, Augustes, à Coccéius » Campanus. Il n'y a aucun doute » qu'un testament postérieur, bien » qu'il n'y ait d'institué qu'un hé- » ritier pour des objets déterminés, » doit valoir comme si ces objets » n'avaient pas été mentionnés; » mais l'héritier institué doit être » tenu de se contenter des objets à » lui donnés ou de la quarte Falci- » die, et de restituer l'hérédité à » ceux qui avaient été institués » dans le premier testament, à » cause de la disposition par la- » quelle le testateur a exprimé dans » le second testament que le pre- » mier resterait valable. » Ainsi, même de cette manière, le testament est rompu.

---

(1) D. 28. 3. 16.

Ex lege Falcidia. Ce n'est pas précisément en vertu de la loi Falcidie, que l'héritier fiduciaire pouvait retenir le quart de l'hérédité, mais bien en vertu du sénatusconsulte pégasien; comme nous le verrons plus loin (ci-dessous, tit. 23, §. 5.) La loi Falcidie s'appliquait aux legs, le sénatusconsulte aux fidéicommis; il avait été introduit à l'imitation de la loi Falcidie.

Quoique rompu, un testament n'est pas toujours dénué de tout effet ; il peut, dans certains cas, s'il est revêtu des cachets de sept témoins, servir à obtenir du préteur la possession de biens *secundum tabulas* (1).

En effet, pour accorder cette possession de biens, le préteur ne considère que deux époques : le moment de la confection du testament, et celui de la mort du testateur. Si donc, dans l'intervalle, il est né un posthume omis par le testateur, ce fait seul suffit bien pour que le testament soit rompu, *jure civili;* mais, aux yeux du préteur, il ne sera cassé que si le posthume omis survit au testateur. S'il est mort avant lui, le testament, quoique rompu selon le droit strict, pourra servir à obtenir la possession de biens (2); il en sera de même dans le cas où le testateur, ayant laissé subsister l'acte de son premier testament, aurait détruit le second (3).

4. Alio autem modo testamenta jure facta infirmantur : veluti, cum is qui fecit testamentum, capite deminutus sit. Quod quibus modis accidat, primo libro retulimus.	4. *Il y a une autre cause par laquelle les testamens valablement faits sont infirmés : c'est par la diminution de tête du testateur. Nous avons exposé au premier livre comment ont lieu ces diminutions de tête.*

---

(1) G. 2. 147. — (2) D. 28. 3. 12. pr. f. Ulp. — (3) D. 37. 11. 11. § 2.

Il s'agit ici du cas où le testament, quoique régulier et valable en lui-même, devenait inutile, *irritum*, parce que le testateur changeait de personne, d'état et de capacité. Nous avons expliqué ci-dessus, page 309, pourquoi, selon le droit civil, toutes les diminutions de tête produisaient cet effet, et nous avons exposé, à cet égard, les priviléges provenant de l'état militaire.

5. Hoc autem casu irrita fieri testamenta dicuntur, cum alioquin et quæ rumpuntur irrita fiant; et quæ statim ab initio non jure fiunt, irrita sunt; et ea quæ jure facta sunt, et postea propter capitis deminutionem irrita fiunt, possumus nihilominus rupta dicere. Sed quia sane commodius erat singulas causas singulis appellationibus distingui, ideo quædam non jure facta dicuntur; quædam juræ facta rumpi vel irrita fieri.

5. *Dans ce cas, on dit que les testamens sont devenus inutiles. Il est vrai que les testamens qui sont rompus deviennent également inutiles; que ceux qui, dès le principe, sont faits irrégulièrement, sont aussi inutiles; et qu'à l'inverse, pour les testamens qui, régulièrement faits, sont devenus inutiles par la diminution de tête, on pourrait tout aussi exactement dire qu'ils sont rompus. Néanmoins, comme il est plus commode de distinguer les différentes causes qui vicient les testamens par des termes différens, les uns sont dits irrégulièrement faits, et les autres, réguliers dans leur principe, sont dits rompus ou inutiles.*

6. Non tamen per omnia inutilia sunt ea testamenta, quæ ab initio jure facta per capitis deminutionem irrita facta sunt. Nam si septem testium signis signata sunt, *potest scriptus heres secundum tabulas bonorum possessionem agnoscere*, si modo defunctus et civis romanus et suæ potestatis mortis tempore fuerit. Nam, si ideo irritum factum

6. *Cependant les testamens qui, régulièrement faits, sont devenus inutiles par la diminution de tête, ne sont pas dénués de tout effet. S'ils ont été scellés des cachets de sept témoins, l'héritier institué pourra obtenir la possession de biens secundum tabulas, pourvu seulement que le défunt ait été citoyen romain et sui uris aumo-*

sit testamentum, quia civitatem vel etiam libertatem testator amiserit, aut quia in adoptionem se dederit et mortis tempore in adoptivi patris potestate sit, non potest scriptus heres secundum tabulas bonorum possessionem petere.	ment de sa mort; car, si le testament était devenu inutile parce que le testateur avait perdu la qualité de citoyen ou même la liberté, ou bien parce qu'il s'était donné en adrogation, et qu'au moment de sa mort il fût encore sous la puissance de son père adoptif, l'héritier institué ne pourrait demander la possession de biens secundum tabulas.

Potest scriptus heres secundum tabulas bonorum possessionem agnoscere. C'est un tempérament introduit par le droit prétorien, pour le cas où le testament est devenu rigoureusement *irritum*, comme pour celui où il a été rigoureusement rompu, selon ce que nous venons de dire ci-dessus, paragraphe 3. Ainsi, lorsque le testateur, après avoir subi une diminution de tête postérieurement à la confection du testament, sera, avant sa mort, revenu à son premier état; par exemple, lorsqu'ayant été réduit en esclavage, déporté, adopté ou adrogé, il aura, avant sa mort, recouvré ses droits par l'affranchissement, la grâce du prince ou l'émancipation, en droit strict, son testament devenu *irritum* ne revivra pas; mais en droit prétorien, il pourra servir à obtenir la possession de biens. Tel est l'adoucissement apporté par le préteur aux principes rigoureux que nous avons exposés, pages 315 et 316, sur l'époque où la capacité de tester doit exister en la personne du testateur.

Dans le cas d'adrogation, il ne suffisait pas que le testateur adrogé eût été plus tard émancipé, il fallait de plus, pour obtenir la possession de biens, produire une déclaration du défunt, indiquant que son intention était de faire revivre son testament, parce que l'adrogation ayant été de sa part un acte entièrement volontaire, qui avait emporté aliénation de tous ses biens, on y voyait, quant à la disposition testamentaire de ces mêmes biens, l'indication d'un changement de volonté, qui rendait nécessaire, après l'émancipation, la preuve de son retour à sa première volonté. Faute de fournir cette preuve, l'institué qui demandait la possession de biens était repoussé par l'exception de dol (*doli mali*) (1).—Mais Justinien ne reproduit pas dans les Instituts cette règle spéciale: peut-être parce que l'adrogé, d'après la législation de ce prince, conservant la nue-propriété de ses biens, l'adrogation n'indiquait plus de sa part un changement de volonté quant à la disposition testamentaire de ces biens, suffisant pour nécessiter la preuve contraire.

Sous l'expression *irritum*, inutile, les jurisconsultes comprenaient aussi quelquefois le testament qui ne produisait pas d'héritier, *non aditâ hereditate* (2), c'est-à-dire l'institué n'ayant pas fait adition, soit par suite de sa seule volonté, soit par incapacité, ou bien ayant obtenu une restitution *in integrum* contre l'adition qu'il avait faite d'abord. Mais ce testament s'appelait plus spécialement *destitutum* ou *desertum*, abandonné.

7. Ex eo autem solo non potest infirmari testamentum, *quod postea testator id noluit valere*: usque adeo ut, si quis post factum prius testamentum posterius facere cœperit, et aut mortalitate præventus, aut quia eum ejus rei pœnituit, non perfecerit, divi Pertinacis oratione cautum sit, ne alias tabulæ priores

7. *La volonté seule du testateur ne suffit pas pour infirmer un testament*; tellement que si quelqu'un, après un premier testament, en a commencé un second qu'il n'a pas achevé, soit parce qu'il a été prévenu par la mort, soit parce qu'il a abandonné ce projet, il est décidé, dans un exposé de loi du divin Per-

---

(1) D. 37. 11. 11. § 2.— (2) D. 28. 3. 1.

jure factæ irritæ fiant, nisi sequentes jure ordinatæ et perfectæ fuerint; nam imperfectum testamentum sine dubio nullum est.	tinax, que le premier testament régulièrement fait ne deviendra pas inutile, à moins que le second ne soit également régulier et parfait; car un testament inachevé est nul, sans contredit.

Quod postea testator id noluit valere. Mais il n'est pas non plus absolument indispensable que le testateur fasse un nouveau testament pour révoquer celui qu'il a déja fait. La révocation sera suffisamment opérée par la destruction ou l'altération de l'acte lui-même, parce que cette destruction est faite volontairement, dans l'intention de mourir intestat (1).

Théodose avait même déclaré qu'après dix ans de date, les testamens ne seraient plus valables (2); mais Justinien, modifiant cette disposition, voulut qu'outre le laps de temps, on joignît à cette première circonstance la preuve d'un changement de volonté, exprimée dans un acte authentique ou devant trois témoins (3).

8. Eadem oratione expressit, non admissurum se hereditatem ejus qui lit s causa principem reliquerit heredem; neque tabulas non legitime factas, in quibus ipse ob eam causam heres institutus erat, probaturum; neque ex nuda voce heredis nomen admissurum; neque ex ulla scriptura cui juris auctoritas desit, aliquid adepturum. Secundum hæc, divi quoque Severus et	8. *Dans le même exposé de loi, l'empereur déclare qu'il n'admettra pas l'hérédité de celui qui, à cause d'un procès* (*), *aurait laissé le prince pour héritier; qu'il ne validera pas un testament irrégulier dans lequel on l'aurait institué afin d'en couvrir les vices; qu'il n'acceptera pas le titre d'héritier sur de simples propos, et qu'il ne recueillera rien sur aucun écrit dé-*

---

(1) D. 28. 4. 1 f. Ulp. : 4 f. Pap. — (2) Cod. Théod. 4. 4. 6. — (3) Cod. 6. 23. 27.

(*) Afin de donner à son adversaire l'empereur pour partie adverse.

Antoninus sæpissimo rescripserunt. Licet enim, inquiunt, legibus soluti simus, attamen legibus vivimus.

pourvu de l'autorité du droit. Les divins Sévère et Antonin ont bien souvent publié des rescripts dans ce sens. « En effet, disent-ils, bien » que nous soyons affranchis des » lois, cependant nous vivons sous » l'empire des lois. »

TIT. XVIII.

DE INOFFICIOSO TESTAMENTO.

TIT. XVIII.

DU TESTAMENT INOFFICIEUX.

D'après le droit civil, et même d'après le droit introduit par l'usage et par l'interprétation relativement à l'exhérédation, il suffisait au chef de famille de déclarer qu'il exhérédait son fils, et à la mère ainsi qu'aux ascendans maternels de passer sous silence leurs enfans, pour que ceux-ci n'eussent aucun droit à leur hérédité. L'usage et l'interprétation introduisirent un nouvel adoucissement à cette rigueur (1).

Quia plerumque parentes *sine causa* liberos suos *exheredant vel omittunt*, inductum est ut de inofficioso testamento agere possint liberi, qui queruntur aut inique se exheredatos, aut inique præteritos : hoc colore, quasi non sanæ mentis fuerint, cum testamentum ordinarent. Sed hoc dicitur non quasi vere furiosus sit, sed recte quidem fecerit testamentum, non autem ex officio pietatis. Nam si vere furiosus sit, nullum testamentum est.

Comme il y a des ascendans qui exhérèdent ou qui omettent leurs enfans, et cela le plus souvent sans motifs, on a introduit l'action du testament inofficieux en faveur de ceux qui se plaignent d'avoir été injustement exhérédés ou omis, sur la supposition qu'en faisant son testament le testateur n'était pas sain d'esprit. En cela on n'entend pas qu'il était réellement fou ; mais que son testament, quoique régulièrement fait, est contraire aux devoirs de la piété entre parens ; car s'il y avait folie véritable, le testament serait nul.

---

(1) Voy. ce que j'en ai dit hist. du droit, page 125.

On nomme testament inofficieux celui qui est contraire aux devoirs de la piété entre parens (*in officium*); telle est la définition que nous en donne Paul, dans ses sentences : « *Inofficiosum dicitur testamentum quod non « ex officio pietatis videtur esse conscriptum* » (1); c'est-à-dire celui dans lequel le testateur a exhérédé ou omis sans aucun motif légitime des enfans ou des parens que l'affection et la piété naturelles lui ordonnaient d'appeler à son hérédité. L'usage introduisit le droit d'attaquer de pareils testamens et d'en faire prononcer la nullité. L'origine de ce droit n'est pas fixée d'une manière précise; mais elle remonte au temps de la république, vers le cinquième ou le sixième siècle de Rome; il en est mention dans une des harangues de Cicéron contre Verrès (2). C'était devant les centumvirs que se portait l'action contre le testament inofficieux, comme toutes les autres actions en pétition d'hérédité (3). Ces magistrats, s'ils trouvaient le testament contraire à la piété de famille (*inofficiosum*), en prononçaient la nullité; l'hérédité testamentaire tombait avec toutes les dispositions contenues dans le testament, et l'hérédité *ab intestat* s'ouvrait au profit de ceux qui y étaient appelés par la loi (4).

Sine causa. Mais si le testateur avait eu de justes motifs d'exhéréder ou d'omettre le plaignant, le testament ne serait pas inofficieux, et la nullité n'en serait pas prononcée. Les motifs n'étaient pas législativement fixés : ils étaient laissés, dans chaque cause, à l'appréciation du juge, et le testateur n'était soumis à aucune obli-

---

(1) Paul. sent. 3. 5. 1.—(2) Cicer., *in Verr.* 1. 42. — *de oratore* 1. 38. 57. — (3) V. ce que nous avons dit des centumvirs, hist. du droit. p. 95. — (4) D. 5. 2. 6. § 1; 8. § 16. f. Ulp.

gation de les exprimer dans son testament. Tel était encore le droit d'après les instituts. Ce ne fut que par une novelle postérieure que Justinien détermina quelles seraient les justes causes d'exhérédation ou d'omission, et exigea qu'elles fussent exprimées dans le testament (1).

Exheredant. Ceci se rapporte au chef de famille à l'égard des enfans soumis à sa puissance, qu'il a exhérédés; car s'il les avait simplement omis, le testament serait vicié, conformément aux règles que nous avons exposées sur l'exhérédation; et par conséquent il n'y aurait nul besoin ni aucun droit de l'attaquer comme inofficieux.

Vel omittunt. Ceci se rapporte à la mère et aux ascendans maternels ou autres, à l'égard des enfans qu'ils n'ont pas en leur puissance; car leur silence suffit selon le droit rigoureux pour repousser ces enfans de leur hérédité.

1. Non autem liberis tantum permissum est testamentum parentum inofficiosum accusare, verum etiam parentibus liberorum. Soror	1. *La faculté d'attaquer le testament comme inofficieux n'a pas été attribuée seulement aux enfans à l'égard de leurs ascendans, mais*

---

(1) Ces causes, à l'égard des enfans, sont au nombre de quatorze : 1° si le fils s'est rendu coupable d'une injure grave envers son père; 2° s'il l'a frappé; 3° s'il a attenté à sa vie; 4° si, par sa délation, il lui a fait éprouver quelque dommage; 5° s'il vit associé à des malfaiteurs; 6° s'il a voulu empêcher son père de tester; 7° s'il l'a abandonné dans la démence; 8° s'il ne l'a pas racheté de sa captivité; 9° si le fils est un hérétique, qui rejette les quatre premiers conciles œcuméniques; 10° s'il a accusé son père d'un crime capital, à l'exception du crime de lèse-majesté; 11° s'il a eu commerce avec sa belle-mère ou la concubine de son père; 12° s'il s'enrôle avec des comédiens malgré son père; 13° s'il ne veut pas, en se portant fidéjusseur, faire élargir son père détenu pour dettes, 14° si une fille mineure, que le père a voulu marier et doter, se livre à une prostitution mercenaire. (*Novelle* 115, *cap.* 3).

autem et frater, turpibus personis scriptis heredibus, ex sacris constitutionibus prælati sunt. Non ergo contra omnes heredes agere possunt. Ultra fratres igitur et sorores, cognati nullo modo aut agere possunt, aut agentes vincere.

encore aux ascendans à l'égard de leurs enfans. Quant aux frères et sœurs, si l'institution est faite en faveur de personnes viles, ils doivent, d'après les constitutions, avoir la préférence ; d'où il suit qu'ils ne peuvent pas agir contre tout héritier. Après les frères et sœurs, aucun cognat ne peut avoir d'action, ou l'exercer avec succès.

Soror autem et frater : ce qui s'entendait exclusivement d'après le droit civil, des frères et sœurs agnats, membres de la même famille; car eux seuls étaient héritiers légitimes les uns par rapport aux autres. La constitution de Constantin, telle qu'elle se trouve dans le code Théodosien, consacre encore ce principe (1); mais Justinien admet au droit d'attaquer le testament comme inofficieux, tous les frères consanguins, c'est-à-dire issus du même père, soit qu'ils fussent encore ou qu'ils ne fussent plus dans la même famille *(durante agnatione vel non)*. En conséquence, en insérant dans son code la constitution de Constantin, il la fit modifier en ce sens (2). Tel était le droit des instituts, d'après lequel les frères utérins restent seuls exclus de la plainte d'inofficiosité (3).

Turpibus personis scriptis heredibus : Tels que les

---

(1) Cod. Théodos. 2. 19. 1 et 2. — (2) Cod. 3. 28. 27. — (3) D'après la novelle 115, les justes causes d'omission à l'égard des ascendans étaient au nombre de huit : 1° s'ils ont accusé leurs enfans d'un crime capital; 2° dressé des embûches à leur vie; 3° eu commerce avec la femme ou la concubine de leurs fils; 4° mis obstacle à ce qu'ils fissent leur testament; 5° s'ils ne les ont pas rachetés de l'ennemi; 6° s'ils les ont abandonnés dans la démence; 7° pour cause d'hérésie; 8° si le père a voulu empoisonner la mère, ou réciproquement. (*Novelle* 115, *cap*. 4.)

histrions, les gladiateurs, les prostituées, les individus notés d'infamie. Ainsi, le droit des frères et sœurs était bien plus restreint que celui des descendans et des ascendans; car ceux-ci pouvaient réclamer pour cause d'inofficiosité contre toutes personnes instituées à leur détriment, tandis que les frères et sœurs ne le pouvaient que contre les personnes viles (1).

2. Tam autem naturales liberi, quam *secundum nostræ constitutionis divisionem adoptati*, ita demum de inofficioso testamento agere possunt, *si nullo alio jure ad bona defuncti venire possunt.* Nam qui ad hereditatem totam vel partem ejus alio jure veniunt, de inofficioso agere non possunt. *Postumi quoque* qui nullo alio jure venire possunt, de inofficioso agere possunt.

2. Du reste, les enfans, tant naturels qu'adoptifs, selon la division introduite par notre constitution, ne peuvent intenter l'action d'inofficiosité qu'à défaut de tout autre moyen de droit pour arriver aux biens du défunt. Ainsi ils ne le peuvent pas si, par une autre voie, ils viennent à l'hérédité en tout ou en partie. Cette action peut être exercée également par les posthumes, lorsqu'ils n'ont aucun autre droit.

Secundum nostræ constitutionis divisionem adoptati; c'est-à-dire selon la distinction établie par la constitution de Justinien, entre les enfans adoptés par les étrangers, et ceux adoptés par un ascendant, ou les adrogés. Nous savons que les premiers n'ont plus qu'un droit de succession *ab intestat* sur les biens du père adoptant, sans pouvoir se plaindre s'ils en ont été omis ou exhérédés, même sans motif (voir ci-dessus, pag. 345).

Si nullo alio jure ad bona defuncti venire possunt.

---

(1) A l'égard des frères et sœurs, il y a trois justes causes d'omission : 1° pour attentat à la vie; 2° accusation d'un crime; 3° grand dommage de fortune. (*Novell.* 22, *cap.* 47.)

Ainsi, l'action pour cause d'inofficiosité est un dernier recours, ouvert seulement lorsqu'il n'en existe aucun autre. Si par exemple il s'agit d'un fils qui peut invoquer, contre le testament paternel, la nullité, ou la possession de biens *contra tabulas*, parce qu'il n'y a pas été exhérédé, il ne sera pas admis à l'attaquer comme inofficieux, parce qu'il a un autre moyen d'arriver à l'hérédité. — De même, avant Justinien, pour les filles, petits-enfans ou arrière petits-enfans qui, en cas d'omission, avaient droit de se faire admettre pour une part avec les institués. — De même enfin, selon l'exemple cité par Ulpien, l'adrogé impubère exhérédé injustement, parce qu'il a dans ce cas, droit de réclamer la quarte Antonine (1).

Postumi quoque: Bien entendu, lorsque leur naissance ne devait pas rompre le testament; par exemple lorsque le père les avait exhérédés; ou lorsqu'il s'agissait du testament de la mère ou d'un ascendant maternel. L'action pour cause d'inofficiosité leur était ouverte, et leur réussite dans cette action n'était pas douteuse, car il était bien évident qu'étant posthumes, ils n'avaient donné au testateur aucun juste motif de les omettre ou de les exhéréder.

3. Sed hæc ita accipienda sunt, si nihil eis penitus a testatoribus testamento relictum est : quod nostra constitutio ad verecundiam naturæ introduxit. Sin vero quantacumque pars hereditatis vel res eis fuerit relicta, de inofficioso querela quiescente, *id quod eis deest usque ad quartam legitimæ partis repleatur, licet non fuerit adjectum*

3. *Mais tout cela n'est applicable que dans le cas où le testateur ne leur aurait absolument rien laissé dans son testament, comme l'a introduit notre constitution par respect pour les droits de la nature. Si donc une part quelconque ou un objet de l'hérédité leur a été donné, laissant dormir la plainte d'inofficiosité, ils auront droit seu-*

---

(1) D. 5. 2. 8. § 15. — Voir tom. 1, pag. 417.

boni viri arbitratu debere cam compleri.	lement de faire compléter ce qui leur manquera jusqu'à concurrence du quart de leur part d'hérédité légitime; et cela quand bien même le testateur n'aurait pas ajouté l'ordre de leur compléter ce quart sur l'arbitrage d'un homme de bien.

L'action pour cause d'inofficiosité du testament, donna naissance à une nouvelle théorie, celle de la *portion légitime* due aux enfans, ascendans ou frères et sœurs, dans leur rang d'hérédité *ab intestat*.

Nous ne pouvons pas déterminer positivement à quelle époque et par quelle gradation cette théorie s'introduisit; mais voici quelle fut la filiation probable de ce droit. Si les enfans, ascendans ou frères et sœurs, futurs héritiers *ab intestat* du défunt, avaient été institués par lui dans son testament pour une portion quelconque, si petite qu'elle fût, il n'y avait plus à leur égard omission ni exhérédation : dans cette position, le testament devait-il ou ne devait-il pas être annulé comme inofficieux? ou bien, si le défunt, sans instituer ces personnes pour héritiers, leur avait néanmoins laissé une partie de ses biens, par legs, donation ou autrement, le testament devait-il encore être considéré comme inofficieux? ne pouvait-il pas arriver que ce fût dans l'intérêt même de son fils, par exemple, pour lui éviter les charges et la responsabilité qu'entraîne la qualité d'héritier, que le père lui eût laissé une portion de ses biens à titre de legs ou de donation plutôt qu'à titre d'institution? Cela étant, quelle portion de biens faudrait-il que le testateur eût laissée, soit par institution, soit par legs ou autrement à ses enfans, ascendans ou frères et sœurs futurs héritiers *ab intestat*, pour que le testament ne pût être considéré comme inofficieux? sur toutes ces questions, il faut observer que, dès le principe, il ne dut y avoir aucune règle formelle. L'action pour cause d'inofficiosité n'était pas une action de droit strict, pour un vice absolu et caractérisé. Le testament n'était annulé que comme contraire aux devoirs de la parenté, comme dénotant dans ses dispositions une volonté irréfléchie et déraisonnable. C'était aux centumvirs à l'apprécier sous ce rapport, selon les circonstances : c'était donc à eux à juger si les libéralités du testateur à l'égard des plaignans n'étaient pas suffisantes pour satisfaire aux devoirs et à l'affection de la parenté : il n'y avait donc aucune part de fixée à leur profit. Mais dans les dernières années de la république, en 714, fut porté, sous le nom de loi Falcidie, (*Lex Falcidia*), un plébiscite, dont nous aurons à parler bientôt (v. ci-dessous, tit. 22), d'après lequel il fut ordonné que tout individu institué héritier testamentaire ne pourrait jamais être grevé de legs, ni de fidéicommis au delà des trois quarts de sa part héréditaire, de telle sorte qu'un quart au moins lui resterait toujours franc et libre. Soit que la loi Falcidie contînt formellement, à l'égard de l'hérédité *ab intestat*, une disposition analogue, en faveur des héritiers du sang auxquels l'action d'inofficiosité était ouverte; soit qu'il n'y ait eu à ce sujet qu'une extension donnée à la loi Falcidie : le fait est qu'on attribua à ces héritiers du sang le même droit qu'aux héritiers institués, et que, sous peine de faire annuler le testament comme inofficieux, ils durent toujours avoir dans les biens du défunt, à moins de justes causes d'exhérédation ou d'omission entière, le quart de la part héréditaire qui leur serait revenue *ab intestat*. Telle est l'origine de cette part, qu'une constitution de Théodose et de Valentinien, insérée dans le code Théodosien, nomme formellement la Falcidie (*solam eis Falcidiam debitæ successionis relinquant*)(1); qu'une novelle de Majorien appelle pareillement la quantité de la loi Falcidie (*sola Falcidiæ quantitas*) (2); que d'autres textes nomment encore portion due par la loi (*portio legibus debita*), portion légitime (*portio legitima*) (3); d'où les commentateurs ont fait la dénomination pure et simple de *la légitime* (4).

Id quod eis deest usque ad quartam legitimæ partis repleatur, licet non fuerit adjectum. Dans le principe, il était indispensable que le testateur eût donné lui-même le quart complet, ou que du moins il eût formellement ajouté à ses dispositions, qu'en cas d'insuffisance on compléterait ce quart : si non l'action pour cause d'inofficiosité était ouverte. Tel était encore le droit sous Constantin, d'après une constitution de lui, insérée au Code Théodosien (5). C'est Justinien qui le premier a établi que, même dans le cas où le testateur n'aurait pas ajouté cette disposition (*licet non fuerit adjectum*), le droit de

---

(1) Cod. Théodos. 16. 7. 28. — Ce nom de *Falcidie* lui est pareillement donné dans une constitution d'Arcadius et d'Honorius, insérée au code de Justinien : 9. 8. 5. § 3. — (2) D. Majoriani A legum novellarum, lib. tit. 8, *de sanctimonialibus et viduis, et de successionibus earum.* 1. § 3. — (3) Cod. 3. 28, 28, 30, 31. — (4) Cujas avait été conduit par l'intitulé probablement altéré d'une loi du Digeste (5. 2. 4. f. Gaï.), à attribuer l'origine de la portion légitime à une certaine loi *Glicia* entièrement inconnue. Mais l'exposé que nous venons de faire, le nom de *Falcidie* qui lui est donné par les constitutions des empereurs, et que nous lui retrouvons encore dans la *loi romaine des Bourguignons*, 31 (30), et même chez les Francs, comme le démontre M. Savigny dans son histoire du Droit romain au moyen-âge (tom. 2), plusieurs autres autorités, tout enfin nous prouve que la portion légitime des héritiers du sang dérive, sinon textuellement, au moins par extension, de la loi Falcidie. — (5) Cod. Théodos. 2. 19. 4.

l'héritier du sang se bornerait à faire compléter le quart; ainsi, pour peu que le testateur ait laissé à l'héritier du sang, cela suffit pour que l'action d'inofficiosité soit exclue, et qu'il ne reste plus que l'action en supplément.

4. Si tutor nomine pupilli cujus tutelam gerebat, ex testamento patris sui legatum acceperit, cum nihil erat ipsi tutori relictum a patre suo, nihilominus poterit nomine suo de inofficioso patris testamento agere.

4. Si un tuteur a accepté, au nom d'un pupille dont il gérait la tutelle, un legs résultant du testament de son propre père, qui ne lui a absolument rien laissé à lui-même, il n'en sera pas moins recevable, en son propre nom, à attaquer ce testament comme inofficieux.

Nomine suo. L'acceptation qu'il a faite d'un legs laissé à son pupille, ne peut lui être opposée comme emportant de sa part ratification du testament, parce que dans cette acceptation il a agi, non pas en son nom, mais seulement en sa qualité obligatoire de tuteur, faisant en cela non pas un acte volontaire, mais un devoir forcé. Rien ne l'empêchera donc d'attaquer en son propre nom (*nomine suo*) le testament comme inofficieux. Il en serait tout autrement si l'acte d'approbation, même indirecte, avait été entièrement libre et volontaire de sa part; par exemple, s'il s'était porté comme avocat ou comme procureur pour demander la délivrance d'un legs au nom d'un légataire (1).

5. Sed si, e contrario, pupilli nomine cui nihil relictum fuerit, de inofficioso egerit *et superatus est*, tutor quod sibi in eodem testamento legatum relictum est, non amittit.

5. Et si, à l'inverse, le tuteur intente, au nom du pupille auquel il n'a rien été laissé, l'action d'inofficiosité et succombe, il ne perd pas le legs qui lui a été fait par le même testament.

---

(1) D. 5. 2. 32. f. Paul.

Et superatus est. Ici le cas est inverse, mais le motif de la décision est le même. Il faut savoir, pour l'intelligence de cette décision, que tout héritier qui avait attaqué à tort le testament comme inofficieux et qui avait succombé dans sa demande, perdait, comme indigne, les legs ou autres dispositions mises en sa faveur dans ce testament : c'était le fisc qui en profitait (1). Mais ici le tuteur n'ayant pas agi en son propre nom et volontairement, il n'a encouru aucune indignité.

6. Igitur quartam quis debet habere, ut de inofficioso testamento agere non possit, sive jure hereditario sive jure legati aut fideicommissi, vel si mortis causa ei quarta donata fuerit; vel inter vivos, *in iis tantummodo casibus quorum mentionem facit nostra constitutio; vel aliis modis qui constitutionibus continentur.* Quod autem de quarta diximus, ita intelligendum est ut, sive unus fuerit sive plures quibus agere de inofficioso testamento permittitur, una quarta eis dari possit, ut pro rata eis distribuatur, id est pro virili portione quarta.

6. *Pour que l'action de testament inofficieux soit fermée, il faut donc qu'on ait la quarte, soit par droit héréditaire, par legs, par fidéi commis ou par donation à cause de mort, soit par donation entre-vifs dans les cas mentionnés par notre constitution ou par tous autres moyens énumérés dans les constitutions.* Ce que nous avons dit de la quarte doit s'entendre de manière que, soit qu'il y ait un seul ou plusieurs individus ayant droit contre le testament inofficieux, on peut leur donner une seule quarte à distribuer entre eux proportionnellement, c'est-à-dire pour chacun le quart de sa portion virile.

Ce paragraphe donne lieu à examiner deux questions, qui, du reste, sont essentiellement corrélatives : 1° Comment doit s'opérer le calcul pour déterminer la portion

---

(1) D. 5. 28. § 14. f. Ulp.

légitime? 2° à quel titre, c'est-à-dire par quelle sorte de libéralité, cette portion doit-elle être laissée aux héritiers du sang?

Pour déterminer la portion légitime, il faut considérer le patrimoine du défunt tel qu'il était au moment de sa mort (1), déduction faite des frais funéraires, des dettes et affranchissemens (2); du reste, tous les legs, toutes les libéralités testamentaires y restent compris, car ils sont encore dans le patrimoine au moment de la mort. On y comprend même, à ce titre, les donations à cause de mort (3). C'est sur la masse ainsi formée, en en prenant le quart, qu'on déterminera la valeur de la portion légitime.

Les donations entre-vifs que le défunt a pu faire de son vivant n'entrent pas dans la masse pour le calcul de la portion légitime, car elles n'étaient plus dans le patrimoine du défunt au moment de sa mort: à moins, toutefois qu'elles ne fussent attaquées elles-mêmes pour cause d'inofficiosité, comme ayant épuisé outre mesure les biens du défunt, dans le but d'éluder la querelle d'inofficiosité testamentaire; car nous savons par un titre spécial du Code, et par les fragmens du Vatican récemment découverts, qu'une pareille action existait contre les donations (4).

Mais si l'héritier du sang avait reçu du testateur certaines libéralités, devait-on les faire entrer dans la masse pour le calcul de la portion légitime, et les imputer comme

---

(1) C. 3. 28. 6. — (2) Paul. sentent. 3. 5. 6. — Dig. 5. 2. 8. § 9. — (3) Cod. 8. 57. 2. — Voy. sur tout cela les détails que nous donnerons ci-dessous, tit. 22, § 3, pour le calcul de la falcidie; les règles générales sont les mêmes, puisque c'est une sorte de falcidie.—(4) Vatican. Jur. frag. § 270, 271, 280, 281, 282. — Cod. 3. 29.

à-comptes reçus par lui sur cette portion? — Il n'y avait aucun doute à l'égard des legs, des fidéicommis, ou des donations à cause de mort. Que ces libéralités eussent été faites à l'héritier du sang ou à toute autre personne, peu importe : c'était la règle générale qu'elles comptaient dans la masse pour le calcul, puisqu'elles faisaient encore partie du patrimoine au moment du décès, et tout ce qui avait été laissé à ce titre à l'héritier du sang comptait comme autant à imputer sur la part qui devait lui revenir.

Quant aux donations entre-vifs reçues par l'héritier du sang du vivant du testateur, il y avait des distinctions à faire, puisque la règle générale était que les donations entre-vifs n'entraient pas dans la masse; cette règle devait avoir lieu pour les donations faites à l'héritier du sang, comme pour celles faites à toute autre personne. Ce n'était donc que par exception que l'héritier du sang avait été soumis à les faire entrer dans la masse et à les imputer sur sa portion légitime, dans certains cas que le texte se borne à indiquer sommairement.

In iis tantummodo casibus quorum mentionem facit nostra constitutio. Savoir, dans le cas où la donation entre-vifs lui avait été faite sous la condition expresse qu'elle serait imputée sur la légitime: l'acceptation d'une pareille condition ne pouvait pas enlever à l'héritier son droit de réclamer, mais elle l'obligeait à imputer la donation, et par conséquent à ne réclamer que le complément de sa quarte (1). — Ou bien encore, dans le cas où il s'agissait de ce qui lui avait été donné entre-vifs pour l'achat

---

(1) D. 5. 2. 25 pr. f. Ulp. — Cod. 3. 28. 35. § 2. Constitution de Justinien.

d'un office, d'un grade militaire (*ad militiam emendam*) (1).

Vel aliis modis qui constitutionibus continentur: Quelques éditions portent à tort, dans le texte, *nostris constitutionibus*; il ne s'agit plus de la constitution de Justinien, mais des constitutions en général, comme on peut le voir par la paraphrase de Théophile. Ces cas sont ceux de la dot, et de la donation pour cause de noces, qui entrent dans la masse pour le calcul de la portion légitime, et s'imputent sur cette légitime (2).

Justinien par ses novelles a introduit encore sur ces divers points d'importantes modifications. Ainsi, il a augmenté la quotité de la portion légitime, qui doit être, non plus du quart seulement, mais de la moitié de la succession si les légitimaires sont au nombre de plus de quatre; et, dans le cas contraire, du tiers. Cette augmentation a lieu tant pour les enfans que pour les ascendans, frères ou sœurs, au profit desquels l'action d'inofficiosité avait été introduite dans le principe (3).

Il n'est plus permis d'omettre ou d'exhéréder les enfans ou les ascendans, même quand on leur a laissé la portion légitime à titre de donation, de legs ou de fidéicommis, il faut leur donner la qualité d'héritier, ne fût-ce que pour un objet particulier, sauf à compléter ce qui manque à la portion légitime (4).

D'après le droit civil, et même encore d'après celui des Instituts, le testament annulé comme inofficieux était annulé pour le tout, toutes ses dispositions tombaient. D'après la même novelle de Justinien, il ne sera annulé

---

(1) C. 1b. 30. § 2. const. de Justinien. — On voit par cette constitution que certaines charges militaires étaient déjà vénales à cette époque. (2) Cod. 3. 28 29 const. Zenon.; 30. § 2.—Cod. 6. 20. 26 pr.—(3) Novelle 18, cap. 1. — (4) Novell. 115, cap. 3 et 4.

qu'en ce qui concerne l'institution d'héritier; les legs, les fidéicommis, les affranchissemens, les nominations de tuteur subsisteront et seront exécutés (1).

L'action contre le testament pour cause d'inofficiosité se trouve éteinte dans divers cas : 1° Si le plaignant a transigé avec les héritiers, car l'engagement de ne pas attaquer le testament comme inofficieux fait du vivant du testateur serait nul, mais après sa mort, il peut y avoir transaction (2); 2° s'il s'est désisté de son action (3); 3° s'il a reconnu comme bon et valable le testament (*agnovit judicium testatoris*), soit directement, soit indirectement; par exemple en recevant un legs, en demandant l'exécution d'une de ses dispositions (4); 4° s'il a laissé écouler le délai, fixé anciennement à deux ans seulement (5), mais étendu plus tard à cinq ans (6): au bout de ce temps, qui ne doit commencer à courir que du jour de l'adition (7), l'action du testament inofficieux est prescrite, parce qu'il est censé, par son silence, avoir approuvé le testament; 5° s'il décède sans avoir intenté, ni préparé l'action; mais, s'il l'avait préparée, c'est-à-dire s'il avait manifesté

---

(1) *Ib.* in fin. — (2) D. 5. 2. 27.— Cod. 3. 28. 35. § 2.— Paul sent. 4. 5. 8. — (3) D. 5. 2. 8. § 1. — (4) *Ib.* 23. § 1; 31. § 2, 3 et 4. — (5) Lettres de Pline, 5. 1. — (6) Nous trouvons l'énonciation de ce délai dans une constitution des empereurs Gratien, Valentinien et Théodose, insérée au code Théodosien, 2. 19. 5; dans une constitution bien antérieure (an 259) des empereurs Valérien et Gallien, au code de Justinien, 3. 28. 16; et enfin deux fragmens au Digeste peuvent faire penser que le délai était déjà porté à cinq ans, au temps d'Ulpien et de Modestin, D. 5. 2. 8. § 17. f. Ulp. — 9. f. Modest. — (7) Cod. 3. 28. 36. § 2. const. Just. Par cette constitution, Justinien confirme l'avis d'Ulpien et repousse celui de Modestin, qui voulait faire courir le délai du jour du décès; Justinien impose en même temps à l'héritier institué l'obligation de se prononcer, dans ce cas, sur son adition, dans le délai de six mois ou un an, selon qu'il habite la même province ou au delà.

l'intention d'agir et commencé ses dispositions à cet égard, le droit de l'intenter passerait à ses héritiers (1).

Il n'en est pas de même de l'action en complément de la portion légitime : elle ne s'éteint ni par la reconnaissance du testament, ni par la prescription de deux ans ou de cinq, ni par la mort du légitimaire (2).

TIT. XIX.
DE HEREDUM QUALITATE ET DIFFERENTIA.

TIT. XIX.
DE LA QUALITÉ ET DE LA DIFFÉRENCE DES HÉRITIERS.

Heredes autem aut necessarii dicuntur, aut sui et necessarii, aut extranei.

On dit des héritiers, qu'ils sont, ou nécessaires, ou siens et nécessaires, ou externes.

La différence entre ces trois classes d'héritiers consiste essentiellement dans la manière d'acquérir ou de pouvoir répudier l'hérédité. Aussi le titre actuel traite-t-il de l'acquisition et de l'omission des hérédités.

1. Necessarius heres est *servus heres institutus*: ideo sic appellatus quia, *sive velit sive nolit*, omnimodo *post mortem testatoris* protinus liber et necessarius heres fit. Unde qui facultates suas suspectas habent, solent servum suum primo vel secundo vel etiam ulteriore gradu heredem instituere, ut, si credi-

1. *L'héritier nécessaire est l'esclave institué héritier : on le nomme ainsi, parceque bon gré mal gré de toute manière, après la mort du testateur, il devient aussitôt libre et nécessairement héritier ; voilà pourquoi ceux dont la solvabilité est suspecte, ont coutume d'instituer leur esclave pour héritier au*

---

(1) D. 5. 2. 6. § 2. — *Ib.* 7. — Cod. 3. 28. 5. — Dans le cas particulier dont nous venons de parler à la note précédente, si le légitimaire mourait avant l'expiration du délai imposé à l'institué pour se prononcer, il transmettrait l'action à ses enfans, quand même il ne l'aurait pas encore préparée; mais cette faveur n'aurait pas lieu pour d'autres héritiers que les enfans. — (2) C. 3. 28. 35. § 2 — *Ib.* 34. in fin. — Ce serait à tort qu'on prétendrait induire de cette constitution que l'action en supplément était prescriptible aussi par cinq ans.

toribus satis non fiat, *potius ejus heredis bona quam ipsius testatoris a creditoribus possideantur*, vel distrahantur vel inter eos dividantur. Pro hoc tamen incommodo *illud ei commodum præstatur*, ut ea quæ post mortem patroni sui sibi adquisierit, ipsi reserventur. Et quamvis non sufficiant bona defuncti creditoribus, tamen ex alia causa quas sibi adquisivit, non veneunt.

premier, au second ou même au dernier degré ; afin que s'il ne satisfait point aux créanciers, ce soit sous le nom de cet héritier, et non sous celui du testateur, qu'ait lieu la possession, la vente ou le partage des biens par les créanciers. En compensation de ce désavantage, on lui concède cet avantage que les biens acquis par lui postérieurement à la mort de son patron lui seront réservés. Et malgré l'insuffisance des biens du défunt, les créanciers ne pourront faire vendre ce qu'il se sera acquis par toute autre cause.

Servus heres institutus : Bien entendu lorsque, institué par son propre maître, il doit devenir, en vertu du testament, libre et héritier à la fois : *si in eadem conditione manserit*, ainsi que nous l'avons expliqué ci-dessus, pag. 356.

Sive velit, sive nolit : Par conséquent, que cet esclave soit pubère, impubère ou même *infans*, en état de raison ou de démence, l'hérédité lui est également acquise, puisqu'elle l'est de plein droit, sans aucun acte de sa volonté.

Post mortem testatoris. L'époque où il devient à la fois libre et héritier nécessaire est celle de la mort de son maître, si l'hérédité et la liberté lui ont été données toutes deux purement et simplement ; et seulement celle de l'accomplissement de la condition, si toutes les deux, ou même si l'une ou l'autre, soit la liberté, soit l'hérédité, ne lui ont été attribuées que sous condition : car la condition imposée à l'une quelconque des deux suspend également l'autre (1).

_____

(1) D. 28. 5. 3. § 1. f. Ulp. — 21. § 1. f. Pomp. — 28. f. Jul.

Potius ejus heredis bona quam ipsius testatoris a creditoribus possideantur : « C'est-à-dire, ajoute Gaïus, afin que l'ignominie qui résulte de la vente des biens, affecte cet héritier plutôt que le testateur lui-même; quoique Sabinus, dans son ouvrage à Fufidius, soit d'avis que cet héritier devrait être libéré de l'ignominie, parce que ce n'est point par son vice, mais par une nécessité de droit, qu'il endure la vente des biens; mais nous usons d'un autre droit *(sed alio jure utimur)* » (1). Expression qui prouve que l'ignominie dont il s'agit n'était pas une simple ignominie d'opinion, mais une ignominie de droit, produisant des effets légaux (2).

Illud ei commodum præstatur. Le premier avantage qu'il retire, dit Théophile, c'est avant tout, la liberté, plus précieuse que tout au monde. En outre, le préteur lui en accorde un second, celui que les commentateurs nomment le *bénéfice de séparation.* La séparation entre les biens du défunt et ceux de l'héritier n'était pas un privilége spécial à l'esclave héritier nécessaire. C'était un droit plus étendu, introduit par le préteur pour adoucir les conséquences rigoureuses de la confusion qui s'opère, selon le droit strict, entre les biens du défunt et ceux de l'héritier. Nous trouvons au Digeste, sur cette matière, un titre entier intitulé *de separationibus,* et au code, *de separationibus bonorum* (3). La séparation de biens s'obtenait par un décret du préteur ou du prési-

---

(1) G. 2. § 154. — Théophile, dans sa paraphrase, nous donnait déjà le même motif. — (2) Comme la faillite chez nous. — La vente des biens dont il était question à l'époque de Gaïus était celle que Justinien a supprimée : voir ci-dessous liv. 3, tit. 12. Aussi notre texte ne dit-il pas, comme Gaïus, *bona veneant,* mais *bona a creditoribus possideantur.* — (3) Dig. 42. 6. — Cod. 7. 72.

dent (1) : elle était plus particulièrement établie pour les créanciers de l'hérédité qui, lorsque l'héritier était insolvable, avaient intérêt à ce que les biens du défunt ne se confondissent pas avec ceux de cet héritier. L'esclave héritier nécessaire pouvait aussi demander et obtenir la séparation des biens, pourvu qu'il n'eût pas encore touché à ceux de l'hérédité (*scilicet si non attigerit bona patroni*). Par l'effet de cette séparation, bien qu'il restât toujours héritier et tenu, selon le droit strict, de toutes les dettes du défunt, les créanciers ne pouvaient exercer de poursuites que sur les biens de l'hérédité : tout ce que l'esclave, devenu libre, acquérait par la suite, y compris même les créances qu'il aurait sur le testateur, devait rester séparé, et hors de l'atteinte des créanciers héréditaires (2).

2. Sui autem et necessarii heredes sunt, veluti filius, filia, nepos neptisque ex filio, et deinceps ceteri liberi, qui modo in potestate morientis fuerint. Sed ut nepos neptisve sui heredes sint, non sufficit eum eamve in potestate avi mortis tempore fuisse ; sed opus est ut pater ejus vivo patre suo desierit suus heres esse, aut morte interceptus, aut qualibet alia ratione liberatus potestate : tunc enim nepos neptisve in locum patris sui succedit. Sed sui quidem heredes ideo appellantur, quia domestici heredes sunt, et vivo quoque patre quodammodo domini existimantur.	2. *Les héritiers siens et nécessaires sont, par exemple, le fils, la fille, le petit-fils et la petite-fille nés d'un fils, et les autres descendans après eux, supposé, bien entendu, qu'ils fussent sous la puissance du mourant. Mais pour que le petit-fils et la petite-fille soient héritiers siens, il ne suffit pas qu'ils aient été sous la puissance de l'aïeul au moment de sa mort, il faut de plus que leur père du vivant de l'aïeul ait cessé d'être héritier sien, enlevé à sa famille soit par la mort, soit par toute autre cause qui libère de la puissance paternelle : alors en effet le petit-fils ou la*

___

(1) Dig. 42. 6. 1 pr. et § 14. f. Ulp. — (2) *Ib.* § 18.

Unde etiam si quis intestatus mortuus sit, prima causa est in successione liberorum. Necessarii vero ideo dicuntur, quia omni modo *sive velint sive nolint*, tam ab intestato quam ex testamento heredes fiunt. Sed his prætor permittit volentibus abstinere se ab hereditate, ut potius parentis quam ipsorum bona similiter a creditoribus possideantur.

petite-fille prend la place de son père. Ces héritiers se nomment *siens, parce qu'ils sont héritiers domestiques, considérés même du vivant du père comme en quelque sorte propriétaires ; d'où il suit qu'en cas de mort intestat, avant tout vient la succession des enfans ; on les nomme nécessaires, parce que de toute manière, bon gré mal gré, soit ab intestat, soit par testament, ils deviennent héritiers ; mais le préteur leur permet de s'abstenir de l'hérédité s'ils le veulent, afin que la possession des biens par les créanciers ait lieu sous le nom du défunt plutôt que sous le leur.*

Tunc enim nepos, neptisve in locum patris sui succedit. Bien entendu, s'il s'agit de succession *ab intestat* ; mais s'il s'agit de succession testamentaire, peu importe que le petit-fils ou autre descendant soit ou non précédé par quelqu'un dans la famille ; il suffit qu'il soit sous la puissance du testateur, et valablement institué par lui, pour être héritier sien et nécessaire. C'est ce que dit positivement Ulpien (1), et ce qui résulte d'ailleurs évidemment de l'explication que nous allons donner de ces mots : *heres suus et necessarius.*

Et vivo quoque patre quodammodo domini existimantur. Il faut bien se garder de croire que *suus* se rapporte au testateur et indique que ses enfans héritiers étaient *siens*, c'est-à-dire lui appartenaient, étaient en sa puissance : s'il en eût été ainsi, il aurait fallu appeler également *héritiers siens et nécessaires* les esclaves institués

---

(1) D. 29. 2. 6. § 5. f. Ulp.

par leur maître, car ils étaient bien *siens*, ils lui appartenaient bien ; et pourtant ils n'avaient que la qualité d'*héritiers nécessaires*, et non pas celle d'*héritiers siens*. C'est que *suus* se rapporte, non pas au testateur, mais aux héritiers eux-mêmes ; ce mot indique que ces derniers sont leurs propres héritiers *(sui heredes)*, se succèdent en quelque sorte à eux-mêmes. En effet, tous les membres de la famille, nous l'avons déjà dit plusieurs fois, formaient en quelque sorte un seul être collectif quant à la propriété des biens de la famille, chacun des membres était en quelque sorte partie dans cette propriété, co-propriétaire avec le chef : lors donc que le chef venait à mourir, les membres de la famille qui lui succédaient, se succédaient en quelque sorte à eux-mêmes, prenaient leur propre hérédité, étaient leurs propres héritiers d'eux-mêmes *(heredes sui)*. Telle est la seule explication que donne le texte de ces mots, et la seule qui soit vraie. On voit par là pourquoi les esclaves, étant étrangers à la propriété de famille, n'étaient pas héritiers siens, mais seulement héritiers nécessaires, bien qu'ils fussent la chose du testateur ; on voit également pourquoi tout membre de la famille, qu'il fût sous la puissance médiate ou immédiate du chef, pourvu qu'il y fût, étant partie dans la co-propriété de famille, était héritier de lui-même, héritier sien (*heres suus*), du moment qu'il était appelé à recueillir ce patrimoine domestique, soit par son rang *ab intestat*, soit par l'institution du chef.

Sive velint sive nolint : Par conséquent, qu'il soit impubère, en démence, peu importe : il n'a besoin d'aucune autorisation, ni de celle du tuteur, ni de toute autre, pour acquérir l'hérédité ; elle lui est acquise de plein droit, à son insu et malgré lui.

Abstinere se ab hereditate. C'est là ce que les commentateurs nomment le *bénéfice d'abstention.* Il consiste en ce qu'il est permis aux héritiers siens, bien que l'hérédité leur soit acquise de plein droit, de ne pas s'immiscer dans cette hérédité, de n'y faire aucun acte d'héritier, d'y rester étrangers de fait; et, par ce moyen, toute action sera refusée contre eux aux créanciers du défunt par le préteur, bien qu'ils soient héritiers selon le droit strict. — Cette abstention des héritiers siens diffère de la séparation des biens accordée aux esclaves, tant en la forme que dans les effets. En la forme; car l'abstention est un fait purement passif : l'héritier sien n'a rien à faire, rien à déclarer, rien à demander: il lui suffit de rester dans l'inaction, de ne se mêler en rien de l'hérédité (1); tandis que la séparation des biens, au contraire, doit être demandée, et obtenue par décret du préteur. Dans les effets; car, par suite de l'abstention, aucune action, aucune poursuite ne peut être dirigée par les créanciers contre l'héritier sien; tandis que, malgré la séparation des biens, ils conservent leurs actions contre l'héritier nécessaire, mais seulement jusqu'à concurrence des biens héréditaires.—Les effets de l'abstention sont perdus pour les héritiers siens, s'ils ont détourné ou fait détourner quelque chose de l'hérédité (2).

Du reste, l'héritier sien qui s'est abstenu, ne cesse pas d'être héritier, mais il ne l'est que de nom. Il peut, tant que les biens n'ont pas été vendus par les créanciers, (*cum nondum bona venierint — donec res paternæ in eodem statu permanent*), revenir sur son abstention et prendre l'hérédité : aucun délai n'était imposé à cet

---

(1) D. 29. 2. 12. f. Ulp. — (2) *Ib.* 71. § 3 à 9.

égard par l'ancien droit; Justinien en a fixé un de trois ans (1). Après la vente il ne le peut plus (2).

Il résulte de ce que nous venons de dire, qu'à l'égard des héritiers nécessaires et des héritiers siens et nécessaires, il n'y a jamais *adition d'hérédité*. Cet acte, par lequel l'institué acquiert volontairement l'hérédité à laquelle il était appelé, leur est complètement étranger. L'acquisition a lieu pour eux de plein droit. — Mais pour les héritiers siens, s'il n'y a pas *adition*, il y a *immiscion*; acte qui entraîne pour eux la renonciation au droit de s'abstenir, et qui les soumet aux actions des créanciers. Pour s'immiscer valablement et s'engager par cet acte, il faut que l'héritier sien soit capable de le faire : s'il était impubère ou en démence, son immiscion ne l'engagerait pas, il pourrait toujours s'abstenir (3).

3. Ceteri qui testatoris juri subjecti non sunt, extranei heredes appellantur. Itaque liberi quoque nostri qui in potestate nostra non sunt, heredes a nobis instituti, extranei heredes videntur. Qua de causa et qui heredes a matre instituuntur, eodem numero sunt, quia feminæ in potestate liberos non habent. Servus quoque heres institutus a domino et post testamentum factum ab eo manumissus, eodem numero habetur.	3. *Tous ceux qui ne sont pas soumis à la puissance du testateur se nomment héritiers externes. Ainsi, nos propres enfans qui ne sont pas en notre puissance, institués par nous, sont héritiers externes. Il en est de même, par la même raison, des enfans institués par leur mère, car les femmes n'ont pas de puissance paternelle sur leurs enfans; et de l'esclave institué héritier par son maître, mais affranchi par lui depuis la confection du testament.*

---

(1) Dig. 28. 8. 8. f. Ulp. — Cod. 6. 3o. 6. — (2) *Ib.* — Voyez pourtant : D. 42. 5. 6. pr. f. Paul, spécial au pupille. — C'est une question controversée que de savoir s'il pouvait y avoir accroissement au cohéritier, de la part de celui qui s'était abstenu; ou dévolution au substitué ou à l'héritier subséquent. Il faut la résoudre négativement. — (3) D. 29. 2. 11 et 57 pr.

4. In extraneis heredibus illud observatur, ut sit cum eis testamenti factio, sive ipsi heredes instituantur, sive hi qui in potestate eorum sunt. Et id *duobus temporibus* inspicitur: *testamenti quidem*, ut constiterit institutio; *mortis vero testatoris*, ut effectum habeat. Hoc amplius, *et cum adit hereditatem*, esse debet cum eo testamenti factio, sive pure sive sub conditione heres institutus sit; nam jus heredis eo maxime vel tempore inspiciendum est, quo adquirit hereditatem. *Medio autem tempore*, inter factum testamentum et mortem testatoris vel conditionem institutionis existentem, mutatio juris heredi non nocet, quia, ut diximus, tria tempora inspici debent. Testamenti autem factionem non solum is habere videtur qui testamentum facere potest, sed etiam qui ex alieno testamento vel ipse capere potest vel alii adquirere, licet non possit facere testamentum. Et ideo furiosus, et mutus, et postumus, et infans, et filius familias, et servus alienus, testamenti factionem habere dicuntur. Licet enim testamentum facere non possint, attamen ex testamento vel sibi vel alii adquirere possunt.

4. *Il est de règle, pour les héritiers externes, qu'on ait avec eux faction de testament, soit qu'on les institue eux-mêmes ou ceux qui sont en leur puissance; et cela à deux époques : celle de la confection du testament pour que l'institution existe, et celle du décès du testateur pour qu'elle puisse avoir son effet. De plus, au moment où l'institué fait adition d'hérédité, la faction de testament doit encore exister avec lui, qu'il ait été institué purement et simplement ou conditionnellement; car c'est surtout à l'instant où il acquiert l'hérédité, que l'héritier doit être capable. Quant au temps intermédiaire entre la confection du testament et la mort du testateur ou l'accomplissement de la condition; le changement d'état ne nuit pas à l'héritier, parce qu'il n'y a, comme nous l'avons dit, que trois époques à considérer. Avoir faction de testament se dit, non pas seulement de celui qui peut tester, mais aussi de celui qui peut acquérir pour soi ou pour d'autres en vertu du testament d'autrui, bien qu'il ne puisse pas tester lui-même. Ainsi, on dit que le fou, le muet, le posthume, l'enfant, le fils de famille et l'esclave d'autrui, ont faction de testament; car, bien qu'ils ne puissent faire de testament, cependant ils peuvent par testament acquérir pour eux ou pour un autre,*

Les héritiers *externes*, qui forment la troisième classe

d'héritiers, n'acquièrent l'hérédité que de leur propre volonté : c'est pour cela que les commentateurs les nomment héritiers volontaires. Avant d'exposer comment leur volonté doit être manifestée, le texte s'occupe de préciser à quelles époques ils doivent être capables.

A ce sujet, faisons d'abord observer que, pour les héritiers externes, il faut distinguer entre l'hérédité déférée et l'hérédité acquise. L'hérédité leur est déférée du moment que leur droit se trouve ouvert : soit par la mort du testateur, s'ils ont été institués purement et simplement; soit par l'accomplissement de la condition, s'ils l'ont été sous condition. De ce moment, ils peuvent acquérir l'hérédité, s'ils le veulent; mais elle ne leur est pas encore acquise : elle ne l'est que par l'adition, c'est-à-dire par l'acceptation qu'ils en font. Cette distinction n'existe pas à l'égard des héritiers nécessaires, ni des héritiers siens; parce que l'hérédité leur est acquise de plein droit, en même temps qu'elle leur est déférée. Cela posé, la capacité des héritiers externes est exigée à trois époques.

Duobus temporibus, dit le texte; mais ce compte est incomplet, car il ajoute immédiatement une troisième époque, et dit alors : *tria tempora inspici debent*. Ces trois époques sont :

1° *Testamenti quidem* : le texte nous en donne le motif; c'est pour la validité même du testament *(ut constiterit institutio)* qui, sans cela serait nul dès le principe;

2° *Mortis vero testatoris* : époque où le droit de l'institué s'ouvre, se réalise, se pose sur sa tête; pour que cela ait lieu *(ut effectum habeat)*, il faut évidemment qu'il soit capable en ce moment. — Observons que si l'institution était conditionnelle, cette seconde époque dont nous parlons ici, n'aurait lieu qu'à l'accomplissement de la condition, parce que ce serait alors seulement que le droit s'ouvrirait. Le moment du décès ne serait donc plus à considérer; mais, à sa place, celui de l'accomplissement de la condition.

Et cum adit hereditatem : parce que c'est alors seulement qu'il acquiert l'hérédité (*quo adquirit hereditatem*); or pour qu'il puisse acquérir, il faut qu'il soit capable. Il résulte de là que si l'héritier institué vient à mourir après l'ouverture de la succession, mais avant d'avoir fait adition, ses droits s'évanouissent et il n'en transmet rien à ses successeurs, parce qu'ils étaient ouverts, mais non encore acquis. Tel était le droit rigoureux; cependant nous verrons qu'il avait reçu certains adoucissemens.

Medio autem tempore. Il y a deux temps intermédiaires à considérer : 1° celui qui est placé entre la confection du testament et l'ouverture des droits, arrivée soit par la mort du testateur, soit par l'accomplissement de la condition; 2° celui qui est placé entre l'ouverture des droits et l'adition. Les changemens d'état et de capacité dans la personne de l'institué, pendant le premier intervalle, ne nuisent pas; ainsi, qu'il ait été diminué de tête, fait esclave ou déporté après la confection du testament et avant l'ouverture des droits, peu importe, pourvu qu'à l'époque de cette ouverture il soit redevenu citoyen : il n'a rien perdu, puisqu'il n'avait encore aucun droit ouvert, mais seulement une espérance, et qu'au moment où cette espérance s'est réalisée il était capable; mais le même changement survenu dans le second intervalle, après l'ouverture du droit, ferait perdre ce droit irrévocablement, et quand même l'institué reprendrait plus tard sa capacité, l'adition d'hérédité ne pourrait plus avoir lieu par lui (1).

---

(1) D. 28. 2. 29. § 5. f. Scœv.

(440)

Tout ce que nous venons de dire n'était applicable aux héritiers nécessaires et aux héritiers siens, qu'à l'égard des deux premières époques : celles de la confection du testament et de l'ouverture des droits; puisque pour eux, ces droits étaient acquis aussitôt qu'ouverts.

5. Extraneis autem heredibus deliberandi potestas est de adeunda hereditate vel non adeunda. Sed sive is cui abstinendi potestas est, immiscuerit se bonis hereditatis; sive extraneus cui de adeunda hereditate deliberare licet, adierit, postea relinquendæ hereditatis facultatem non habet, nisi minor sit viginti quinque annis. Nam hujus ætatis hominibus, sicut in ceteris omnibus causis, deceptis, ita et si temere damnosam hereditatem susceperint, prætor succurrit.

5. *Les héritiers externes peuvent délibérer sur l'adition ou la répudiation à faire de l'hérédité, mais soit que celui en faveur duquel existe la faculté de s'abstenir se soit immiscé dans les biens héréditaires, soit que l'héritier externe qui peut délibérer ait fait adition, il n'est plus en son pouvoir de délaisser ensuite l'hérédité, à moins qu'il ne soit mineur de vingt-cinq ans. Car le préteur, ici comme dans tous les autres cas où ils ont été lésés, vient au secours des mineurs de cet âge qui se sont imprudemment chargés d'une hérédité onéreuse.*

Deliberandi potestas. Ce paragraphe est relatif à ce qu'on nomme le *droit de délibérer*. Le Digeste et le Code ont chacun un titre spécial sur cette matière (1).

D'après le droit civil, l'héritier, sauf le cas d'une institution particulière dont nous parlerons bientôt, n'était soumis à aucun délai dans lequel il dût nécessairement accepter ou répudier l'hérédité. Mais d'un autre côté, les personnes intéressées à ce qu'il se prononçât : par exemple, les créanciers, les légataires, les substitués, pouvaient l'actionner pour qu'il eût à déclarer s'il était héritier (*an heres sit*), et il était alors obligé de se prononcer. Dans

(1) D. 28. 28. *de jure deliberandi.* — Cod. 6. 30.

cette position, le préteur établit par son édit, que l'héritier pourrait demander un délai pour délibérer avant de répondre : « *Si tempus ad deliberandum petet, dabo.* » Tels étaient les termes de l'édit (1). Ainsi, le délai pour délibérer était demandé par l'héritier, sur les poursuites dirigées contre lui (2). Ce délai ne devait pas être de moins de cent jours (3). Justinien établit que les magistrats pourraient accorder jusqu'à neuf mois, mais que, pour avoir un an, il faudrait l'obtenir de l'empereur. Passé le terme fixé, l'héritier devait nécessairement accepter ou répudier, et, faute de se prononcer, il était à l'égard du substitué ou des héritiers *ab intestat*, si les poursuites étaient faites par eux, censé renonçant (4), et à l'égard des créanciers ou des légataires, si c'étaient eux qui le poursuivaient, censé acceptant, par la seule échéance du terme (5). — D'après une constitution de Justinien, s'il mourait avant l'expiration du délai accordé pour délibérer, dans l'année de l'ouverture de ses droits, il transmettait à son héritier tout ce qui restait de cette année avec la faculté de se prononcer à sa place (6). Ce fut là une dérogation remarquable au droit civil, puisque rigoureusement, étant mort avant d'avoir fait adition, il n'aurait rien dû transmettre à ses héritiers.

Le délai pour délibérer, bien qu'établi exclusivement pour les héritiers externes, pouvait être obtenu par les héritiers siens, lorsque, ne s'étant pas immiscés dans l'hérédité, mais voulant profiter, selon le cas, du droit qu'ils avaient de la prendre tant que la vente des biens par les créanciers n'avait pas eu lieu, ils demandaient un délai

---

(1) D. 28. 8. 1. § 1. f. Ulp. — (2) D. 11. 1. 5. f. Gaï. — 6 pr. f. Ulp. (3) D. 28. 8. 2. f. Paul. — (4) D. 29. 2. 69. — (5) Cod. 6. 30. 22. § 14. (6) *Ib.* 19.

pour délibérer sur ce point, et faire surseoir en attendant à cette vente (1).

Prætor succurrit: C'est le secours nommé *restitutio in integrum*, accordé généralement par le préteur aux mineurs de 25 ans, dans toutes les affaires où leur inexpérience avait pu leur occasioner quelque préjudice : secours dont nous avons déjà parlé, tom. 1, pag. 535 et 541.

6. Sciendum tamen est divum Hadrianum etiam majori viginti quinque annis veniam dedisse, cum post aditam hereditatem grande æs alienum quod aditæ hereditatis tempore latebat, emersisset. Sed hoc quidem divus Hadrianus speciali beneficio præstitit. Divus autem Gordianus postea in militibus tantummodo hoc extendit. Sed nostra benevolentia commune omnibus subjectis imperio nostro hoc beneficium præstitit, et constitutionem tam æquissimam quam nobilem scripsit, cujus tenorem si observaverint homines, licet eis adire hereditatem, et in tantum teneri quantum valere bona hereditatis contingit; ut ex hac causa *neque deliberationis auxilium eis fiat necessarium*, nisi omissa observatione nostræ constitutionis et deliberandum existimaverint, et sese veteri gravamini aditionis supponere maluerint.	6. *Toutefois, le divin Adrien releva même un majeur de vingt-cinq ans, parce qu'après l'adition d'hérédité, des dettes considérables, inconnues à l'époque de cette adition, vinrent à surgir. Mais ce ne fut là, de la part du divin Adrien, qu'une faveur spéciale et individuelle. Depuis, le divin Gordien l'étendit aux militaires seulement. Mais, dans notre bonté, nous avons rendu ce bienfait commun à tous les sujets de notre Empire, et nous avons publié une constitution aussi équitable qu'illustre, telle qu'en observant ses dispositions, il est permis de faire adition et d'être tenu seulement jusqu'à concurrence de la valeur des biens héréditaires. En sorte que par là le secours d'aucune délibération n'est plus nécessaire; à moins que négligeant de suivre les règles de notre constitution, on ne préfère délibérer, et se soumettre aux anciennes charges de l'adition.*

Ce paragraphe est relatif à ce que les commentateurs

---

(1) D. 28. 8. 8. f. Ulp.

ont nommé le *bénéfice d'inventaire*. Nous voyons par le texte comment ce droit spécial a été successivement introduit. En effet, d'après le droit civil, l'héritier qui a fait adition ne peut plus revenir sur cet acte : il est tenu de toutes les dettes et de toutes les charges de la succession, même au-delà des biens qui la composent. Si la succession se trouvait plus onéreuse que lucrative, les mineurs de 25 ans pouvaient bien se faire restituer par les préteurs, mais il n'en était pas de même pour les majeurs de 25 ans. Cependant, sur l'exemple donné par Adrien, les empereurs accordent à quelques uns quelques restitutions exceptionnelles, par rescript individuel, et pour des motifs particuliers tels que la découverte de dettes d'abord cachées. Plus tard, l'empereur Gordien généralise cette faveur pour les militaires, et veut qu'ils ne soient jamais tenus au-delà des forces de la succession; enfin Justinien transforme ce privilége en un droit commun, au profit de tous ceux qui auront eu soin de faire faire un inventaire de toutes les choses composant l'hérédité.

L'inventaire devait être commencé dans les trente jours à partir de la connaissance que l'héritier avait eue de ses droits, et terminé dans soixante autres jours; ou, si les biens étaient trop éloignés, dans l'année à partir de cette connaissance. Il devait être fait en présence du tabellion, des créanciers, des légataires et des tiers intéressés, ou, à leur défaut, de trois témoins.

Les effets principaux de cet inventaire étaient : 1° que l'héritier n'était tenu d'aucune dette ou charge au-delà des forces de la succession; 2° qu'il ne s'opérait pas de confusion entre ses droits et ceux du défunt : ainsi, il conservait contre l'hérédité les actions qu'il avait contre le défunt et réciproquement; 3° qu'il avait le droit de se faire indemniser des frais funéraires, des frais d'inventaire et des autres dépenses nécessaires. — Il payait les créanciers et les légataires dans l'ordre où ils se présentaient, sauf aux derniers venus, pour lesquels il ne restait plus rien, à recourir sur les précédens s'ils avaient sur eux quelques droits de préférence.

Telles sont, en résumé, les dispositions essentielles de la constitution de Justinien, à laquelle le texte nous renvoie (1).

Neque deliberationis auxilium eis fiat necessarium. Justinien n'avait pas abrogé, par le bénéfice d'inventaire, celui de délibérer, mais il ne les avait pas cumulés l'un avec l'autre. C'était aux héritiers à choisir celui dont ils préféraient jouir. S'ils faisaient inventaire, par cela seul ils acceptaient, mais ils n'étaient tenus que jusqu'à concurrence des biens. S'ils demandaient le délai pour délibérer, ils pouvaient, à l'expiration du délai se prononcer pour la renonciation ou pour l'acceptation; mais, en cas d'acceptation, ils étaient tenus des dettes au-delà des biens.

7. Item extraneus heres testamento institutus, aut ab intestato ad legitimam hereditatem vocatus, potest aut pro herede gerendo, aut etiam nuda voluntate suscipiendæ hereditatis, heres fieri. Pro herede autem gerere quis videtur, si rebus hereditariis tanquam heres utatur, aut vendendo res hereditarias, aut prædia colendo locandove, et quoquo modo, si voluntatem suam declaret vel re vel verbis de adeun-

7. *L'héritier externe, institué par testament ou appelé ab intestat à l'hérédité légitime, peut, soit en faisant acte d'héritier, ou même par la seule volonté d'accepter l'hérédité, devenir héritier. Faire acte d'héritier, c'est user des biens héréditaires comme ferait un héritier, par exemple, en les vendant, en cultivant les fonds de terre ou les donnant à bail; en un mot, c'est manifester par ses actes ou par ses*

---

(1) Cod. 6. 30. 22.

da hereditate : *dummodo sciat* eum in cujus bonis pro herede gerit, *testatum intestatumve obiisse, et se ei heredem esse.* Pro herede enim gerere est pro domino gerere; veteres enim heredes pro dominis appellabant. Sicut autem nuda voluntate extraneus heres fit, *ita contraria destinatione statim ab hereditate repellitur.* Eum qui *surdus vel mutus* natus, vel postea factus est, nihil prohibet pro herede gerere et adquirere sibi hereditatem, si tamen intelligit quod agitur.

paroles, la volonté où l'on est de faire adition d'hérédité : pourvu toutefois qu'on sache que celui sur les biens duquel on fait acte d'héritier est mort testat ou intestat et qu'on est son héritier. Car faire acte d'héritier, c'est faire acte de propriétaire ; en effet les anciens employaient le mot heres pour signifier propriétaire. Mais de même que l'externe, par sa seule volonté, devient héritier, de même, par sa volonté contraire, il se trouve à l'instant repoussé de l'hérédité. L'individu sourd ou muet par naissance ou par accident, peut faire acte d'héritier et acquérir l'hérédité; rien ne s'y oppose, pourvu qu'il comprenne ce qu'il fait.

Ce paragraphe traite de l'adition et de la répudiation des successions ; de la forme, du temps et des autres conditions à observer à cet égard.

Le mot *adition*, dont l'étymologie est si expressive (*adire hereditatem*, c'est-à-dire, *ire ad hereditatem*, venir à l'hérédité), est l'expression générale qui désigne l'acceptation de l'hérédité par celui qui y était appelé. L'adition pouvait avoir lieu jadis de trois manières : ou par une déclaration sacramentelle qu'on nommait *crétion*; ou par la manifestation expresse, mais non sacramentelle, soit écrite, soit verbale, de sa volonté d'accepter ; (c'était là ce que, dans un sens plus restreint, on nommait plus particulièrement *adition*); ou enfin par des actes d'héritier qui, par eux seuls, et de fait, indiquaient qu'on avait accepté, puisqu'on agissait comme un héritier (*pro herede gerere*).

La crétion n'avait lieu que lorsque le testateur l'avait imposée lui-même par son testament. Le but était de fixer à l'héritier un terme pour examiner l'hérédité, délibérer et en faire l'adition sacramentelle, faute de quoi, le délai passé, il était déchu. La formule d'une institution faite avec crétion était celle-ci : après l'institution, « *Heres Titius esto* »; on ajoutait : « *Cernitoque in centum diebus* « *proxumis quibus scies poterisque ; quodni ita creveris,* « *exheres esto.* » Le délai de cent jours était le plus usité, cependant le testateur était libre d'en fixer un plus long ou plus court. L'héritier, avant l'expiration du terme, devait accepter en ces mots : « *Quod me Publius Titius* « *testamento suo heredem instituit, eam hereditatem adeo* « *cernoque.* » Tant que le délai n'était pas expiré, eût-il déclaré qu'il ne voulait pas être héritier, il pouvait revenir et faire la crétion, car il n'était déchu que par le terme. La crétion que nous venons de donner en exemple était celle qu'on nommait vulgaire (*cretio vulgaris*), dans laquelle le délai imposé à l'héritier ne devait compter que du jour où il saurait et pourrait « *quibus scies poterisque.* » Mais si le testateur avait supprimé ces mots dans la formule, le délai devait commencer à courir immédiatement après l'ouverture des droits, et la crétion se nommait alors continue (*continua hæc cretio vocatur*). Comme elle était plus sévère, plus dure que l'autre, elle était moins usitée (*quia tamen dura est hæc cretio, altera magis in usu habetur*). Telle était la crétion, mot dont Gaïus nous donne l'étymologie : « *cretio appellata est, quia cernere est quasi decernere et constituere.* » Cette institution, à part la rigueur sacramentelle des termes, n'était pas sans une grande utilité, surtout avant que le préteur eût établi par son édit qu'il donnerait un délai pour délibérer, puisque le testateur, par la crétion, donnaît lui-même ce délai, et empêchait que son hérédité pût rester incertaine. Toutefois, la crétion, encore en pleine vigueur à l'époque de Gaïus et d'Ulpien, dont nous avons tiré ces détails (1), fut supprimée expressément en 407, par une constitution d'Arcadius, Honorius et Théodose, que nous trouvons insérée au Code (2). Il n'en est donc plus question sous Justinien. Les deux autres manières d'accepter sont les seules qui restent; savoir :

Aut pro herede gerendo, en faisant acte d'héritier; ou, selon les autres expressions du texte, *re*, par le fait. Nous avons ici plusieurs exemples de pareils actes ; c'est toujours par l'intention qu'ils manifestent qu'il faut les juger : s'ils indiquent bien la volonté de se porter héritier et d'agir en cette qualité, ils emportent adition ; mais il n'en serait pas ainsi, s'ils n'étaient que le résultat d'une erreur, ou seulement des mesures conservatoires.

Aut etiam nuda voluntate, ou, comme le dit plus bas le texte, *vel verbis* ; c'est-à-dire par la simple déclaration par la seule expression de sa volonté : c'est là ce qu'on nomme l'adition proprement dite. Cette déclaration n'est soumise à aucune forme.

Dummodo sciat testatum intestatumve obiisse et se ei heredem esse : Il n'y a aucune adition valable si elle est faite avant la mort du testateur; ou avant l'accomplissement de la condition lorsqu'il s'agit d'une institution conditionnelle; en effet, les droits ne sont pas même encore ouverts, ils ne peuvent donc pas être acceptés. Il ne suffit pas que les droits de l'héritier soient ouverts par la mort ou par l'accomplissement de la condition, il faut encore que l'héritier en ait la connaissance et la certi-

---

(1) G. 2. § 164 et suiv. — (2) Ulp. Reg. 22. 27 et suiv.

tude, si non, que signifierait de sa part une adition faite dans l'ignorance ou dans le doute de son droit? — Il faut de plus qu'il sache qu'il est héritier; car les actes qu'il ferait ignorant cette qualité, et agissant, par exemple, comme mandataire ou comme gérant d'affaires, ne sauraient emporter adition de sa part; — qu'il sache s'il l'est par testament ou *ab intestat*; autrement ne connaissant pas la nature de l'hérédité, il ne saurait pas ce qu'il accepte : l'adition qu'il ferait pour l'une, il ne la ferait pas peut-être pour l'autre; — et enfin, par la même raison, qu'il sache en vertu de quel testament; mais il n'est pas nécessaire que l'ouverture des tables du testament ait déjà eu lieu (1). — Telles sont les conditions pour la validité de l'adition : hors de là, l'adition serait un acte entièrement nul et non avenu (2).

Dans le cas particulier où il s'agissait de l'hérédité d'un citoyen mort victime d'un meurtre, les tables du testament ne pouvaient être ouvertes, l'adition elle-même ne pouvait être faite, avant qu'il eût été procédé à la question des esclaves du défunt, selon ce qu'ordonnait le sénatus-consulte Silanien; de peur que l'héritier ne contribuât, par intérêt, à céler le crime des esclaves (3).

Ita contraria destinatione statim ab hereditate repellitur. La répudiation de l'hérédité, de même que l'adition, peut avoir lieu soit par déclaration formelle, soit par des actes qui en indiquent suffisamment la volonté : « *Recu-« sari hereditas non tantum verbis, sed etiam re potest, et alio quovis indicio voluntatis* », nous dit Paul dans ses sentences, et nous trouvons ce passage reproduit au di-

---

(1) Cod. 6. 61. 1. § 1. — (2) Voir, sur tous ces points, D. 29. 2. 19, 22 32, pr. et § 42, 43, 51 pr., et 84. — (3) D. 29. 5. 3. § 18 et 29.

geste (1). — Elle ne le peut que dans les mêmes circonstances où l'adition le pourrait aussi : « *si in ea causa erat* « *hereditas, ut et adiri posset* ». (2). — Comme l'adition, elle est irrévocable : celui qui a répudié ne peut plus revenir sur sa détermination, à moins qu'il ne soit dans le cas d'obtenir une *restitutio in integrum* (3); mais rien ne l'empêcherait, si l'hérédité qu'il a répudiée lui était déférée à un autre titre, de l'accepter, par exemple comme substitué; ou comme héritier *ab intestat* (4).

Qui surdus vel mutus : Il faut examiner ici quelles sont les personnes qui peuvent ou non accepter ou répudier une hérédité. Nous avons déjà traité ce sujet à l'égard du pupille, tom. 1 pag. 517. Nous avons vu que l'adition et la répudiation étaient au nombre de ces actes qui ne pouvaient être faits par procureur : la personne intéressée devait agir elle-même. Il résultait de là que ni le pupille *infans*, ni l'individu en démence ne pouvaient accepter l'hérédité qui leur était déférée : ni leur tuteur, ni leur curateur pour eux. Cependant Théodose et Valentinien le permirent au tuteur pour le pupille *infans* (5); et Justinien, résolvant les doutes quant au fou, permit à son curateur de demander pour lui la possession des biens (6). Le pupille au dessus de l'enfance pouvait accepter avec l'autorisation de son tuteur (7). Le prodigue interdit le

---

(1) Paul. sent. 3. 4. 1.—D. 29. 2. 95. — (2) D. 29. 2. 13. f. Ulp. — (3) Cod. 6. 31. 4. — (4) D. 29. 2. 76. § 1. — 17. f. Ulp. Il est à remarquer que, d'après ce fragment d'Ulpien, la renonciation faite comme institué n'emporte pas renonciation comme légitime; mais la renonciation faite comme légitime, sachant qu'on est institué, emporte renonciation en ces deux qualités; car renoncer à l'hérédité légitime, qui ne vient qu'à défaut de l'autre, c'est supposer en quelque sorte qu'on a tacitement et préalablement renoncé à l'hérédité testamentaire qui la précède. — (5) Cod. 6. 30. 18. § 2. — (6) Cod. 5. 70. 7. § 3. — (7) D. 29. 2. 9. f. Paul.

pouvait par sa seule volonté (1); le sourd-muet, en gérant comme héritier, pourvu qu'il eût l'intelligence de son droit et de ses actes. Les mineurs de vingt-cinq ans pouvaient obtenir la *restitutio in integrum* contre leur acceptation; quant à ceux qui étaient au pouvoir d'autrui, ils ne pouvaient faire adition qu'avec le consentement et par ordre du chef. Il était permis au chef de faire lui-même adition pour son fils de famille *infans* (2). — Il est bien entendu, du reste, que tout ce que nous venons de dire de l'adition, s'applique également à la répudiation.

ACTIONS RELATIVES AUX HÉRÉDITÉS TESTAMENTAIRES. En tête de ces actions se placent l'action en pétition d'hérédité (*hereditatis petitio*), et l'action en partage (*familiæ erciscundæ*), qui s'appliquent, non seulement aux hérédités testamentaires, mais à toutes.

La pétition d'hérédité (*hereditatis petitio*) est donnée à celui qui se prétend héritier, soit par lui-même, soit par autrui, pour poursuivre et vendiquer son droit héréditaire dans les mains de ceux qui détiennent au préjudice de son droit, soit l'hérédité, soit une partie ou une chose quelconque de cette hérédité. Cette action est réelle, mais elle peut entraîner, en outre, des condamnations personnelles. Ce n'est jamais un objet, une chose en particulier, qu'elle a pour but de vendiquer, c'est le droit d'hérédité lui-même. Le demandeur soutient qu'il est héritier, en totalité ou pour partie, peu importe, et ce n'est que comme conséquence de cette qualité d'héritier qu'il réclame la restitution des choses héréditaires. Il suit de là que la pétition d'hérédité ne peut pas être exercée contre tout détenteur, mais seulement contre ceux dont le titre de possession constitue une dénégation, un empiètement

---

(1) D. 29. 2. 5. § 1. — (2) Cod. 6. 30. 18.

du droit héréditaire du réclamant. Ainsi elle est donnée contre tous ceux qui possèdent *pro herede*, c'est-à-dire comme étant eux-mêmes héritiers à un titre quelconque, soit par la loi, par testament, fidéicommis ou possession des biens; elle est donnée aussi contre ceux qui possèdent *pro possessore*, c'est-à-dire sans aucun titre que le fait de leur possession sans invoquer aucun droit, et qui, interrogés sur ce point, répondent, *possideo quia possideo*; mais ceux qui possèdent la chose comme leur ayant été donnée, léguée, vendue (*pro donato*, *pro legato*, *pro empto*), ou à tout autre titre singulier, ceux-là ne contestent en rien la qualité d'héritier du réclamant, ne prétendent à aucun empiétement sur cette qualité; ce n'est donc pas par la pétition d'hérédité, mais par des actions particulières selon le cas, que l'héritier peut réclamer, s'il y a lieu, les choses qu'ils possèdent. L'action en pétition d'hérédité ne s'éteint que par la prescription de trente ans (1).

L'action *familiæ erciscundæ* a pour but de faire opérer le partage de l'hérédité; elle est donnée à l'héritier contre son cohéritier; elle n'a lieu qu'après l'adition; entre ceux qui ne se contestent pas la qualité d'héritier; car si cette contestation était élevée, il faudrait d'abord la faire vider par la pétition d'hérédité. Elle n'est applicable qu'à l'universalité de la succession et non à des objets particuliers. L'office du juge est d'adjuger à chacun sa part héréditaire, et de condamner, de plus, s'il y a lieu, les héritiers à certaines prestations personnelles les uns envers les autres. L'action *familiæ erciscundæ* est imprescriptible en ce sens que tant que les cohéritiers restent dans l'indivi-

---

(1) D. 5. 3. — C. 5. 31.

sion, elle peut être intentée pour faire cesser cette indivision, si long-temps qu'elle ait duré; mais, à l'égard de ceux qui ont possédé séparément certaines parts héréditaires, comme par un partage de fait, l'action *familiæ erciscundæ*, pour faire opérer un partage de droit, est prescrite par trente ans (1).

A ces actions, générales pour toutes les hérédités tant légitimes que testamentaires, il faut joindre les actions spéciales au cas d'hérédité testamentaire, savoir : l'action contre le testament inofficieux (*querela inofficiosi testamenti*), qui est une sorte particulière de pétition d'hérédité *ab intestat* contre ceux qui ont été inofficieusement institués; l'action en complément de la légitime; et l'action contre les donations inofficieuses (*querela inofficiosæ donationis*), dont nous avons suffisamment parlé ci-dessus.

RÉSUMÉ.

Les successions par universalité avaient lieu, non seulement pour les morts, mais encore, dans plusieurs cas, pour les vivans. Ces dernières sont supprimées sous la législation des Instituts; il ne reste plus que les premières, c'est-à-dire les *hérédités*.

Le mot *hérédité* a deux sens : il signifie ou la succession à l'universalité des biens et des droits d'un individu décédé, ou cette universalité elle-même, l'ensemble du patrimoine, nommé autrefois *familia*.

Tant que personne n'a recueilli l'hérédité, elle soutient et continue elle-même la personne du défunt.

L'hérédité est déférée par testament ou par la loi; celle-ci ne vient qu'à défaut de l'autre; elles s'excluent absolument : de telle

---

(1) D. 10. 2. — Cod. 3. 36 et 38.

sorte, qu'en règle générale, nul ne peut être partie testat et partie intestat.

Les anciens Romains ont eu deux sortes de testamens: l'un fait dans la paix et le repos, au sein des comices spéciales, nommées *calata comitia*; d'où est venu pour ce testament le nom de *testamentum calatis comitiis*; l'autre, fait au moment d'aller au combat, devant l'armée équipée et sous les armes (*in procinctu*); à ces deux formes primitives de tester s'en joignit une troisième, le testament *per æs et libram*, par lequel l'hérédité, considérée comme *res mancipi*, était vendue en masse par le testateur, avec les formalités de la mancipation, à un acheteur (*familiæ emptor*) qui, dans le principe, était le futur héritier lui-même, et qui, plus tard, ne fut plus qu'un tiers intervenant par pure formalité, *propter veteris juris imitationem*. Dès lors, le testment *per æs et libram* se composa de deux formalités distinctes: la mancipation de l'hérédité (*familiæ mancipatio*), et la nuncupation du testament (*nuncupatio testamenti*), ou déclaration formelle que faisait le testateur de ses volontés.

Le droit prétorien supprima la nécessité de la mancipation; mais il exigea l'apposition des cachets de sept témoins. Les empereurs ajoutèrent à cette formalité celle de la *subscription*, c'est-à-dire de la signature intérieure du testateur et des témoins. Et alors, de la fusion du droit civil avec le droit prétorien et avec le droit impérial, naquit la forme de testament en usage sous Justinien, nommé par les commentateurs *testamentum tripartitum*, parce qu'il dérive d'une triple source; testament qui doit être fait d'un seul contexte, avec l'assistance de sept témoins spécialement convoqués, leur subscription ou signature intérieure et celle du testateur, et enfin leurs cachets.

Parmi les témoins ne peuvent figurer: les femmes, les impubères, les esclaves, les insensés, les sourds, les muets, les prodigues interdits, les personnes déclarées improbes et indignes de tester, les individus membres de la famille du testateur ou de l'héritier, ni l'héritier lui-même, quoiqu'il le pût, selon le droit civil, dans le testament *per æs et libram*, à l'époque où le *familiæ emptor* n'était qu'un tiers intervenant. Mais les légataires, les fidéicommissaires et les membres de leur famille peuvent être témoins. Du reste, les conditions de capacité ne doivent être considérées, dans les témoins, qu'au moment de la confection du testament.

Nul, en général, ne peut avoir plus d'un testament ; mais le même peut être fait en plusieurs exemplaires originaux.

Il n'est pas indispensable que le testament soit fait par écrit. S'il est fait par une simple nuncupation verbale, en présence du nombre de témoins voulu, il est valable.

Les militaires ont obtenu des constitutions impériales plusieurs priviléges importans quant à leurs testamens, soit pour leur propre capacité de tester, soit pour la capacité de ceux à qui ils veulent laisser leurs biens, soit pour la forme de l'acte, soit pour l'étendue et la forme de leurs dispositions. Quant à la forme, la règle est que leur volonté, de quelque manière qu'elle soit prouvée, pourvu qu'elle le soit et qu'elle ait été sérieuse de leur part, suffit pour constituer un testament valable. Mais ces priviléges n'existent qu'autant qu'ils sont militaires, dans les camps et en expédition. Après le congé, le testament militaire ne conserve sa validité que pendant un an.

Il existe encore quelques autres testamens dispensés des formes ordinaires, à cause de certaines circonstances exceptionnelles.

Pour tester, il faut avoir la *faction de testament*. Cette expression, dans l'origine, signifiait le pouvoir de concourir à la confection d'un testament, soit comme testateur, soit comme *familiæ emptor*, soit comme témoin. Mais dès le temps de Gaïus et d'Ulpien, le sens en était modifié; elle signifiait deux choses : 1° la capacité de faire un testament; 2° celle de recevoir et d'acquérir pour soi ou pour autrui, par le testament d'un autre.

La faction de testament dans la personne du testateur se compose du droit d'avoir un testament et de la capacité d'exercer ce droit. Il y a à cet égard deux époques à considérer : celle de la confection du testament et celle de la mort; plus, le temps intermédiaire. La capacité d'exercer le droit n'est exigée qu'à la première de ces époques; mais le droit en lui-même l'est aux deux époques, et même dans le temps intermédiaire, depuis le testament jusqu'à la mort, sans interruption, sauf les adoucissemens apportés par le droit prétorien à cette rigueur de principes.

La faction de testament n'était pas de droit privé, mais de droit public : il fallait l'avoir reçue de la loi.

Les esclaves, les captifs chez l'ennemi, les *peregrini*, les individus dont l'état était incertain et douteux, ceux déclarés *intestabiles*, enfin les fils de famille, ne l'avaient pas.

Toutefois, à l'égard du captif chez l'ennemi, le testament fait en captivité était bien nul, quelque chose qu'il arrivât; mais quant au testament fait en captivité, il était valable : soit en cas de retour dans la cité, par l'effet de *postliminium*; soit en cas de mort chez l'ennemi, par l'effet de la loi *Cornelia*.

A l'égard des fils de famille, il leur fut permis de tester : d'abord sur leur pécule-castrans, et ensuite sur leur pécule quasi-castrans.

Les impubères, les insensés, les prodigues interdits, les sourds et muets sans moyen de manifester leur volonté, étaient privés, non pas du droit d'avoir un testament, mais de la capacité de le faire. Les aveugles ne pouvaient tester qu'avec les formalités prescrites par l'empereur Justinien.

Malgré la latitude que le droit primitif laissait au chef de famille sur la disposition testamentaire de ses biens, il fut obligé tant par interprétation que par l'autorité des préteurs et des empereurs, à instituer ou à exhéréder formellement les individus qui, placés sous sa puissance, devaient être ses héritiers, d'après la loi.

L'exhérédation se faisait de deux manières : ou nominativement (*nominatim*) : *Titius filius meus exheres esto*; ou collectivement (*inter ceteros*) : *ceteri exheredes sunto*. Du reste, pour qu'il pût y avoir lieu à exhéréder un individu, il fallait, de toute nécessité, qu'il fût héritier sien; car, pour le repousser de l'hérédité (*exheredare*), il fallait qu'il y fût appelé.

D'après le droit civil, les enfans soumis à la puissance immédiate du chef, étant seuls héritiers siens, eux seuls devaient être exhérédés : à leur égard, il existait une différence entre les fils mâles, au premier degré, et les filles, petites-filles ou autres : les premiers devaient être exhérédés nominativement, et leur omission rendait le testament nul dès son origine; les autres pouvaient être exhérédés en masse (*inter ceteros*), et, en cas d'omission, ils avaient seulement droit de venir en concours, pour une certaine part, avec les héritiers institués.

Les posthumes, étant des personnes incertaines, ne pouvaient, d'après le droit civil, ni être institués ni être exhérédés à l'avance : leur naissance, quand ils étaient héritiers siens, devait nécessairement rompre le testament antérieur. Pour prévenir cette rupture, l'usage permit au chef de famille d'instituer ou d'exhéréder les posthumes siens. Les mâles devaient être exhérédés nominativement, c'est-à-dire par désignation spéciale de la classe des posthumes mâles; quant aux femmes, elles se trouvaient comprises dans l'exhérédation collective, *ceteri exheredes sunto*, pourvu que le testateur eût indiqué, en leur laissant un legs, si petit qu'il fût, qu'il les avait bien eues en vue et les avait comprises dans cette exhérédation générale.

La loi *Junia Velleia* étendit cette permission à l'égard des enfans qui pourraient naître avant la mort du testateur, mais après la confection du testament; elle permit aussi d'exhéréder à l'avance ceux qui, déjà nés au moment du testament, mais étant précédés dans la famille par leur père, n'étaient pas héritiers siens à cette époque, mais pouvaient le devenir par la suite, si leur père venait à mourir ou à sortir de la famille. Les enfans auxquels se rapportait cette loi ont été désignés sous le nom de *quasi-posthumes velléiens*.

L'omission d'un posthume ou d'un quasi-posthume ne rendait pas le testament nul dès son principe; mais il était rompu à l'époque de leur agnation ou quasi-agnation.

Le droit prétorien, ayant appelé les enfans émancipés à la possession des biens au rang des héritiers, imposa la nécessité de les instituer ou de les exhéréder; sinon il leur donnait la possession des biens contre les tables du testament.

A l'égard des enfans adoptifs, tant qu'ils étaient dans la famille adoptive, le père adoptant seul était obligé de les instituer ou de les exhéréder; mais s'ils étaient émancipés du vivant de leur père naturel, par leur père adoptant, quoique, selon le droit civil, aucun ne fût plus obligé de les instituer ni de les exhéréder, le préteur les appelant à la possession des biens dans la succession du père naturel, imposait à celui-ci la même obligation à leur égard qu'à l'égard des enfans qu'il aurait émancipés lui-même.

Justinien supprime toute différence entre les fils, d'un côté, et les filles ou petites-filles, de l'autre; et, à l'égard des posthumes, entre ceux du sexe masculin et ceux du sexe féminin. L'exhérédation doit être faite nominativement pour tous, sans distinction; et leur omission entraîne toujours la nullité ou la rupture entière du testament. Il confirme le droit prétorien à l'égard des enfans émancipés. Quant aux enfans adoptifs, il renvoie au droit nouveau qu'il a établi sur l'adoption qui, d'après ce droit, ne détruit plus la puissance paternelle du père naturel, et ne donne que des droits ab intestat sur la succession du père adoptif, à moins que l'adoption n'ait été faite par un ascendant.

L'institution d'héritier est la désignation de celui ou de ceux que le testateur veut pour héritiers; elle est comme la tête et le fondement de tout le testament; si l'institution tombe, toutes les autres dispositions tombent également. Jadis elle devait être placée nécessairement en tête du testament d'après Justinien; peu importe sa place, pourvu qu'elle y soit. Elle devait aussi être faite en termes solennels, conçus impérativement dans le style de la loi: cette solennité de termes a été supprimée par Constantin II.

Peuvent être institués héritiers ceux qui ont faction de testament avec le testateur. Parmi les personnes privées de cette faction de testament, soit en totalité, soit en partie, se trouvaient les déditices, les Latins juniens, les femmes, les célibataires, les individus sans enfant, les personnes incertaines, et par conséquent les posthumes, à l'exception des posthumes siens; il n'est plus question, sous Justinien, d'aucune de ces incapacités. Mais les *peregrini*, les déportés, les apostats, les hérétiques, ne peuvent encore être institués; et il existe, en outre, quelques causes d'incapacité relative, à l'égard des enfans incestueux, du second conjoint, et des enfans naturels.

A part ces divers cas, tous les Romains, et leurs esclaves pour eux, ont faction de testament. Quant aux esclaves, on peut instituer les siens propres, comme ceux d'autrui. Pour les siens propres, il fallait autrefois, d'après certains jurisconsultes, les affranchir expressément par le même testament; Justinien supprime cette controverse: l'institution suppose de plein droit l'affranchissement. Il faut distinguer, à leur égard, s'ils sont ou s'ils ne sont pas restés en la même situation, c'est-à-dire au pouvoir du testateur: tant qu'ils y restent, la validité de leur institution dépend essentiellement de celle de l'affranchissement exprès ou tacite qui y est joint; et le testateur venant à mourir, ils deviennent à la fois, en vertu du testament, libres et héritiers nécessaires. Mais s'ils changent de condition, c'est-à-dire s'ils sont affranchis ou aliénés du vivant du testateur, il en est dès lors de leur institution comme s'il s'agissait de celle des esclaves d'autrui. A l'égard de ceux-ci, on peut les instituer si l'on a faction avec leur maître; même lorsqu'ils appartiennent à une hérédité vacante, parce que l'hérédité, tant qu'elle n'est pas recueillie, représente le défunt. L'hérédité n'est pas acquise de plein droit et forcément par les esclaves ainsi institués; elle ne l'est que volontairement, par l'adition et seulement au moment de l'adition, pour eux-mêmes, s'ils sont libres à cette époque; sinon pour le maître qu'ils ont alors et par l'ordre duquel l'adition est faite; car l'institution posée sur la tête d'un esclave, le suit de main en main et se promène avec le domaine, jusqu'à l'adition. S'il a plusieurs maîtres, il acquiert l'hérédité proportionnellement à chacun de ceux pour lesquels l'adition est faite.

Nous verrons plus tard à quelles époques les conditions de capacité doivent exister chez les institués.

On peut instituer un seul ou plusieurs héritiers; mais seul ou à eux tous, il faut qu'ils aient toute l'hérédité et rien que l'hérédité. En conséquence, si la distribution de parts faite par le testateur ne complète pas ou excède l'hérédité, elles doivent être augmentées ou réduites proportionnellement.

Les Romains avaient imaginé à cet égard un système ingénieux qui consistait à attribuer à chaque héritier, quel que fût leur nombre, une quotité quelconque de parts, au gré du testateur : la valeur de chacune de ces parts était déterminée ensuite par leur nombre total, de sorte qu'en somme elles ne faisaient jamais ni plus ni moins que l'hérédité. Cependant un usage tiré du système métrique d'alors faisait opérer communément cette division en douze parts nommées *onces*; car on considérait l'hérédité comme un *as*, c'est-à-dire comme un entier quelconque qu'il s'agissait de peser, de distribuer par poids entre les héritiers. Du reste, ce n'était qu'un usage et non pas une loi, le testateur étant toujours maître de diviser son hérédité en autant d'onces qu'il voulait. Mais, s'il avait laissé un ou plusieurs héritiers sans parts, alors l'usage devenait règle; il était censé nécessairement avoir suivi la division commune de l'*as*, en douze onces par simple pesée, en vingt-quatre onces par double pesée (*dupondio*), en trente-six par triple pesée (*tripondio*), ou ainsi de suite, selon le nombre de parts déjà indiquées par lui; et celui ou ceux qui étaient institués sans parts indiquées prenaient toutes celles qui restaient pour compléter les douze, les vingt-quatre ou les trente-six dont l'hérédité devait se composer.

L'institution peut être faite purement et simplement ou sous condition; elle ne peut pas l'être à partir d'un terme fixe ni jusqu'à un terme fixe; mais elle peut l'être à partir d'un terme incertain, car dans les testamens le terme incertain fait condition. Les termes fixes ou les conditions impossibles ou contraires aux lois, mis dans une institution, ne la rendent pas nulle; mais ils sont considérés comme non avenus, et l'institution comme pure et simple. Dans le cas d'institution conditionnelle, l'accomplissement de la condition n'a pas un effet rétroactif, en ce sens que le droit de l'institué conditionnel soit censé ouvert du jour du décès du testateur : il ne s'ouvre que du moment de cet accomplissement et se règle par les conditions de capacité à cette époque.

Les substitutions dont le nom vient de *sub-instituere*, instituer au dessous, ne sont toutes que des institutions conditionnelles.

placées secondairement sous une institution principale ; elles avaient toutes pour effet de prévenir certaines chances de mourir intestat. On en distinguait de deux sortes : la *vulgaire*, la *pupillaire*; Justinien en a ajouté une troisième : la *quasi-pupillaire* ou *exemplaire*.

La substitution vulgaire, ainsi nommée parce qu'elle était la plus commune, n'est qu'une institution conditionnelle pour le cas où les premiers institués ne seraient pas héritiers, soit par refus, soit par incapacité. On peut pousser cette substitution en autant de degrés qu'on veut; substituer plusieurs à un seul, ou un seul à plusieurs, ou un tel à tel autre, ou même les institués entre eux. Dans ce dernier cas, ceux qui sont héritiers recueillent la part de ceux qui ne le sont pas, non par droit d'accroissement, mais par droit de substitution; non en exécution de leur première adition, mais par une adition nouvelle; non forcément, mais volontairement. Du reste, à moins de disposition contraire, ils ont dans la substitution les mêmes parts que dans l'institution. Celui qui est substitué à un substitué est censé l'être également et tacitement à l'institué lui-même, sans distinguer si ce sont les droits de cet institué ou de son substitué immédiat qui sont devenus caducs les premiers.

La substitution vulgaire s'évanouit par les mêmes causes générales qui font évanouir toute institution, et, en outre, si la condition sous laquelle elle est faite vient à défaillir, c'est-à-dire si l'institué devient héritier. En sens inverse, elle s'ouvre lorsque, après l'ouverture de la succession, il est devenu certain que l'institué n'est pas héritier.

La substitution pupillaire est l'institution d'un héritier faite par le chef de famille dans son propre testament, pour l'hérédité du fils impubère soumis à sa puissance, en cas que ce fils, lui survivant, meure impubère. C'est, à proprement parler, le testament du fils fait par le chef, en accessoire du sien. Le même individu peut être substitué au fils, à la fois vulgairement et pupillairement : et même, à moins de déclaration contraire, une de ces substitutions entraîne toujours l'autre.

On peut substituer aux enfans, aux petits-enfans qu'on a sous sa puissance immédiate, et il faut que cette puissance existe au moment de la substitution et au décès; à ceux qu'on a exhérédés comme à ceux qu'on a institués; aux posthumes, dans le cas où, en les supposant nés au décès du testateur, ils seraient nés sous sa puissance immédiate, et aux quasi-posthumes. Pour les impubères adrogés, l'adrogeant donne caution au substitué de lui rendre les biens de l'adrogé, s'il meurt avant la puberté; et la substitution pupillaire que l'adrogeant aurait faite lui-même ne portera que sur les biens qui proviendront de lui. La substitution peut être faite, soit à chacun des enfans, soit au dernier mourant impubère.

Le père peut substituer pupillairement tous ceux qu'il peut instituer pour lui-même; et, s'ils ont la qualité d'héritiers nécessaires à son égard, ils l'auront aussi à l'égard du fils. Il peut substituer tous autres que ses héritiers; ou bien ses héritiers, soit nommément, soit généralement: dans ce dernier cas sont appelés ceux qui auront été à la fois et inscrits et héritiers.

La substitution pupillaire peut être faite, soit dans le même testament que l'institution, soit dans un testament postérieur et séparé; mais elle est toujours l'accessoire du testament paternel, et s'il tombe, elle tombe aussi. Cependant le moindre effet conservé au testament, soit par le droit strict, soit par le droit prétorien, suffit pour maintenir la substitution.

La substitution s'évanouit si la condition vient à défaillir, c'est-à-dire si l'enfant arrive à la puberté: plusieurs autres causes, soit particulières, soit générales à toutes les institutions, la font également évanouir.

Lorsqu'elle s'accomplit et produit ses effets, elle embrasse tous les biens qui composent l'hérédité de l'impubère; le testateur ne pourrait pas lui-même en excepter une partie.

Le privilége militaire produit plusieurs exceptions à ces règles, en faveur des militaires.

On peut obtenir par rescript du prince l'autorisation de substituer même à son fils pubère, que l'état de sourd et muet, de folie, ou toute autre cause, empêche de pouvoir faire lui-même son testament.

Justinien, généralisant cette autorisation, en a tiré, pour le cas de folie, une substitution particulière, nommée par les commentateurs *exemplaire* ou *quasi-pupillaire*, qui diffère de la substitution pupillaire, notamment 1° en ce que tous les ascendans ont la faculté de la faire, soit qu'ils aient, soit qu'ils n'aient pas la puissance paternelle; 2° en ce qu'il ne leur est permis d'appeler, par cette substitution, à l'hérédité de l'insensé, que certaines personnes désignées en première ligne par la loi.

Le testament est *injustum, non jure factum, imperfectum*, lorsqu'il n'a pas été fait selon le droit, et qu'on a négligé dans sa conféction une des règles indispensables à sa validité : dès-lors il est nul dès son principe (*nullum ab initio; nullius momenti; inutile*.)

Le testament, quoique valable dans le principe, est rompu, *ruptum*, lorsqu'il est cassé, révoqué par l'agnation ou quasi-agnation postérieure d'un héritier sien, ou par un testament postérieur. La rupture par l'agnation ou quasi-agnation peut, dans certains cas, être évitée, d'après les règles exposées sur l'institution et l'exhérédation. Il n'est pas indispensable pour révoquer, pour rompre un testament, d'en faire un autre : la lacération, la destruction volontaire de l'acte lui-même emporterait suffisante révocation. D'après une révocation de Théodose, les testamens ne devraient même plus être valables après dix ans de date; mais Justinien exige, en outre, que leur révocation soit déclarée par acte authentique ou devant trois témoins.

Le testament est *irritum*, lorsque, régulier et valable par lui-même, il devient néanmoins inutile, parce que le testateur a changé de personne, d'état et de capacité. Toutes les diminutions de tête produisaient cet effet, sauf les priviléges provenant de l'état militaire.

Les testamens, quoique rompus (*rupta*) ou devenus inutiles (*irrita*) selon le droit rigoureux, pouvaient néanmoins conserver leur effet dans le droit prétorien, et servir à obtenir la possession des biens *secundum tabulas*, parce que le préteur ne considérait, pour la validité, que deux époques : celle de la conféction du testament et celle du décès, sans avoir égard au temps intermédiaire. De sorte que, si la rupture ou si la diminution de tête survenue dans le temps intermédiaire, était réparée avant le décès, il rendait au testament son effet prétorien.

Le testament inofficieux est celui qui est contraire aux devoirs de la piété entre parens (*quod non ex officio pietatis videtur esse conscriptum*). Quoique valable selon le droit rigoureux, l'usage s'est introduit d'en faire prononcer la nullité, comme ne pouvant pas être le résultat d'une volonté réfléchie et raisonnable.

L'action d'inofficiosité est ouverte, en cas d'exhérédation ou d'omission faite sans justes motifs : aux enfans, aux ascendans et aux frères et sœurs : bien entendu dans l'ordre où ils auraient été appelés à l'hérédité *ab intestat;* mais aux frères et sœurs, seulement dans le cas où le testateur les aurait exclus pour instituer des personnes viles. Les causes qui pouvaient justifier l'exhérédation ou l'omission étaient laissées à l'appréciation du juge : Justinien les a fixées et déterminées par une novelle.

Si le testateur avait laissé à son héritier du sang une part suffisante de ses biens, par legs, fidéicommis ou autrement, le testament cessait de pouvoir être considéré comme inofficieux. La quotité de cette part n'était pas déterminée dans le principe; mais après la loi Falcidie, soit par le texte même, soit par extension de cette loi, elle fut fixée au quart. Ce fut là ce qu'on nomma la portion due par les lois, la portion légitime, ou simplement, dans le langage des commentateurs, la légitime. Cette quotité a été augmentée par une novelle de Justinien.

La part légitime se calcule sur la masse des biens existans au jour du décès, y compris les legs, fidéicommis et donations à cause de mort; mais déduction faite des frais funéraires, des dettes et des affranchissemens. Les donations entre-vifs ne sont pas comprises dans la masse. Tout ce que l'héritier du sang a reçu par disposition testamentaire ou à cause de mort, est imputé sur la légitime : à l'égard des donations entre-vifs, l'imputation n'a lieu que pour certaines d'entre elles.

Il fallait nécessairement que le testateur eût laissé complètement la part légitime, ou, du moins, qu'il eût ordonné formellement qu'en cas d'insuffisance on la compléterait : Justinien supprime la nécessité de cette déclaration formelle. De telle sorte que si le testateur n'a rien laissé à l'héritier du sang, celui-ci aura l'action d'inofficiosité pour faire annuler le testament en entier; mais s'il lui a été laissé quelque chose, si peu que ce soit, il n'aura que l'action en complément de sa part légitime.

Dans le cas d'annulation pour cause d'inofficiosité, toutes les dispositions du testament tombaient et l'hérédité ab intestat était ouverte. D'après une novelle de Justinien, l'institution seule tombera; mais, les legs, les fidéicommis, les affranchissemens devront conserver leur effet.

L'action pour cause d'inofficiosité était éteinte par l'approbation donnée directement ou indirectement au testament; par la prescription, qui était anciennement de deux ans, et plus tard de cinq; et par la mort de l'héritier du sang survenue avant qu'il eût intenté ou du moins préparé son action. Ces causes de déchéance ne s'appliquaient pas à l'action en complément de la portion légitime.

On distingue trois classes d'héritiers, à l'égard desquels les règles sur l'acquisition ou l'omission des hérédités sont essentiellement différentes.

1° Les héritiers *nécessaires*, savoir : les esclaves du testateur, institués par lui et restés dans la même condition; pour eux l'acquisition de l'hérédité a lieu forcément et de plein droit. Ils ne peuvent la répudier; seulement le préteur leur permet de profiter du bénéfice de séparation des biens, qu'il accorde à certaines personnes. En vertu de ce bénéfice, l'esclave héritier nécessaire, quoique soumis à l'action des créanciers du défunt, ne pourra l'être que sur les biens de l'hérédité.

2° Les héritiers *siens et nécessaires*, savoir : les enfans soumis à la puissance du défunt, devenus ses héritiers soit par leur rang *ab intestat*, soit par l'institution qu'il en a faite. On les nomme héritiers *siens*, parce qu'étant copropriétaires dans les biens de la famille, ils sont en quelque sorte leurs propres héritiers à eux-mêmes (*sui heredes*). Pour eux l'acquisition a lieu également de plein droit et forcément. Ils ne peuvent répudier, mais le préteur leur permet de s'abstenir. Moyennant cette abstension, bien qu'ils restent héritiers selon le droit strict, les créanciers ne pourront exercer contre eux aucune action, et les biens du défunt seront vendus, comme s'il n'y avait aucun héritier.

Il suit de là qu'à l'égard des héritiers *nécessaires* et des héritiers *siens et nécessaires*, il n'y a jamais *adition d'hérédité*. — Mais seulement à l'égard de ces derniers, il peut y avoir *immision*, c'est-à-dire acte par lequel, s'immisçant dans l'hérédité, ils renoncent à la faculté qu'ils avaient de s'abstenir, et par là, s'engagent envers les créanciers.

3° Les héritiers *externes*, qui sont libres d'accepter ou de répudier l'hérédité. A leur égard, quant à leur capacité et à la nature de leurs droits, il faut distinguer trois époques : 1° celle de la confection du testament : leur droit commence en espérance seulement ; 2° celle du décès, ou de l'accomplissement de la condition si l'institution est conditionnelle : leur droit s'ouvre, mais il n'est pas encore acquis ; 3° celle de l'adition de l'hérédité : leur droit est acquis. La capacité des héritiers externes doit exister à chacune de ces trois époques. Durant le premier intervalle, peu importe qu'ils perdent cette capacité, pourvu qu'ils la recouvrent avant le décès du testateur et avant l'accomplissement de la condition ; mais après cette seconde époque, leur capacité doit continuer sans interruption jusqu'à l'adition, car leur droit étant ouvert, s'ils deviennent incapables, ils le perdent irrévocablement. Ainsi lorsque l'institué meurt ou cesse d'être citoyen après l'ouverture de l'hérédité, mais avant d'avoir fait adition, il ne transmet pas son droit à ses héritiers, parce qu'il ne l'avait pas encore acquis. Tel était le droit rigoureux ; cependant nous verrons qu'il avait reçu quelques adoucissemens.

Le mot *adition* vient de *adire hereditatem*, c'est-à-dire, *ire ad hereditatem*, venir à l'hérédité. Anciennement l'adition pouvait avoir lieu de trois manières : 1° par la *crétion*, sorte de déclaration qui devait être faite en termes sacramentels, dans le délai fixé par le testateur, mais seulement lorsque ce testateur l'avait formellement imposée. Cette crétion n'existe plus depuis les empereurs Arcadius, Honorius et Théodose. 2° Par l'adition proprement dite, c'est-à-dire par la déclaration expresse, faite soit verbalement soit par écrit, mais sans aucune nécessité de termes sacramentels, qu'on accepte l'hérédité ; 3° par des actes d'héritier (*pro herede gerendo*), c'est-à-dire en s'immisçant dans les affaires de l'hérédité et en y faisant des actes qu'on n'a pu faire qu'en qualité d'héritier et qui manifestent l'intention de prendre cette qualité.

Pour que l'adition soit valable, il faut nécessairement que l'hérédité soit ouverte par le décès ou par l'accomplissement de la condition ; que cette ouverture soit à la connaissance de celui qui fait adition ; qu'il sache de plus s'il succède *ab intestat* ou par testament, et, dans ce cas, par quel testament.

Les mêmes règles s'appliquent à la répudiation qui, de même que l'adition, peut avoir lieu soit par une déclaration expresse, soit par des actes.

D'après le droit civil, aucun délai n'était fixé à l'institué pour accepter ou répudier ; mais sur les poursuites des créanciers, des légataires ou de tous autres intéressés, il était contraint de se prononcer. Le préteur établit par son édit que, sur ces poursuites, il lui donnerait un délai pour délibérer. Ce délai pouvait être étendu par les magistrats jusqu'à neuf mois, et par l'empereur seul jusqu'à un an. A son expiration, l'institué était forcé de se prononcer. Faute par lui de le faire, il était censé acceptant à l'égard des créanciers ou légataires si les poursuites étaient faites par eux ; ou acceptant à l'égard des substitués ou héritiers *ab intestat* poursuivans.

L'adition emporte obligation à toutes les charges et dettes de l'hérédité. Elle est irrévocable. Cependant les mineurs de vingt-cinq ans pouvaient être restitués en entier contre l'adition qui leur serait nuisible. Les majeurs de vingt-cinq ans ne pouvaient obtenir de restitution que par rescrit impérial, et par faveur spéciale et individuelle, motivée sur quelque circonstance exceptionnelle. Gordien établit le premier, en faveur des militaires, qu'ils ne seraient jamais tenus des dettes au-delà des forces de la succession. D'où Justinien a tiré ce qu'on nomme le *bénéfice d'inventaire*, d'après lequel le même droit existe au profit de tous ceux qui auront eu soin de faire faire dans les délais et dans les formes voulus, un inventaire de toutes les choses composant l'hérédité.

Le bénéfice d'inventaire ne se cumule pas avec le délai pour délibérer : l'institué peut, s'il le préfère, recourir à cet ancien droit, et demander un délai pour délibérer; mais alors, à l'expiration du délai, il faut qu'il accepte ou qu'il répudie purement et simplement.

Les actions relatives aux hérédités testamentaires, sont l'action en pétition d'hérédité (*petitio hereditatis*), et l'action en partage (*familiæ erciscundæ*), applicables à toutes les hérédités en général; et, en outre, l'action contre le testament inofficieux (*querela inofficiosi testamenti*); l'action en complément de la légitime; et l'action contre les donations inofficieuses (*querela inofficiosæ donationis*) qui, toutes les trois, sont spéciales au cas d'hérédité testamentaire.

TIT. XX.

DE LEGATIS.

Post hæc videamus de legatis. Quæ pars juris extra propositam quidem materiam videtur; nam loquimur de iis juris *figuris* quibus per universitatem res nobis adquiruntur. Sed cum omnino de testamentis, deque heredibus qui testamento instituuntur, locuti sumus, non sine causa sequenti loco potest hæc juris materia tractari.

TIT. XX.

DES LEGS.

Nous allons nous occuper des legs: Cette matière n'est point ici à sa place; en effet, cette partie des instituts est destinée à traiter des manières d'acquérir par universalité. Cependant, comme nous venons de parler des testamens et des héritiers institués par testamens, il n'est pas hors de propos d'exposer ici la matière des legs.

Depuis le titre 9 du livre second, Justinien traite des manières d'acquérir à titre universel; le titre de legs, qui nous offre une manière d'acquérir à titre singulier, n'est donc point ici à sa place. Cependant, comme les legs ne peuvent être faits que par testament (voy. Just. 2, 23 § 10.), Justinien a préféré n'en parler qu'à la suite des testamens : d'ailleurs les principes qui les régissent se rattachent essentiellement aux principes sur les testamens (1).

Figuris. Par le mot *figura* il faut entendre ici *species*, le moyen juridique.

1. Legatum itaque est donatio quædam a defuncto relicta.	1. Le legs est une espèce de donation laissée à quelqu'un par un défunt.

D'après Ulpien (2) le mot *legs* vient de *lex* (loi), parce que ce qui est laissé par testament est laissé par des expressions impératives, à la différence des fidei-commis qui sont faits avec des expressions précatives (*precario*) (3).

Dans l'acception la plus étendue du mot legs, on entend par là toute libéralité qui dépend du décès du donateur, telle que legs, fidei-commis, donation pour cause de mort (4).

Le legs, dans son acception étroite, est une espèce de donation laissée par testament, qui doit être exécutée par l'héritier. Je dis une *espèce* de donation, parce qu'elle n'est pas formée par le concours de deux volontés; elle subsiste sans l'acceptation du donataire et même à son insu. *Laissée par testament*, parce qu'il n'y a pas de legs ab intestat; en cela le legs diffère du fidei-commis qui

---

(1) V. h. t. § 34. — (2) Reg. 24. 1. — (3) Cette interprétation d'Ulpien sert à expliquer le sens du mot *legare* dans la loi des Douze-Tables: car, dans cette loi, ce mot signifie *disposer, ordonner*, faire une institution d'héritier ou un legs. (V. D. 50. 16. 120. f. Pomp.) — (4) D. 32. 87; f. Paul.

peut être fait sans testament. Justinien, qui met les fidéicommis sur le même rang que les legs et *vice versa*, n'a pas ajouté dans sa définition les mots, *testamento facta*, qui se trouvent dans la définition de Modestinus (1). *Qui doit être exécutée par l'héritier*, parce que l'héritier seul peut être chargé d'un legs, tandis que le fidéi-commis peut être mis à la charge d'un légataire ou d'un fidéi-commissaire (2).

2. Sed olim quidem erant legatorum genera quatuor : *per vindicationem, per damnationem, sinendi modo, per præceptionem;* et certa quædam verba cuique generi legatorum assignata erant, per quæ singula genera legatorum significabantur. Sed ex constitutionibus divorum principum solemnitas hujus modi verborum penitus sublata est. Nostra autem constitutio, quam cum magna fecimus lucubratione, defunctorum voluntates validiores esse cupientes, et non verbis, sed voluntatibus eorum faventes, disposuit, ut omnibus legatis una sit natura, et, quibuscumque verbis aliquid derelictum sit, liceat legatariis id persequi, non solum per actiones personales, sed etiam per rem, et per hypothecariam : cujus constitutionis perpensum modum ex ipsius tenore perfectissime accipere possibile est.

2. *Autrefois il y avait quatre sortes de legs : le legs* per vindicationem, *le legs* per damnationem, *le legs* sinendi modo, *et le legs* per præceptionem; *il y avait des expressions particulières destinées à indiquer chacun de ces legs. Ces expressions sacramentelles ont été supprimées par des constitutions impériales. En outre nous avons élaboré avec soin une constitution dans le but de donner plus de force à la volonté des morts, de faire respecter plutôt leur intention que leurs paroles, de laquelle il résulte qu'il n'y a plus qu'une sorte de legs, que tout légataire, quelles que soient les expressions dont le testateur s'est servi, peut poursuivre l'exécution du legs qui lui est fait par l'action personnelle, par l'action réelle ou par l'action hypothécaire.*

On pourra d'ailleurs, par la lecture de cette constitution, se convaincre facilement de la sagesse dont elle est empreinte.

---

(1) D. 31. 36. f. — (2) Gaïus. 2. 271.

Le legs *per vindicationem* rendait le légataire propriétaire de la chose léguée au moment même de l'ouverture de la succession (*do, lego, sumito, capito,*): il n'avait pas besoin d'en demander la tradition à l'héritier; il pouvait *revendiquer* cette chose partout où elle se trouvait. D'où il faut nécessairement conclure que le testateur ne pouvait ainsi léguer que la chose dont il était lui-même propriétaire.

Le legs *per damnationem* était celui que le testateur obligeait (*damnas esto dare, dato*) l'héritier à *procurer* au légataire. Ici le légataire n'avait qu'une action personnelle contre l'héritier, pour le contraindre à lui *procurer* la chose léguée. Par cette espèce de legs le testateur pouvait léguer sa chose, ou celle de l'héritier, ou la chose d'autrui; aussi appelait-on cette espèce de legs *optimum jus legati.*

Le legs *sinendi modo* était celui que le testateur obligeait (*damnas esto sinere*) l'héritier à *laisser prendre*. On pouvait léguer ainsi sa chose et celle de l'héritier. Le légataire n'en devenait propriétaire que par la prise de possession qu'il réclamait par une action personnelle (1).

Le legs *per præceptionem* était celui que le testateur faisait à l'un des héritiers par préciput et hors part. Il ne pouvait donc léguer ainsi que sa propre chose. Pour obtenir ce legs, le légataire n'avait que l'action *familiæ erciscundæ*. L'expression employée par le testateur était *præcipito :* lorsqu'elle s'adressait à une personne qui ne devait pas être héritière, pour ne pas rendre le legs inutile, on supposait que le testateur avait voulu dire *capito*, et alors on appliquait à ce legs les principes du legs *per vindicationem.*

Gaïus (2) et Ulpien (3) nous apprennent qu'un sénatus-

---

(1) Gaïus. 2. 213.—(2) 2, 197 et subséq.—(3) 24. 2.

consulte rendu sous le règne de Néron avait déjà décidé que si un testateur avait légué *per vindicationem* la chose d'autrui, le legs ne serait pas nul, mais qu'on supposerait, pour le rendre valable, que c'était un legs *per damnationem*. Ainsi déjà, d'après ce sénatus-consulte, on s'arrêtait moins aux expressions dont s'était servi le testateur, qu'à l'intention qu'il avait manifestée. Plus tard Constantin, Constance et Constant firent des constitutions, dont une seule nous est connue (1), dans laquelle ils déclarèrent qu'on n'était point obligé pour le legs de s'astreindre à des formules sacramentelles, qu'il fallait surtout s'attacher à la volonté du testateur. Mais cette déclaration n'empêchait point que, suivant cette volonté exprimée, on ne distinguât encore les quatre différentes espèces de legs; il n'y avait que la solennité des expressions qui était supprimée; au reste, d'après le sénatus-consulte Néronien, lorsque l'action réelle était refusée au légataire, parce que le legs *per vindicationem* ou *per præceptionem* ne pouvait valoir, attendu qu'il s'appliquait aux choses d'autrui ou de l'héritier, l'action personnelle lui était accordée; on supposait un legs *per damnationem*. Justinien rend générale l'application du sénatus-consulte Néronien; il accorde, pour toute sorte de legs, l'action réelle, l'action personnelle et l'action hypothécaire.

3. Sed non usque ad eam constitutionem standum esse existimavimus. Cum enim antiquitatem invenimus legata quidem stricte concludentem, fidei-commissis autem, quæ ex voluntate magis descendebant defunctorum, pinguiorem	3. *Nous avons pensé ne devoir point nous en tenir à cette constitution. En effet, l'ancien droit renfermait les principes sur les legs dans des bornes étroites; quant aux fidéi-commis, qui doivent leurs effets à la volonté du défunt plus en-*

---

(1) C. 6. 37. 21.

naturam indulgentem : necessarium esse duximus, omnia legata fidei - commissis exæquare, ut nulla sit inter ea differentia; sed, quod deest legatis, hoc repleatur ex natura fidei - commissorum, et, si quid amplius est in legatis, per hoc crescat fidei-commissi natura. Sed, ne in primis legum cunabulis, permixte de his exponendo, studiosis adolescentibus, quandam introducamus difficultatem, operæ pretium esse duximus, interim separatim prius de legatis, et postea de fidei-commissis tractare, ut, natura utriusque juris cognita, facile possint permixtionem eorum eruditi, subtilioribus auribus, accipere.

encore que les legs, les principes étaient plus larges et plus faciles. Nous avons cru devoir faire disparaître cette différence dans les principes et mettre les legs sur la même ligne que les fidéi-commis, de telle sorte qu'il n'y ait entre eux aucune différence, que le legs empruntât aux fidéi-commis ce qui lui manque et réciproquement. Toutefois de peur que, dans l'exposé des élémens du droit, nous ne fournissions aux jeunes élèves l'occasion de quelque confusion, nous avons pensé qu'il importait de parler d'abord des legs seulement, sauf à nous occuper plus loin des fidéi-commis, afin que, la nature des legs et des fidéi-commis une fois différenciée, il soit plus facile d'apercevoir les conséquences de la confusion des uns et des autres.

Justinien ne s'est donc point contenté d'effacer toute différence entre les diverses sortes de legs; il a confondu, dans les mêmes principes, les legs et les fidéi-commis. Gaïus (1), Ulpien (2) et Justinien lui-même (3), nous font connaître la différence qu'il y avait entre les legs et les fidéi-commis; ainsi on ne pouvait faire de legs que par testament, tandis que le fidéi-commis pouvait être laissé par un intestat; on ne peut charger un légataire d'acquitter un legs, tandis qu'on peut l'obliger à remettre un fidéi-commis; on ne peut, par codicille, instituer un hé-

---

(1) G. 2. 268. 283. (2) Ulp. reg. 25. 1. 12.—(3) H. t. 34. 35.—2. 24. 2.—23. 1.—10.

ritier; mais on peut, par codicille, charger un héritier de remettre toute l'hérédité par fidéi-commis à un tiers, etc.

Toutefois il y a encore dans l'empire de la législation de Justinien une différence entre les legs et les fidéi-commis : en effet le legs de la liberté n'a pas les mêmes effets que le fidéi-commis de la liberté, ainsi que nous l'apprend l'empereur au titre 24, § 2, du présent livre.

4. Non solum autem testatoris vel heredis res, sed et aliena legari potest : ita ut heres cogatur redimere eam et præstare, vel, si non potest redimere, æstimationem ejus dare. Sed si talis res sit, cujus non est commercium, nec æstimatio ejus debetur, sicuti, si campum martium, vel basilica, vel templa, vel quæ publico usui destinata sunt, legaverit : nam nullius momenti legatum est. Quod autem diximus, alienam rem posse legari, ita intelligendum est, si defunctus sciebat alienam rem esse, non et, si ignorabat : forsitan enim, si scisset alienam, non legasset. Et ita divus Pius rescripsit; et verius esse, ipsum, qui agit, id est legatarium, probare oportere, scisse alienam rem legare defunctum, non heredem probare oportere, ignorasse alienam, quia semper necessitas probandi incumbit illi qui agit.

4. On peut léguer non seulement sa propre chose ou celle de l'héritier, mais encore celle d'autrui; dans ce dernier cas l'héritier est obligé de l'acheter et de la procurer au légataire ; s'il ne le peut, il doit lui en donner la valeur. Mais on ne peut léguer une chose qui n'est pas dans le commerce ; l'héritier ne devrait au légataire ni cette chose ni sa valeur : tels sont les temples, les basiliques, ou toute autre chose destinée à un usage public. Cependant, quand nous disons qu'on peut léguer la chose d'autrui, nous supposons que le testateur savait qu'elle appartenait à autrui : s'il l'ignorait le legs est nul; car s'il l'avait su, il ne l'aurait peut-être point léguée. Antonin-le-Pieux, dans un rescript, a décidé que celui qui intente l'action, c'est-à-dire le légataire, serait obligé de prouver que le testateur, en léguant, savait que la chose était à autrui, que l'héritier serait dispensé de toute preuve à cet égard ; en effet, le fardeau de la preuve incombe toujours au demandeur.

Dans l'ancien droit, on ne pouvait léguer la chose d'autrui que par le legs *per damnationem*. Justinien, ayant confondu tous les principes sur les quatre sortes de legs, et ayant accordé pour un legs quelconque l'action personnelle, ou l'action réelle, ou l'action hypothécaire, il en résulte que tout legs de la chose d'autrui était devenu valable, car tout legs pouvait être considéré comme un legs *per damnationem*, suivant le besoin du légataire : aussi Justinien affirme-t-il, d'une manière générale, qu'on peut léguer la chose d'autrui. L'héritier chargé d'acquitter un tel legs doit l'acheter et le procurer au légataire; il doit en donner l'estimation seulement, s'il ne peut se procurer cette chose ou d'une manière absolue (1) ou pour un prix raisonnable (2). Toutefois on ne pouvait, en léguant une chose hors du commerce, obliger l'héritier à en payer la valeur au légataire : or, par chose hors du commerce il faut entendre celle qu'il n'est permis ni d'acheter ni de vendre, comme les temples, etc. et les choses consacrées à l'usage public par une destination perpétuelle (3). Il faut bien se garder d'entendre par *chose consacrée à l'usage public* ce qui appartient au peuple, être moral, considéré comme un particulier propriétaire : par exemple, le domaine de l'état romain; on ne doit appliquer notre passage qu'aux choses destinées à n'être jamais détournées de l'usage de tous, comme une voie publique, un rempart, ce que nous appelons chez nous le *domaine public*. En un mot, admettons ici la différence que signale notre Code civil entre le *domaine public* et le *domaine de l'état*, le premier ne pouvait être légué, le second pouvait l'être.

---

(1) D. 32. 30. § 6. f. Lab. — (2) D. 30. 71. § 3. — 39. § 7. f. Ulp. — (3) D. 45. 1. 83. § 5. f. Paul. — 137. § 6. f. Venuleius.

5. Sed et, si rem obligatam creditori aliquis legaverit, necesse habet heres luere. Et hoc quoque casu idem placet, quod in re aliena, ut ita demum luere necesse habeat heres, si sciebat defunctus rem obligatam esse : et ita divi Severus et Antoninus rescripserunt. Si tamen defunctus voluit legatarium luere, et hoc expressit, non debet heres eam luere.

5. *Si la chose léguée est le gage d'un créancier, l'héritier devra la rendre libre. Ici nous dirons, comme dans le cas où le testateur a légué la chose d'autrui, que l'héritier ne devra la dégager que si le défunt savait qu'elle était engagée : telle est la décision d'un rescrit de Sévère et d'Antonin. Quand même il serait prouvé que le testateur savait que la chose léguée était engagée, le légataire devra la recevoir dans cet état et la dégager lui-même, si le défunt a exprimé sa volonté qu'elle fût dégagée, non par l'héritier, mais par le légataire.*

La chose soumise à l'hypothèque peut être suivie par le créancier hypothécaire dans les mains des tiers : le légataire, en recevant une chose ainsi engagée, est donc exposé à une action réelle; il a donc intérêt à ce que le droit de gage ou d'hypothèque soit éteint. Il doit être éteint par le fait de l'héritier, ou il est à la charge du légataire, suivant l'un des deux cas prévus par notre paragraphe.

6. Si res aliena legata fuerit, et ejus vivo testatore legatarius dominus factus fuerit : si quidem ex causa emptionis, ex testamento actione pretium consequi potest; si vero ex causa lucrativa, veluti ex donatione, vel ex alia simili causa, agere non potest. Nam traditum est, duas lucrativas causas in eundem hominem et in eandem rem concurrere non posse. Hac ratione, si

6. *Si la chose d'autrui a été léguée et que le légataire en ait acquis la propriété du vivant du testateur, il aura le droit d'en obtenir la valeur de l'héritier en vertu de l'action ex testamento, pourvu toutefois qu'il l'ait acquise à titre onéreux ; s'il l'a acquise à titre gratuit, par exemple, par donation, ou autrement, il n'aura pas d'action. En effet il est de principe reconnu*

ex duobus testamentis eadem res eidem debeatur, interest, utrum, rem an æstimationem, ex testamento consecutus est : nam si rem, agere non potest, quia habet eam ex causa lucrativa; si æstimationem, agere potest.	*qu'un même individu ne peut obtenir la même chose par deux titres gratuits. C'est pourquoi si la même chose a été léguée par deux testateurs à la même personne, il faudra que celle-ci s'arrange de manière à n'obtenir d'un héritier, d'abord, que la valeur du legs; puis il pourra demander à l'autre la chose léguée elle-même, mais s'il commence par obtenir la chose, il ne pourra plus actionner l'autre héritier.*

Léguer la chose du légataire, c'est faire un legs inutile; car le légataire ne peut pas demander qu'on lui *donne* sa chose, qu'on le rende propriétaire de ce qui déjà est sa propriété; c'est ce qu'exprime le § 10 de notre titre. Or, lorsque la chose léguée, qui n'appartenait pas au légataire au moment de la faction du testament (1), devient sa propriété depuis cette faction de testament, soit avant le décès, soit après le décès du testateur, il devient aussi impossible que dans le § 10 que le légataire demande qu'on l'en rende propriétaire. Cependant, si cette acquisition de propriété a pour cause un prix, en un mot, si le légataire a acheté la chose léguée, il pourra demander à l'héritier le prix qu'il a déboursé: en effet, s'il a la chose, ce n'est que moyennant un prix que l'héritier aurait dû payer pour la procurer au légataire (2); mais, si cette propriété a été acquise par lui à titre gratuit, il ne

---

(1) Notre texte ne parle que de l'hypothèse où le légataire acquiert la chose léguée du vivant du testateur; mais ce n'est qu'une démonstration, ce n'est point une limitation : Justinien a seulement voulu citer un exemple. — (2) D. 46, 3. 6. f. Paul. — 30, 34. § 7. f. Ulp.

peut demander à l'héritier un prix dont il ne s'est point appauvri : il s'est enrichi de la chose, et c'était là ce que voulait le testateur. Notre texte, à cette occasion, nous transmet cet axiome traditionnel: *La même chose ne peut appartenir au même individu à deux titres lucratifs;* par *même individu* on doit entendre purement et simplement un même homme considéré individuellement; car la même chose peut appartenir à deux titres lucratifs au maître et à l'esclave : en effet, si la même chose est léguée par deux testateurs à un maître et à son esclave, le maître aura deux actions *ex testamento* (1). Remarquez que, lorsque notre texte dit *deux testamens*, il suppose qu'ils émanent de deux personnes différentes; la même personne ne peut laisser deux testamens, puisque le second anéantirait le premier.

7. Ea quoque res, quæ in rerum natura non est, si modo futura est, recte legatur, veluti fructus, qui in illo fundo nati erunt, aut quod ex illa ancilla natum erit.

7. *On peut léguer une chose qui n'existe pas, pourvu qu'il soit dans l'ordre des choses qu'elle doive arriver, par exemple les moissons futures de tel champ, le part de telle esclave.*

De même qu'on ne peut léguer à quelqu'un sa propre chose, parce qu'elle ne peut devenir sa propriété, de même on ne peut léguer ce qui n'existe plus ou ce qui, existant, n'est point destiné à devenir la propriété de quelqu'un, ou ce qui existera et doit être hors du commerce; ainsi on ne peut léguer Stichus, qui est mort, ni un hippocentaure, ni une chose sacrée ou religieuse, ni un homme libre qu'on croit esclave; mais on peut léguer les choses futures qui sont destinées à être dans le

---

(1) D. 30. 108. § 1. f. Afric.

commerce (1). Autrefois ces choses ne pouvaient être cependant léguées que *per damnationem* (2).

8. Si eadem res duobus legata sit; *sive conjunctim, sive disjunctim*, si ambo perveniant ad legatum, scinditur inter eos legatum; si alter deficiat, quia aut spreverit legatum, aut vivo testatore decesserit, aut alio quolibet modo defecerit, totum ad collegatarium pertinet. Conjunctim autem legatur, veluti si quis dicat : Titio et Seio hominem Stichum do lego; disjunctim ita : Titio hominem Stichum do lego, Seio Stichum do lego. Sed et, si expresserit, eumdem hominem Stichum, æque disjunctim legatum intelligitur.

8. *Si la même chose est léguée à deux personnes soit* conjunctim *soit* disjunctim, *et que toutes deux viennent au legs, elles se la partageront. Si l'une des deux n'y vient point soit parce qu'elle y aurait renoncé, soit parce qu'elle serait morte avant le testateur, ou de toute autre manière, l'autre aura le legs tout entier. Or voici comme on lègue* conjunctim : *je donne et lègue Stichus à Titius et à Seius; on lègue* disjunctim *en disant : je donne et lègue Stichus à Titius ; je donne et lègue Stichus à Seius ; peu importe que le testateur ait dit en parlant du legs fait à Seius, je donne le même homme, le legs sera toujours fait* disjunctim.

Autrefois, du temps où les legs *per damnationem* et *per vindicationem* étaient régis par des principes divers, la *conjonction* ou la *disjonction* avaient des effets différens. Ainsi, lorsque la même chose était léguée à deux personnes *per vindicationem*, on appliquait les principes de notre paragraphe : en effet, chacun étant propriétaire de tout le legs, lorsque le legs était fait par deux dispositions séparées, si l'un renonçait au legs, l'autre avait droit à la totalité *jure non decrescendi* : si tous deux venaient au legs, on appliquait la règle *concursu partes fiunt*. Chacun des légataires ne pouvait avoir que moitié

---

(1) Inst. 3. 19 § 1. — (2) G. 2. 203.

lorsque le legs était fait par la même disposition et que les deux légataires venaient au legs; si l'un des légataires renonçait au legs, l'autre avait la totalité *jure accrescendi*. Si le legs était *per damnationem*, on invoquait d'autres principes. En effet, ce legs ne faisait qu'imposer l'obligation à l'héritier de procurer la chose léguée ou sa valeur; si la même chose était léguée à deux personnes par deux dispositions séparées, chacune d'elles pouvait donc la réclamer en totalité; si ce double legs était fait par une même disposition, le testateur était censé n'avoir voulu la léguer qu'une fois aux deux légataires désignés, et la part de celui qui renonçait n'accroissait pas à l'autre légataire; elle retombait dans l'hérédité. Ici on distinguait donc si les deux legs étaient faits *conjunctim* ou *disjunctim*. Justinien, quoiqu'en permettant de voir un legs *per damnationem* partout où on le croirait nécessaire, a cependant voulu qu'en tous cas, lorsque la même chose serait léguée à deux personnes différentes, on appliquât les principes du legs *per vindicationem*; on ne distingue pas, par conséquent, si la même chose est léguée *conjunctim* ou *disjunctim* : le legs se partage, s'il y a concours des deux légataires; il appartient en entier à celui qui vient au legs, lorsque l'autre légataire refuse de l'accepter. Toutefois il y a encore cette différence entre le legs fait *conjunctim* et le legs fait *disjunctim*, lorsque l'un des légataires répudie le legs, que, dans ce dernier, l'accroissement est forcé ou plutôt le décroissement n'a pas lieu; le légataire venant à la totalité de son chef, n'est point obligé d'acquitter les charges imposées au légataire renonçant; tandis que, dans le legs fait *conjunctim*, si l'un des légataires renonce, l'acceptant peut bien ne point ac-

---

(1) G. 2. 205.

cepter l'accroissement; mais, s'il l'accepte, il sera obligé de remplir les conditions dont cette partie du legs était grevée.

Si Titius et Caius étaient légataires conjoints de la même chose, et que cette même chose fût léguée dans une seconde disposition à Sempronius, lorsque Caius répudiait sa part, celle-ci accroissait à Titius; Sempronius n'en profitait point; ainsi Titius avait moitié de la chose léguée. Si Titius répudiait aussi, Sempronius alors avait la totalité.

Pour compléter ce que nous avons à dire sur les expressions *conjunctim* et *separatim*, il est bon de faire remarquer que l'on a adopté trois sortes de conjonctions, savoir : *re tantum*, *verbis tantum*, *re et verbis* : *re tantum*, quand la même chose est léguée à deux personnes dans deux dispositions séparées ; c'est ce que notre texte appelle legs fait *separatim* : *verbis tantum*, quand la même chose est léguée à deux personnes dans le même membre de phrase, mais avec attribution d'une quote-part pour chacun, par exemple : *à chacun par moitié;* notre texte ne s'occupe pas de cette conjonction, qui n'en est pas une au fond, puisqu'il n'a pas été légué à deux personnes une même chose, chacun ayant moitié; *re et verbis*, lorsque la même chose est léguée à deux personnes par la même disposition sans attribution de quote-part : c'est ce que notre texte appelle léguer *conjunctim*. Il pourrait se faire que, dans ce dernier cas, le testateur eût indiqué les parts qui devraient être faites dans le cas où les légataires conjoints voudraient sortir d'indivision, et que, malgré cela, il y eût lieu à accroissement; ce serait lorsque l'intention du testateur, en s'exprimant ainsi, serait moins d'attribuer une quote-part à chacun que d'indiquer la manière dont le partage devrait s'opérer.

Avant Auguste et en remontant aux temps les plus reculés de Rome, le droit d'accroissement avait été admis généralement entre cohéritiers et colégataires. Les lois Julia et Papia Poppæa, rendues sous le règne d'Auguste, n'avaient conservé ce droit que pour les ascendans et descendans du testateur, pour l'empereur et l'impératrice, en tous cas, et en faveur de celui qui aurait une postérité (1). La part qui n'accroissait pas appartenait au fisc, c'est-à-dire devenait *caduque*. Le legs devenait caduc aussi lorsque le légataire mourait avant l'ouverture du legs, savoir, avant la mort du testateur : depuis la loi Papia Poppæa, le legs ne commençait à appartenir au légataire qu'à l'ouverture du testament ; c'est à l'époque où le testament était solennellement décacheté et lu aux intéressés que *dies legati cedebat*. Constantin et Théodose avaient déjà modifié cette disposition des lois Julia et Papia Poppæa, et Justinien a enfin rétabli l'ancien droit; par conséquent les legs ne deviennent caducs que lorsque le légataire est mort avant le testateur; s'il meurt après lui, il transmet la chose qui lui a été léguée à ses propres héritiers. En outre, le droit d'accroissement est rétabli en faveur des colégataires et des cohéritiers. Le legs devenait également caduc lorsque, avant la mort du testateur, le légataire éprouvait la grande ou la moyenne diminution de tête.

9. Si cui fundus alienus legatus fuerit, et emerit proprietatem detracto usufructu, et ususfructus ad eum pervenerit, et postea ex testamento agat : recte cum agere, et fundum petere. Julianus ait,	9. *Si le fonds d'autrui est légué à quelqu'un qui en achète ensuite la nu-propriété, et si l'usufruit vient se confondre à la nu-propriété par suite de l'extinction de l'usufruit, le légataire, en demandant le*

---

(1) G. 2. 206. 207.

quia ususfructus in petitione servi-
tutis locum obtinet, sed officio ju-
dicis contineri, ut, deducto usu-
fructu, jubeat æstimationem præstari.

*fonds légué, ne sera point déchu de
son droit comme ayant trop demandé : en effet l'usufruit n'est pas
plus la partie d'un fonds que ne l'est
une servitude active : le légataire
donc, en demandant le fonds n'est
pas censé demander ce qu'il a déjà
d'une manière lucrative. Mais le
juge, en faisant droit à la demande,
devra ordonner que l'héritier, en
acquittant le montant du legs, retienne la valeur de l'usufruit pour lequel le légataire n'a rien déboursé.*

Ce qui rend difficile l'intelligence de ce texte, ce n'est pas la conclusion ; c'est le raisonnement de Julien et les motifs sur lesquels il veut baser la décision, qui présentent de l'obscurité. Deux questions étaient à résoudre : 1° si le légataire avait le droit de demander le fonds *ex testamento*; 2° si, en le demandant, il ne s'exposait pas à la déchéance pour avoir trop demandé. Julien, consulté sur ces deux questions, répond à la première que c'est le fonds qu'il doit demander et non sa valeur, puisque c'est le fonds qui lui a été légué. Sur la seconde question, il pense que, quoique celui qui demande plus qu'il ne lui est dû soit déchu de son droit, cette déchéance ne peut avoir lieu ici. En effet le légataire ne serait déchu que si, en demandant tout son legs, il en avait déjà une partie par cause lucrative ; or, l'usufruit qu'il a acquis par cause lucrative n'est pas une partie du fonds ; c'est comme s'il avait acquis, à titre gratuit, une servitude pour le fonds qui lui aurait été légué ; dans ce cas, la servitude n'étant pas une partie du fonds, il ne demande pas plus que ce qui lui est dû en demandant tout le fonds. Mais ici le juge ordonnera que l'héritier, en remboursant au légataire la valeur du fonds, déduise de la valeur totale la valeur de l'usufruit. Marcellus pensait, au contraire, que le légataire ne devait demander le fonds qu'en restreignant sa demande à la nu-propriété (1).

10. Sed si rem legatarii quis ei legaverit, inutile legatum est, quia, quod proprium est ipsius, amplius ejus fieri non potest; et, licet alienaverit eam, non debetur nec ipsa, nec æstimatio ejus.

10. *Si on lègue au légataire sa propre chose, le legs est inutile; car, ce qui est déjà sa propriété ne peut le devenir une seconde fois; quoiqu'il l'aliène ensuite, l'héritier ne lui devra ni la chose, ni sa valeur.*

Ce n'est pas à la volonté du testateur que tient ici la nullité du legs, mais à l'impossibilité de l'exécuter; aussi notre texte dit-il seulement que le legs devient inutile. Si le testateur léguait une chose qui n'appartînt pas au légataire, et qu'il crût lui appartenir, le legs ne serait pas moins valable : ici notre texte applique le principe du § 4 relativement aux choses qui ne sont pas dans le commerce : l'héritier ne serait pas même obligé de donner au légataire l'estimation de la chose : en outre, quand même la chose léguée cesserait, depuis la confection du testament, d'appartenir au légataire, l'héritier ne la devrait pas davantage, à cause de la règle catonienne qui, pour savoir si une disposition testamentaire était valable, voulait qu'on se reportât uniquement au moment de la confection du testament (2).

11. Si quis rem suam quasi alienam legaverit, valet legatum : nam plus valet, quod in veritate est, quam quod in opinione. Sed et si legatarii putavit, valere constat,

11. *Si le testateur lègue la chose d'autrui la croyant sienne, le legs est valable; car peu importe l'opinion du testateur, pourvu que l'exécution soit possible. Il en est de*

---

(1) D. 30. 82. § 3. f. Julian. — (2) D. 34. 7. 1. f. Cels.

| quia exitum voluntas defuncti potest habere. | même s'il a cru que la chose appartenait au légataire; car ici l'intention du testateur peut être remplie. |

Si le legs de la chose d'autrui est valable, à plus forte raison l'est-il lorsque, contre l'opinion du testateur, cette chose lui appartient : en effet l'acquittement en devient plus facile; or ici il ne s'agit que de savoir si la volonté du testateur peut s'exécuter. Notre texte, à l'appui de cette décision, rapporte cet adage : *Plus valet quod in veritate est, quam quod in opinione*; cet adage, que l'on trouve appliqué plusieurs fois dans le Digeste (1), reçoit cependant une exception, par exemple, lorsque le genre d'affaire dont il s'agit exige une connaissance parfaite, comme dans la loi 15 D. (47. 10.) *De acquir. hered.* où le principe contraire est admis : *plus est in opinione quam in veritate* (2). Lorsque le testateur lègue la chose d'autrui la croyant chose du légataire, on pourrait croire que le legs est nul, attendu que, dans l'esprit du testateur, ce legs devait être impraticable; mais il faut ne point oublier qu'on n'examine ici que la question de savoir si la volonté du testateur peut être accomplie ou non : or elle peut être accomplie. Il en serait autrement pour la donation entre-vifs; cette donation serait nulle, parce qu'on présume que le donateur se serait moins facilement déterminé à donner sa propre chose que celle du légataire (1).

| 12. Si rem suam legaverit testator; posteaque eam alienaverit, | 12. *Si le testateur, ayant légué sa chose, l'aliène ensuite, Celsus* |

---

(1) D. 22. 6. 9. f. Paul. — 40. 2. 4. § 1. f. Jul. — 41. 4. 2. § 15. f. Paul. — 47. 10. 18. § 3. f. Paul.—(2) D. 12. 4. 3. § 8. f. Ulp.—41. 4. 2. § 15. f. Paul. — (3) D. 12. 4. 3. § 8. f. Ulp.

Celsus existimat, si non adimendi animo vendidit, nihilominus deberi, idque divi Severus et Antoninus rescripserunt. Iidem rescripserunt eum qui post testamentum factum prædia, quæ legata erant, pignori dedit, ademisse legatum non videri, et ideo legatarium cum herede agere posse, ut prædia a creditore luantur. Si vero quis partem rei legatæ alienaverit, pars, quæ non est alienata, omnimodo debetur, pars autem alienata ita debetur, si non adimendi animo alienata sit.	pense que le legs reste valable pourvu qu'en l'aliénant le testateur ait entendu ne pas révoquer le legs. Cette opinion a été consacrée par Sévère et Antonin. Les mêmes empereurs ont décidé que celui qui, après avoir légué une chose, la grève ensuite d'une hypothèque, n'est pas présumé avoir révoqué le legs et que le légataire pourra actionner l'héritier pour le forcer à faire disparaître l'hypothèque. Si le testateur n'a aliéné qu'une partie de la chose léguée, la partie non aliénée sera due sans difficulté, et l'autre sera encore due, mais pourvu que le testateur, en aliénant cette partie, n'ait point entendu faire une révocation.

Il paraît qu'avant le siècle de Gaïus, lorsque le testateur, après avoir légué une chose, l'aliénait, il était censé de plein droit avoir révoqué le legs; c'était une révocation tacite : elle avait lieu dans tous les cas, lorsque le legs était *per vindicationem*, sans qu'on fût obligé de présumer dans le testateur un changement de volonté (2). Lorsque le testateur, au lieu d'aliéner la chose léguée, la grevait d'hypothèque, il n'était point censé avoir voulu mettre cette hypothèque à la charge du légataire, à moins de la preuve d'une intention contraire; ainsi le légataire avait le droit de forcer l'héritier à l'éteindre.

Au reste, la preuve de l'intention résulte de ce que le testateur a aliéné la chose léguée sans la moindre nécessité (1).

---

(1) G. 2. 198. — (2) D. 32. 11. § 12. f. Ulp. — 34. 4. 18. f. Mod.

13. Si quis debitori suo liberationem legaverit, legatum utile est; et neque ab ipso debitore, neque ab herede ejus potest heres petere, nec ab alio, qui heredis loco est, sed et potest a debitore conveniri, ut liberet eum. Potest autem quis vel ad tempus jubere, ne heres petat.	13. *Si quelqu'un lègue à son débiteur sa libération, le legs sera valable: par conséquent, si l'héritier poursuit le légataire, ou son héritier ou tout autre tenant lieu de son héritier, en paiement de sa dette, celui-ci le repoussera par une exception. En outre dans le cas où l'héritier du testateur n'exercerait pas cette poursuite, le légataire aura le droit de le poursuivre lui-même pour qu'il ait à le libérer de sa dette. Le testateur peut aussi défendre à l'héritier poursuivre le débiteur avant l'expiration d'un délai.*

Dans ce paragraphe, Justinien n'entend pas parler de tout legs de libération, car il pourrait léguer la libération de ce que lui doit son débiteur ou léguer au débiteur ce qu'il doit à l'héritier, ou charger l'héritier de payer les dettes du légataire : c'est du premier cas que s'occupe notre texte. Un tel legs, en droit français, procurerait immédiatement au légataire sa libération; en droit romain, il n'en est pas de même : le légataire a seulement le droit, dans le cas de poursuite en paiement de ce qu'il doit, d'opposer une exception de dol, ou bien d'actionner l'héritier *ex testamento* pour qu'il ait à lui donner une libération par acceptilation, si sa dette avait pris naissance par stipulation ou autrement, suivant la manière dont l'obligation avait pris naissance. Notre texte dit que l'héritier ne pourrait exiger la dette ni du légataire ni de son héritier, ni de celui qui tient lieu de son héritier; il veut dire, par ce dernier, le *possesseur de biens* ou l'héritier fidéi-commissaire.

Si le testateur, au lieu de léguer à son débiteur ce qu'il

lui doit, lui accorde seulement un délai par testament, le légataire n'aura pas d'action, mais une exception dilatoire pendant le délai qui lui aura été accordé.

14. Ex contrario, si debitor creditori suo, quod debet, legaverit, inutile est legatum, si nihil plus est in legato quam in debito, quia nihil amplius habet per legatum. Quod si in diem vel sub conditione debitum ei pure legaverit, utile est legatum propter repræsentationem. Quod si vivo testatore dies venerit, aut conditio extiterit, Papinianus scripsit, utile esse nihilominus legatum, quia semel constitit. Quod et verum est : non enim placuit sententia existimantium, extinctum esse legatum, quia in eam causam pervenit, a qua incipere non potest.

14. *Dans le cas inverse, si un débiteur lègue à son créancier ce qu'il lui doit, le legs devient inutile, si le créancier n'a pas plus d'avantage dans le legs que dans sa créance. Mais si sa créance était à terme ou sous condition, le legs pur et simple de la même chose deviendrait utile parce que le créancier gagnerait le délai. Mais si le terme de la créance écheoit, ou si la condition s'accomplit du vivant du testateur, Papinien pense, avec raison, que le legs ne restera pas moins utile, parce qu'il l'a été dans le principe; l'on n'a pas admis l'opinion de ceux qui pensaient que le legs devenait inutile par le motif que si les circonstances, dont il se trouve entouré postérieurement, avaient existé au moment où il a dû prendre naissance, il n'aurait point été valable.*

Le legs est inutile, s'il ne procure au légataire aucun avantage : en effet, le legs est une donation; or il ne procure aucun avantage si, par l'action qui résulte, pour le créancier, de sa créance, celui-ci peut obtenir autant, et sans plus d'incommodité, que ce qu'il pourrait obtenir par l'action *ex testamento*. Mais si la créance est à terme, ou conditionnelle, ou grevée de charges pour le créancier, le legs pur et simple présentera plus d'intérêt que la créance; il sera donc valable. Il ne cessera pas d'être valable si le terme de la créance est arrivé, si la condition s'est accomplie ou si les charges ont disparu ; car il est de principe que le legs, qui a été valable d'abord, conserve toujours sa validité.

Sous Justinien, il est rare que le legs ne soit pas plus avantageux que la créance, même en lui supposant le même objet ; en effet, le légataire aura ou une action réelle ou une action hypothécaire, ce qui est toujours préférable à une action personnelle.

15. Sed si uxori maritus dotem legaverit, valet legatum, quia plenius est legatum, quam de dote actio. Sed si, quam non acceperit, dotem legaverit, divi Severus et Antoninus rescripserunt, si quidem simpliciter legaverit, inutile esse legatum ; si vero certa pecunia, vel certum corpus, aut *instrumentum dotis* in *prælegando* demonstrata sunt, valere legatum.

15. *Si le mari lègue à sa femme sa dot, le legs est valable : parce que l'action* ex testamento *offre plus d'avantage que l'action dotale. Mais s'il lui lègue une dot qu'il n'a pas reçue, les empereurs Sévère et Antonin décident que ce legs est nul, s'il lui a légué purement et simplement sa dot ; mais qu'il est valable s'il a dit : Je lègue à ma femme telle somme d'argent, tel objet déterminé, ou telle somme d'argent, énoncée dans l'acte dotal.*

Quand la dot devait être restituée en argent, le mari ou ses héritiers avaient un an pour cette restitution ; en tous cas, les héritiers du mari pouvaient retenir la dot jusqu'à ce qu'on les eût indemnisés des impenses utiles faites sur les choses dotales ; si au contraire la femme pouvait réclamer sa dot par une action *ex testamento*, les héritiers du mari étaient obligés de la restituer sur-le-champ, qu'elle consistât ou non en argent, et ils ne pouvaient retenir les impenses utiles. Il y avait donc avantage pour la femme à avoir l'action *ex testamento*. Mais si le mari n'avait reçu aucune dot et s'il léguait à sa femme sa dot purement et simplement, il ne léguait réellement rien : il en était autrement lorsqu'il léguait une certaine somme, un certain objet qu'il aurait reçu en dot, quoiqu'il ne l'eût pas reçu. Ces mots *qu'il aurait reçu en dot* étaient considérés comme une *fausse démonstration*, une qualification d'origine qui, dans l'esprit du testateur, n'avait point déterminé la libéralité.

Instrumentum dotis. Il ne peut pas y avoir, dans ce cas, d'*instrumentum dotis*, puisqu'on suppose qu'il n'y avait pas de dot. Le sens de cette expression est donc que le mari avait légué à sa femme telle *somme d'argent énoncée dans le contrat de mariage;* ces mots *énoncée dans le contrat de mariage* seraient considérés comme une fausse démonstration et n'annuleraient pas le legs (1).

Prælegando. Le mot *prælegare* n'a pas ici le même sens que lorsqu'il s'applique à un cohéritier; il a été employé par Justinien peut-être parce que l'action *ex testamento* fait devancer, pour la femme, le terme de la restitution de la dot.

16. Si res legata sine facto heredis perierit, legatario decedit. Et si servus alienus legatus sine facto heredis manumissus fuerit, non tenetur heres. Si vero heredis servus legatus fuerit, et ipse eum manumiserit, teneri eum Julianus scripsit, nec interest, scierit, an ignoraverit, a se legatum esse. Sed et, si alii donaverit servum, et is, cui donatus est, eum manumiserit, tenetur heres, quamvis ignoraverit a se eum legatum esse.

16. *Si la chose léguée a péri sans le fait de l'héritier, elle a péri pour le légataire. Si c'est l'esclave d'autrui qui a été légué, et qu'il ait été affranchi sans le fait de l'héritier, celui-ci n'est tenu de rien. Mais si c'est l'esclave de l'héritier qui a été légué, et que celui-ci l'ait affranchi, il sera tenu d'acquitter le legs, d'après Julien, sans distinguer si, en l'affranchissant, il savait ou non que le testateur avait légué cet esclave. Il en sera de même, s'il a donné l'esclave légué*

---

(1) G. 6. 44. 5.

> *à un autre et que ce dernier l'ait affranchi ; peu importe encore ici que l'héritier, en le donnant, ait connu ou non l'existence du legs.*

Si la chose léguée périt sans le fait de l'héritier, le legs devient sans objet, le légataire ne peut rien réclamer. Cependant si l'objet légué périt, non par le fait de l'héritier, mais par celui de son esclave, l'héritier devra le legs au légataire, ou bien devra donner au légataire l'esclave en noxe (1). Si le testateur a légué l'esclave de l'héritier, que celui-ci l'ait affranchi ou l'ait donné à un autre qui l'affranchisse, l'héritier ne sera point libéré de l'obligation d'acquitter le legs, quand même on ne pourrait lui imputer aucune faute; c'est sans doute parce que l'héritier, en donnant l'esclave ou en l'affranchissant, ne le perd pas tout-à-fait; en effet, le donataire lui doit de la reconnaissance, l'affranchissement lui donne droit à la succession de l'affranchi mort sans enfant et même à certains services pendant la vie de l'affranchi. C'est là le seul motif qui a déterminé les jurisconsultes romains à décider que la perte du legs par le fait seulement du débiteur du legs, ne libère pas ce dernier; tandis que, dans les contrats, si l'objet de l'obligation est détruit sans la faute du débiteur (quand même il y aurait fait), l'obligation est éteinte (2).

17. Si quis ancillas cum suis natis legaverit, etiamsi ancillæ mortuæ fuerint, partus legato cedunt.

17. *Si le testateur a légué une esclave avec ses enfans, et que la mère meure, les enfans sont dus;*

---

(1) D. 30. 48. pr. f. Pomp. — (2) D. 12. 6. 65. § 8. f. Paul. — 45. 1. 91. § 1. f. Paul.

Idem est, et si ordinarii servi cum vicariis legati fuerint, et, licet mortui sint ordinarii tamen vicarii legato cedunt. Sed si servus cum peculio fuerit legatus, mortuo servo, vel manumisso, vel alienato, et peculii legatum extinguitur. Idem est, si fundus instructus vel cum instrumento legatus fuerit : nam fundo alienato et instrumenti legatum extinguitur.	*de même s'il a légué les esclaves ordinaires avec les vicaires, et que les ordinaires viennent à mourir, les vicaires sont encore dus. Mais s'il a légué un esclave avec son pécule, et que l'esclave meure, soit aliéné ou affranchi, le pécule n'est pas dû; il faut en dire autant du legs d'un fonds tout garni d'instrumens, ou avec ses instrumens; si le fonds est aliéné, les instrumens ne sont pas dus.*

Si plusieurs choses sont léguées, distinctes l'une de l'autre, et sans que l'une soit considérée comme l'accessoire, la perte ou l'aliénation de l'une n'entraîne pas l'extinction du legs des autres; mais si l'une est considérée comme principale, et l'autre comme accessoire, l'extinction du legs de la principale entraîne l'extinction du legs de l'accessoire. Or le pécule est l'accessoire de l'esclave, les instrumens d'une ferme sont l'accessoire de la ferme; mais les enfans ne sont pas l'accessoire de leur mère, les esclaves vicaires ne sont pas l'accessoire des esclaves ordinaires. Pour l'intelligence de cette dernière partie de notre texte, nous devons donner quelques explications.

Les esclaves ordinaires sont ceux qui sont préposés principalement à certaines fonctions déterminées : un maître avait son esclave échanson, son esclave pannetier, son esclave cuisinier, etc., puis, pour le cas où l'un de ces esclaves viendrait à manquer, il y avait d'autres esclaves pour le remplacer dans ses fonctions : les premiers étaient les ordinaires, les autres les vicaires. Or, en matière autre que celle des legs, les esclaves vicaires étaient considérés comme étant un accessoire des ordinaires, ils faisaient partie de leur pécule (1). Dans les legs il en est autrement, sans doute parce qu'on présume que l'intention du testateur n'a point été de considérer un homme comme l'accessoire d'un autre (2).

Fundus instructus, fundus cum instrumento. Labéon pensait que l'une et l'autre expression avaient le même sens (3); mais Sabinus et d'autres jurisconsultes plus récens, par la première, comprenaient non seulement les instrumens destinés à l'exploitation du fonds, mais encore tous les objets placés dans le fonds pour le rendre plus utile et plus agréable : au contraire, le legs d'un fonds avec ses instrumens ne comprenait que le fonds avec les objets destinés à son exploitation (4). La loi 5, au Digeste : *De instructo vel instrumento legato*, mentionne encore le legs de *fundus et instrumentum*. Paul pense que dans le legs de *fundus et instrumentum*, l'extinction du legs du *fundus* n'entraînait point l'extinction du legs de l'*instrumentum*.

18. Si grex legatus fuerit, posteaque ad unam ovem pervenerit, quod superfuerit, vindicari potest. Grege autem legato, etiam eas oves, quæ post testamentum factum gregi adjiciuntur, legato cedere, Julianus ait; est enim gregis unum corpus, ex distantibus capitibus, sicuti ædium unum corpus est, ex cohærentibus lapidibus.	18. *Si le legs a pour objet un troupeau et qu'il n'en reste plus qu'une brebis, cette brebis sera due et pourra être revendiquée par le légataire. Le legs d'un troupeau comprend aussi, d'après Julien, les brebis qui y sont ajoutées depuis la confection du testament: en effet, un troupeau ne forme qu'un seul tout, quoique les brebis en soient les par-*

---

(1) D. 33. 8. 15. f. alf. Varus. — *Ibid.* 16. f. Afric. — *Ibid.* 25. f. Celsus. — 21. 1. 44. pr. f. Paul. — Inst. 4. 7. § 4. — (2) 21. 1. 44. pr. f. Paul. — (3) D. 33. 7. 5. f. Lab. — (4) D. 33. 7. 12. § 27 f. Ulp. — *Ib.* 33. 7. 16. f. Alf.

ties distinctes, comme dans un édifice il n'y a qu'un seul tout, quoiqu'il se compose d'un grand nombre de pierres assemblées.

Ne restât-il qu'une brebis du troupeau légué, elle appartiendra au légataire. Il n'en est pas de même pour l'usufruit : l'usufruit d'un troupeau est éteint lorsqu'il n'y a plus assez de brebis pour qu'on puisse le qualifier du nom de troupeau (1). Pomponius appliquait au legs d'un troupeau le principe de l'usufruit; mais cette opinion de Pomponius n'a point été admise par Justinien.

19. Ædibus denique legatis, columnas et marmora, quæ post testamentum factum adjecta sunt, legato cedere.

19. *Le legs d'un édifice comprend les colonnes et les marbres qui y sont ajoutés depuis la confection du testament.*

20. Si peculium legatum fuerit, sine dubio quidquid peculio accedit, vel decedit vivo testatore legatarii lucro, vel damno est. Quod si post mortem testatoris, ante aditam hereditatem, servus acquisierit, Julianus ait, si quidem ipsi manumisso peculium legatum fuerit, omne, quod ante aditam hereditatem acquisitum est, legatario cedere, quia dies hujus legati ab adita hereditate cedit; sed si extraneo peculium legatum fuerit, non cedere ea legato, nisi ex rebus peculiaribus auctum fuerit. Peculium autem, nisi legatum fuerit, manumisso non debetur, quamvis, si vivus manumiserit,

20 *Le legs d'un pécule a pour effet de faire gagner ou perdre au légataire tout ce qui accroît au pécule ou en décroît du vivant du testateur. Si ce même pécule s'est accru d'acquisitions faites par l'esclave depuis la mort du testateur et avant l'adition d'hérédité, ces acquisitions appartiendront au légataire, si c'est à l'esclave affranchi que le legs a été fait, parce que le droit à un tel legs s'ouvre à l'adition d'hérédité : mais si c'est à un étranger que le pécule est légué, les acquisitions dont nous avons parlé ne lui appartiennent pas, à moins que ces acquisitions ne pro-*

---

(1) D. 7. 4. 31. f. Pompon.

sufficit, si non adimatur; et ita divi Severus et Antoninus rescripserunt. Iidem rescripserunt, peculio legato, non videri id relictum, ut petitionem habeat pecuniæ, quam in rationes dominicas impendit. Iidem rescripserunt, peculium videri legatum, cum rationibus redditis liber esse jussus est, et ex eo reliquas inferre.

viennent des choses mêmes dont se composait le pécule. Au reste lorsqu'un esclave est affranchi par testament, et qu'on ne lui a pas légué un pécule, il ne lui est point dû, quoiqu'il soit vrai de dire que s'il est affranchi par son maître du vivant de ce dernier, s'il ne lui ôte pas son pécule, il lui appartient. Telle est la décision de Sévère et d'Antonin. Les mêmes empereurs ont décidé que si le testateur a légué à son esclave son pécule, il ne pourra répéter à l'héritier les sommes dépensées par lui pour les choses de son maître. Enfin ils ont déclaré que si le testateur a dit que l'esclave serait libre après avoir rendu son compte, et avoir payé le reliquat, le pécule serait censé aussi lui être légué.

Le legs s'ouvre, c'est-à-dire, devient transmissible aux héritiers du légataire (ou au maître du légataire, si celui-ci est un esclave) à la mort du testateur, quand il est pur et simple ou à terme, à l'événement de la condition, quand il est conditionnel. Lorsque le legs s'ouvrait, les juris-consultes disaient *dies legati cedit*. Mais quoique le legs fût ouvert, il ne pouvait pas être exigé avant l'échéance du terme, s'il était à terme, ni, en tous cas, avant l'adition d'hérédité, car si l'adition d'hérédité n'avait pas lieu, il n'y avait pas de legs. Lorsque le moment de l'exécution était arrivé, on disait *dies legati venit*. Si le légataire venait à mourir avant l'ouverture du droit, le legs était caduc, c'est-à-dire, était perdu pour le légataire et ses héritiers (ou pour le maître, si le légataire était esclave). Si l'objet légué périssait avant l'ouverture du droit, par cas fortuit, l'héritier ne devait rien au légataire. Si ce même objet diminuait avant la même époque, aussi par cas fortuit, le légataire ne pouvait le réclamer que dans l'état où il se trouvait alors; et réciproquement si cet objet avait été augmenté avant cette époque, le légataire profitait de l'accroissement. Mais si des accroissemens survenaient à l'objet légué dans l'intervalle du *dies cedit* au *dies venit*, ils n'appartenaient pas au légataire à moins qu'ils ne provinssent du legs lui-même, comme les fruits d'un troupeau compris dans le pécule; il en est ainsi dans l'exemple du pécule d'un esclave légué à un étranger. Mais ces mêmes accroissemens appartiendraient au légataire si ce légataire était l'esclave lui-même auquel était attaché le pécule; le motif de cette différence est que l'esclave ne peut devenir légataire de son pécule, soit qu'il doive devenir libre, soit qu'il soit légué lui-même à un autre, qu'à l'adition d'hérédité: en effet, avant cette époque il appartient encore à l'hérédité; et le testateur ne peut être présumé avoir légué à sa propre hérédité; il est donc censé avoir voulu qu'un tel legs ne s'ouvrît qu'à l'adition d'hérédité, lorsque l'esclave doit devenir libre ou l'esclave d'autrui.

Les empereurs Sévère et Antonin ajoutent que le maître, qui donne la liberté à son esclave, par testament, n'est pas censé lui donner, par cela seul et sans l'exprimer, le pécule qu'il avait amassé pendant son esclavage; quoiqu'il n'en soit pas de même lorsqu'il lui donne la liberté par acte entre-vifs; dans ce dernier cas s'il ne lui ôtait pas son pécule, il était censé lui appartenir: cela vient de ce que, lorsqu'un maître vivant laisse faire ce qu'il peut facilement empêcher, il est censé le permettre, mais un mort ne peut être censé permettre. Dioclétien et Maximilien ont rendu la même décision (1).

---

(1) C. 7. 23.

En outre, les empereurs Sévère et Antonin ont décidé que, si le maître lègue à son esclave son pécule, cela ne signifie point que, si l'esclave a puisé dans son pécule, pour faire des dépenses dans l'intérêt de son maître, il aura le droit de faire rentrer ces sommes dans son pécule, et par conséquent de les réclamer aux héritiers de son maître. Pégase, Nerva et Atilicinus ont professé cette opinion. Ulpien rapporte ce rescript dans un fragment qui se trouve au Digeste (2). Cette décision, au reste, ne s'appliquait qu'au legs du pécule; car si le pécule était donné par acte entre-vifs, à l'affranchi, celui-ci pouvait réclamer, pour compléter son pécule ce qu'il avait pris pour l'avantage de son ancien maître (3). Mais si l'héritier était débiteur personnel envers le pécule de l'esclave, celui-ci, légataire du pécule, pouvait exiger de l'héritier qu'il fît rentrer dans son pécule ce qu'il lui devait (4).

Enfin ces mêmes empereurs ont voulu que, quoiqu'en règle générale le testateur ne soit pas présumé avoir voulu léguer son pécule à l'esclave affranchi par testament, cette présomption cédât à diverses circonstances; ainsi qu'il fût censé lui avoir aussi légué son pécule lorsqu'il dirait qu'après avoir reçu la liberté et rendu ses comptes, il paierait le reliquat de ses comptes aux héritiers (*reliquas inferre*); alors évidemment le pécule devait lui appartenir.

21. Tam autem corporales res quam incorporales legari possunt. Et ideo et, quod defuncto debetur, potest alicui legari, ut actiones suas heres legatario præstet, nisi exegerit vivus testator pecuniam : nam

21. *On peut léguer les choses incorporelles aussi bien que les corporelles Par conséquent le testateur peut léguer ce qui lui est dû, de telle sorte que l'héritier soit obligé de céder au légataire ses actions*

---

(1) 33. 8. 6. § 4. — (2) D. 15. 1. 7. § 6. f. Ulp. — (3) D. 33. 8. 5. f. Paul.

hoc casu legatum extinguitur. Sed et tale legatum valet : *damnas esto hæres, domum illius reficere, vel illum ære alieno liberare.*

contro le débiteur de l'hérédité : toutefois cette obligation cesserait si le testateur de son vivant avait exigé la dette ; en effet il n'y aurait plus alors de legs. On considère aussi comme valable un tel legs : que mon héritier soit obligé de reconstruire la maison de tel individu ou de payer ses dettes.

Comme on le voit, le legs d'une créance n'en transfère pas directement le bénéfice au légataire, il oblige seulement l'héritier à procurer au légataire l'action contre le débiteur, action qui, comme toutes celles qui appartenaient au défunt, sont maintenant sur la tête de l'héritier. Mais l'héritier ne doit pas davantage ; ainsi, si le débiteur cédé est insolvable, l'héritier ne devra au légataire aucune indemnité.

Le legs qui consiste à obliger l'héritier à faire quelque chose ou à s'abstenir de faire quelque chose est aussi le legs d'une chose incorporelle : il suffit que l'objet de ces actes ou omissions n'ait rien d'illicite.

22. *Si generaliter servus vel alia res legatur, electio legatarii est, nisi aliud testator dixerit.*

22. *Si le legs est d'un esclave en général, ou de toute autre chose, c'est au légataire qu'appartiendra le choix de la chose léguée, à moins que le testateur ne l'ait voulu autrement.*

Si le testateur a légué un corps certain, l'héritier ne pourra acquitter son obligation qu'en donnant ce corps certain ; le légataire ne pourra demander autre chose ; mais s'il a légué une chose non déterminée quant à l'individu, par exemple, une brebis, un cheval, le légataire, en recevant une brebis ou un cheval, ne pourra se plaindre et prétendre que le testateur a eu l'intention de lui donner un autre animal du même *genre* (generaliter); et, quand je dis *genre*, c'est par opposition à l'*individu* que les textes désignent par le mot *species*.

Je suppose ici que l'héritier devra avoir le choix; en effet, puisque l'héritier est obligé à l'égard du légataire, en vertu du testament, à lui donner un cheval, et que ce cheval est indéterminé, le légataire lui demanderait plus qu'il ne lui est dû *ex testamento*, s'il demandait un cheval déterminé; aussi en était-il ainsi autrefois dans les legs *per damnationem*. Dans le legs *per vindicationem*, au contraire, comme le légataire avait le droit de dire : *telle chose est à moi parmi les individus du même genre que je trouve dans l'hérédité, et ce en vertu du testament*; le légataire avait le choix : c'est ce qu'exprime la L. 108, § 2, D. (30. 1.). Le motif que donne de cette décision la loi citée est que le choix doit appartenir à celui qui a le droit de choisir l'action réelle. Or, d'après Justinien, tout légataire a, pour l'obtention de tout legs le choix entre l'action réelle, l'action personnelle et l'action hypothécaire; il n'est donc pas étonnant que Justinien ait admis, sans distinguer entre les legs *per damnationem* et les legs *per vindicationem*, que le légataire a le choix, parce qu'il peut toujours agir par action réelle : mais, s'il agit par action personnelle, l'héritier devra avoir le choix.

Par quelque personne que se fasse le choix, il se fera dans les choses de l'hérédité. S'il n'y en a point, il se fera parmi les choses du même genre, pourvu que ce genre ne soit pas trop étendu, car alors le legs serait nul. En tous cas le choix ne doit se porter ni sur la meilleure chose, ni sur la plus mauvaise.

---

(1) D. 30. 37. f. Ulp.

23. Optionis legatum, id est ubi testator ex servis suis vel aliis rebus optare legatarium jusserat, habebat in re conditionem, et ideo, nisi ipse legatarius vivus, optaverat, ad heredem legatum non transmittebat. Sed, ex constitutione nostra, et hoc ad meliorem statum reformatum est, et data est licentia et heredi legatarii optare, licet vivus legatarius hoc non fecit. Et, diligentiore tractatu habito, et hoc in nostra constitutione, additum est, ut sive plures legatarii existant, quibus optio relicta est, et dissentiant in corpore eligendo, sive unius legatarii plures heredes, et inter se circa optandum dissentiant, alio aliud corpus eligere cupiente, ne pereat legatum (quod plerique prudentium contra benevolentiam introducebant), fortunam esse hujus optionis judicem, et sorte esse hoc dirimendum, ut, ad quem sors perveniat, illius sententia in optione præcellat.

23. *D'après l'ancien droit, lorsque le testateur fesait un legs d'option, c'est-à-dire, lorsqu'il donnait au légataire le droit de choisir l'un de ses esclaves ou l'une des choses qui lui appartenaient, un tel legs était conditionnel, en telle sorte que si le légataire ne choisissait pas lui-même, ce legs ne passait pas, à sa mort, à ses héritiers. Mais, par une constitution, nous avons fait prévaloir des pincipes plus rationnels; en conséquence nous avons permis à l'héritier du légataire de faire l'option, quand même ce dernier n'aurait pas choisi de son vivant. Etendant nos améliorations, nous avons décidé, dans la même constitution, que si le legs d'option était fait à plusieurs, u si le légataire d'option mourant sans avoir choisi et laissant plusieurs héritiers, ils ne s'accordaient pas sur l'objet de leur choix, le choix appartiendrait à celui que le sort désignerait, afin que le legs ne périt pas; et ce, contrairement à l'opinion de plusieurs jurisconsultes qui ne favorisaient pas l'intention du testateur.*

Il ne faut pas confondre le legs d'option avec le legs d'une chose à choisir. Le legs d'une chose à choisir est celui du paragraphe précédent; il était transmissible aux héritiers du légataire mort avant d'avoir fait son choix. Le legs d'option avait pour objet le droit de se déterminer pour un choix : c'était le legs d'une faculté, en un mot, d'une chose incorporelle. Or, cette faculté de faire un choix était purement personnelle; si donc le légataire de cette faculté mourait sans l'avoir exercée, le legs était éteint, il n'était pas transmissible. Mais Justinien a rendu un tel legs transmissible, et si le legs était fait à plusieurs légataires qui ne fussent pas d'accord pour le choix, ou à un légataire dont les héritiers ne voulussent point s'entendre sur le choix que n'aurait point fait leur auteur, on tirait au sort pour les mettre d'accord. Avant Justinien, le dissentiment des colégataires de l'option suffisait pour rendre le legs caduc.

En finissant il est bon d'observer 1° que *optio* et *electio* ont le même sens; 2° que le legs d'option ne s'appliquait guère qu'aux esclaves (1).

24. Legari autem illis solis potest, cum quibus testamenti factio est.	24. *On ne peut léguer qu'à ceux avec lesquels on a faction de testament.*

On a faction de testament avec les personnes que l'on peut instituer héritiers; ce sont donc celles-là seules auxquelles nous pouvons léguer : au nombre de ces personnes sont les citoyens romains et leurs esclaves; mais on ne peut léguer aux *peregrini* ni aux déportés.

La loi Voconia avait défendu aux femmes de recevoir plus qu'une certaine valeur; les lois Julia et Papia Poppæa rendaient aussi incapables de recevoir intégralement les legs qui étaient faits à ceux qui étaient restés célibataires jusqu'à un certain âge, et ceux qui, étant mariés, n'avaient pas d'enfans. Constantin a abrogé ces restrictions apportées à la capacité de recevoir par testament. Théodore en établit d'autres, ainsi que Justinien qui défendit aux hérétiques de recevoir par testament de quelque manière que ce fût.

---

(1) D. 33. 5. 8. f. Pompon. — *Ibid.* 20 et 22. f. Lab. et Scœv. — Cicér. de Invent. 2. 40.

25. Incertis vero personis neque legata, neque fideicommissa olim relinqui concessum erat: nam nec miles quidem incertis personis poterat relinquere, ut divus Hadrianus rescripsit. Incerta autem persona videbatur, quam incerta opinione animo suo testator subjiciebat, veluti si quis ita dicat: *Quicumque filio meo in matrimonium filiam suam dederit, ei heres meus illum fundum dato.* Illud quoque quod his relinquebatur, qui post testamentum scriptum primi consules designati erunt, æque incertæ personæ legari videbatur: et denique multæ aliæ hujusmodi species sunt. Libertas quoque non videbatur posse incertæ personæ dari, quia placebat nominatim servos liberari. Tutor quoque certus dari debebat. Sub certa vero demonstratione, id est, ex certis personis incertæ personæ, recte legabatur, veluti: *Ex cognatis meis, qui nunc sunt, si quis filiam meam uxorem duxerit, ei heres meus illam rem dato.* Incertis autem personis legata vel fideicommissa relicta et per errorem soluta repeti non posse, sacris constitutionibus cautum erat.

25. Autrefois on ne pouvait faire aux personnes incertaines ni legs ni fidéi-commis : un militaire ne pouvait lui-même rien laisser à des personnes incertaines, ainsi que l'a décidé Adrien, dans un rescript ; or, on entendait par personne incertaine celle que le testateur n'avait point présente à l'esprit d'une manière précise ; par exemple, s'il disait : que mon héritier donne ce fonds à celui qui donnera sa fille en mariage à mon fils. Il en était de même s'il laissait quelque chose à ceux qui, depuis son testament, seraient désignés consuls les premiers : on pourrait encore citer beaucoup d'autres exemples de la même espèce. On ne pouvait non plus donner la liberté à un esclave incertain, parce qu'il était de principe qu'un esclave fût affranchi nominativement. Le tuteur que l'on donnait par testament devait aussi être désigné d'une manière spéciale. Mais on pouvait léguer à des personnes incertaines pourvu qu'elles fussent comprises dans une classe certaine d'individus, par exemple : que mon héritier donne cette chose à celui de mes cognats maintenant existans qui épousera ma fille. Quant au legs ou fidéi-commis faits à des personnes incertaines, et payé par erreur, les constitutions ne permettaient pas de les répéter.

Ce fut un sénatusconsulte du temps d'Adrien qui défendit de faire des fidéi-commis à des personnes incertaines; car, avant lui, les fidéi-commis profitaient à ceux qui n'auraient pu être légataires (1). Or, on entend par personne incertaine celle qui ne se présentait pas à l'esprit du testateur, d'une manière positive, au moment même de la confection du testament, peu importait qu'il se la présentât ensuite à l'esprit d'une manière positive; de même peu importait qu'ensuite elle devînt incertaine lorsque d'abord elle avait été certaine à ses yeux (2). La liberté ne pouvait être léguée également à un esclave incertain; la loi Fusia Caninia avait, en effet, exigé qu'on affranchît nominativement (3).

On peut toutefois léguer à une personne incertaine pourvu qu'elle soit comprise dans une certaine classe d'individus.

Au reste les legs faits à des personnes incertaines, lorsqu'ils avaient été exécutés par erreur, ne pouvaient être répétés; ce qui avait été introduit par les constitutions, sans doute parce que les empereurs pensèrent qu'ils étaient dûs naturellement: ils ont même décidé que le paiement d'un fidéi-commis, fait indûment, ne donnerait pas lieu, plus que le paiement par erreur d'un legs, à la *condictio indebiti*, c'est-à-dire, à la répétition de l'indû.

26. Postumo quoque alieno inutiliter legabatur: est autem alienus postumus qui, natus, inter suos heredes testatoris futurus non est; ideoque ex emancipato filio conceptus nepos extraneus erat postumus avo.	26. Il était aussi inutile de léguer au posthume externe: or on appelle posthume externe l'individu qui, étant conçu, ne doit pas naître parmi les héritiers siens du testateur: ainsi le petit-fils conçu des œuvres d'un fils émancipé, était posthume externe de son aïeul.

(1) G. 2. 287. — D. 34. 5. 4 et 5. pr. f. Paul. et Gai. — (2) D. 34. 5. 14. f. Marc. — (3) G. 2. 239.

Le posthume était une personne incertaine, puisque le testateur ne pouvait se le présenter à l'esprit d'une manière positive. Toutefois il n'y a que le posthume conçu sous la puissance d'un autre que du testateur, qui soit incapable de recevoir par testament : déjà long-temps avant Justinien on pouvait, en effet, déshériter ou instituer un posthume sien, ou lui laisser un legs.

Notre texte, en parlant d'un posthume externe, cite le fils d'un émancipé conçu hors de la puissance de son aïeul : mais ce n'est que par forme d'exemple, et pour faire conclure que la même décision doit s'appliquer à plus forte raison au posthume conçu sous la puissance d'une personne entièrement étrangère au testateur.

Au reste ce que notre texte dit du legs doit être dit à plus forte raison de l'institution d'héritier; elle ne pouvait être faite en faveur de personnes incertaines (1). Cependant Justinien déclare, dans le § 28 de notre titre, que l'on pouvait instituer héritier un posthume externe; mais cette contrariété de décisions n'existe que dans les expressions. En effet le posthume externe, qui avait été institué héritier, ne pouvait pas demander l'hérédité proprement dite, en vertu du droit civil; mais il pouvait demander la possession de biens, en vertu du droit prétorien, et ce même avant Justinien : depuis cet empereur, il peut même demander l'hérédité en vertu du droit civil.

27. Sed nec hujusmodi species penitus est sine justa emendatione derelicta, cum in nostro Codice

27. *Nous n'avons point voulu laisser cette matière sans réforme; nous avons inséré dans notre Code*

---

(1) G. 2. 242. — Just. 3. 9. pr.

constitutio posita est, per quam et huic parti medevimus, non solum in hereditatibus, sed etiam in legatis et fideicommissis; quod evidenter ex ipsius constitutionis lectione clarescit. Tutor autem nec per nostram constitutionem incertus dari debet, quia certo judicio debet quis pro tutela suæ posteritati cavere.	*une constitution dans le but de réformer les anciennes décisions pour les legs et les fidéi-commis comme pour les hérédités. On s'en convaincra facilement en se reportant à cette constitution. Toutefois nous avons conservé intacts les anciens principes en ce qui concerne le tuteur; il doit être certain; car le testateur ne doit donner pour tuteur à ses enfans qu'un individu qu'il connaisse bien.*

La constitution, par laquelle Justinien a fait les réformes qu'il annonce, pour les legs faits à personnes incertaines, se trouve mentionnée au code (1) où il n'en reste plus que quelques fragmens. Il paraît, comme l'a remarqué Cujas (2), que cette constitution était fort étendue.

Au reste Justinien permet même d'instituer héritiers des personnes incertaines, des corporations incertaines et des pauvres non désignés. Toutefois il exige encore que la tutelle ne soit donnée par testament qu'à des personnes certaines.

28. Postumus autem alienus heres institui et antea poterat, et nunc potest, nisi in utero ejus sit quæ jure nostro uxor esse non potest.	28. *Antrefois on pouvait cependant instituer pour héritier un posthume externe, et on le peut encore aujourd'hui, à moins qu'il ne soit dans le sein d'une femme qui ne peut être notre épouse.*

Il est évident d'après Gaïus (3), et d'après Justinien lui-même (4), qu'autrefois un posthume externe ne

---

(1) C. 6. 48. — (2) Not. sur les inst. hic. — (3) G. 2. 242 et 287. — (4) Inst. 3. 9. pr.

pouvait être institué héritier comme nous l'avons déjà dit, sur le § 26; notre auteur veut donc seulement nous apprendre que l'institution d'un posthume externe, qui autrefois ne pouvait conduire à la possession de biens du droit prétorien, pourra désormais donner l'hérédité d'après le droit civil. Toutefois Justinien excepte ici le cas où le posthume serait conçu des œuvres du testateur qui ne pourrait pas épouser la femme qui en serait enceinte : en effet on peut instituer héritier le posthume d'une fille ou d'une petite-fille, et cependant il est évident qu'on ne peut l'épouser (1).

29. Si quis in nomine, cognomine, praenomine legatarii erraverit testator, si de persona constat, nihilominus valet legatum; idemque in heredibus servatur, et recte : nomina enim significandorum hominum gratia reperta sunt, qui si quolibet alio modo intelligantur, nihil interest.

29. Si le testateur s'est trompé sur le nom, le surnom ou le prénom du légataire, le legs sera cependant valable pourvu qu'il n'y ait aucun doute sur la personne même du légataire. Ceci s'applique à l'institution d'héritier également, et avec raison : car les noms n'ont été destinés qu'à désigner les personnes; peu importe donc la manière de les désigner pourvu qu'on les distingue.

30. Huic proxima est illa juris regula, *falsa demonstratione legatum non perimi*, veluti si quis ita legaverit : *Stichum servum meum vernam do lego*, licet enim non verna, sed emptus sit, de servo tamen constat, utile est legatum. Et convenienter, si ita demonstraverit: *Stichum servum, quem a Seio emi*, sitque ab alio emptus,

30 A la règle de droit précédente se rattache celle-ci; la fausse désignation des qualités de l'objet légué ne rend pas le legs nul. Ainsi si quelqu'un a légué Stichus né son esclave, le legs est valable quoique l'esclave Stichus ne soit pas né son esclave; car, quoiqu'il l'ait acquis par achat et non par naissance, il ne peut cependant pas y

---

(1) D. 28. 2. 9. § 3. f. Paul.

utile est legatum, si de servo constat.

avoir de doute sur l'identité de l'esclave légué; de même le legs sera valable si le testateur a dit: *Je lègue l'esclave Stichus que j'ai acheté de Seius*, quand même il l'aurait acheté d'un autre que de Seius; il suffit que l'on sache de quel esclave il s'agit.

Il ne faut pas confondre la démonstration avec la détermination. Si le testateur a dit: *Je lègue à Titius les cents solides qui sont dans mon sécrétaire, ce que Seius me doit;* s'il n'y a rien dans son sécrétaire, si Seius ne lui doit rien, le legs est nul, parce que la volonté du testateur était subordonnée à l'existence des cents solides dans le sécrétaire, ou à la dette de Seius. Dans notre espèce, au contraire, cette volonté n'est subordonnée qu'à l'existence de l'objet légué, et non à ses qualités.

31. Longe magis legato falsa causa non nocet, veluti cum ita quis dixerit: *Titio, quia, absente me, negotia mea curavit, Stichum do lego;* vel ita: *Titio, quia patrocinio ejus capitali crimine liberatus sum, Stichum do lego:* licet enim neque negotia testatoris unquam gessit Titius, neque patrocinio ejus liberatus est, legatum tamen valet. Sed si conditionaliter enuntiata fuerit causa, aliud juris est, veluti hoc modo: *Titio, si negotia mea curaverit, fundum do lego.*

31. *A plus forte raison la fausse cause ne nuit pas à la validité du legs;* par exemple si le testateur a dit: Je lègue Stichus à Titius qui a géré mes affaires pendant mon absence; ou bien: Je lègue Stichus à Titius parce que par sa défense j'ai été acquitté d'une accusation capitale: car peu importe ici, pour la validité du legs, que Titius ait géré les affaires du testateur, ou l'ait fait acquitter par son éloquence d'une accusation capitale. Il en serait autrement si ces énonciations avaient été l'expression d'une condition dans l'esprit du testateur, par exemple, s'il avait dit: Je lègue mon fonds à Titius s'il a soigné mes affaires.

Le legs étant une donation, et la donation ayant pour cause la bienfaisance, elle reste toujours valable quand même une autre cause, énoncée par le donateur, n'existerait pas : c'est pour ce motif que l'énonciation d'une fausse cause, dans un legs, ne rend pas ce legs nul : or cette cause accessoire tient encore moins au legs que la démonstration du legs; car la démonstration pourrait être quelquefois nécessaire pour la précision de l'objet légué, tandis que le testateur n'est jamais obligé d'indiquer le motif de sa libéralité; c'est donc avec raison que Justinien conclut par un *a fortiori* que la fausse cause ne nuit pas au legs, mais il ne faut pas confondre la *cause* avec le *mode*; la première se réfère à un événement passé, le second à un événement futur que le testateur impose au légataire; par exemple: *Je donne mille sesterces à Titius, à charge par lui de m'ériger un tombeau*. En outre il ne faut pas confondre le *mode* avec la *condition* : le *mode* ne suspend pas l'effet du legs; les *mille* sesterces appartiennent à Titius dès l'ouverture de la succession; seulement, en cas d'inexécution, par sa faute, il devra les restituer : la *condition* suspend l'effet du legs jusqu'à l'accomplissement de la condition; jusqu'alors le droit au legs n'est pas ouvert au légataire. Quant aux conditions qui consistent à ne pas faire, et qui ne peuvent être accomplies du vivant du légataire, on a admis une exception à ce dernier principe. En effet, comme on ne pourrait savoir qu'à la mort du légataire, s'il n'a pas fait ce qui lui était prohibé; comme, par conséquent, le legs, dans ce cas, n'appartiendrait au légataire qu'à sa mort, on a admis que le légataire aurait droit à son legs comme si le testateur n'avait pas fait dépendre son ouverture de la condition de ne pas faire; on a seulement exigé de lui une caution appelée *mutienne*, dont le but était de garantir qu'il ne contreviendrait pas à l'obligation de ne pas faire. Si cette condition de ne pas faire était de nature à s'accomplir du vivant du légataire, il n'y avait pas lieu à la caution mutienne.

32. An servo heredis recte legamus, quæritur. Et constat, pure inutiliter legari, nec quicquam proficere, si vivo testatore de potestate heredis exierit, quia, quod inutile foret legatum, si statim post factum testamentum decessisset testator, hoc non debet ideo valere, quia diutius testator vixerit. Sub conditione vero recte legatur, ut requiramus, an, quo tempore dies legati cedit, in potestate heredis non sit.

32. *On se demande si l'on peut léguer valablement à l'esclave de l'héritier. Il est constant que si le legs est pur et simple, il est inutile; en effet, peu importe que, du vivant du testateur, l'esclave sorte de la puissance de l'héritier institué; car le legs qui est nul en supposant le testateur mort du moment de la confection du testament, ne peut devenir valable parce que le testateur aurait vécu ensuite. Mais si le legs est conditionnel, il sera valable si, au moment de l'ouverture du legs, l'esclave a cessé d'être sous la puissance de l'héritier.*

L'héritier ne peut pas se devoir à lui-même un legs; or, s'il devait à son propre esclave, ce serait à lui-même qu'il devrait : on s'est donc demandé si le testateur pouvait charger son héritier de remettre un legs à son esclave; cette question a été controversée du temps de Servius Sulpicius, entre les Sabiniens et les Proculéiens; l'opinion des Sabiniens, qui tenait le milieu entre celle de Servius et celle de Proculeius, paraît avoir ensuite dominé (1); c'est celle qu'adopte et consacre Justinien. La difficulté que présentait cette question venait de ce que l'esclave légataire, quoiqu'il fût sous la puissance de l'héritier au moment de la confection du testament

---

(1) G. 2. 244.

pourrait fort bien en être sorti au moment de l'ouverture du legs qui, pour le legs pur et simple, avait lieu au décès du testateur, et, pour le legs conditionnel, à l'accomplissement de la condition. Cette considération ne pouvait être d'aucun poids pour le legs pur et simple; car, en vertu de la règle catonienne, qui s'appliquait au legs pur et simple, pour apprécier la validité d'un legs, on devait se reporter au moment de la confection du testament : il est donc impossible, d'après cette fiction, qu'il existe un intervalle pendant lequel l'esclave légataire sorte de la puissance de son maître, institué héritier, et recueille ensuite pour lui ou pour un maître, autre que l'héritier, le legs qui lui aurait été fait. Mais cette impossibilité disparaît lorsqu'il s'agit du legs conditionnel; ce legs échappait à l'application de la règle catonienne; il ne s'ouvrait qu'à l'accomplissement de la condition; si, lors de cet accomplissement, l'esclave légataire n'était plus l'esclave de l'héritier, rien ne s'opposait à ce que le legs fût valable (1); mais si, à cette époque, l'esclave était encore sous la puissance de l'héritier, le legs était nul (2).

33. Ex diverso, herede instituto servo, quin domino recte etiam sine conditione legetur, non dubitatur. Nam et, si statim post factum testamentum, decesserit testator, non tamen apud eum, qui heres sit, dies legati cedere intelligitur, cum hereditas a legato separata sit, et possit per eum servum alius heres effici, si prius, quam jussu domi-

33. *En sens inverse on peut, même sans condition, léguer au maître de l'esclave héritier. Car, en supposant que le testateur soit mort du moment de la confection du testament, le legs et l'hérédité pourront ne pas se confondre dans la même personne; car l'ouverture du legs a lieu avant celle de l'hérédité; dans cet intervalle, et avant que son*

---

(1) D. 34. 7. 1. p. f. Cels. — (2) G. l. c.

ni adeat, in alterius potestatem translatus sit, vel manumissus ipse heres efficitur : quibus casibus utile est legatum; quod si in eadem causa permanserit, et jussu legatarii adierit, evanescit legatum.

maître légataire ne lui donne l'ordre de faire adition, l'esclave peut passer sous la puissance d'un autre qui deviendra héritier, ou être affranchi et faire adition d'hérédité pour lui-même : dans ces divers cas, le legs peut être valable : mais si l'esclave institué reste l'esclave du légataire jusqu'à l'adition d'hérédité, le legs deviendra nul.

Si le legs est fait au maître de l'esclave institué, il peut être valable quoique pur et simple : en effet, quand même on supposerait le testateur mort immédiatement après la confection du testament, le maître devient bien sur-le-champ légataire, mais l'esclave ne deviendra héritier, ou plutôt ne rendra son maître héritier qu'à l'adition d'hérédité; l'héritier institué n'était point investi de plein droit de l'hérédité; il fallait qu'il fît adition ; or, dans l'intervalle qui s'écoulait depuis l'ouverture de la succession, à laquelle le légataire était investi du droit au legs pur et simple, jusqu'à l'adition d'hérédité, intervalle qui existait nécessairement dans tous les cas, l'esclave institué pouvait passer sous la puissance d'un autre maître ou être affranchi, et alors il faisait adition pour son nouveau maître ou pour lui-même (1). Si, au moment de l'adition d'hérédité, il était encore sous la puissance du maître légataire, le legs devenait inutile, parce que le legs et l'hérédité se confondaient dans la même personne (2).

34. Ante heredis institutionem inutiliter antea legabatur, scilicet quia testamenta vim ex institutione

34. *Autrefois les legs, qui étaient placés avant l'institution de l'héritier, étaient nuls, parce que*

---

(1) D. 36. 2. 17. f. Jul. — (2) G. l. c. — D. 35. 2. 20. f. Scœv.

heredum accipiunt, et ob id veluti caput atque fundamentum intelligitur totius testamenti heredis institutio. Pari ratione nec libertas ante heredis institutionem dari poterat. Sed quia incivile esse putavimus ordinem quidem scripturæ sequi (quod et ipsi antiquitati vituperandum fuerat visum) ; sperni autem testatoris voluntatem : per nostram constitutionem et hoc vitium emendavimus, ut liceat, et ante heredis institutionem, et inter medias heredum institutiones, legatum relinquere, et multo magis libertatem, cujus usus favorabilior est.

les testamens n'ont de force que par l'institution d'héritier : elle en est considérée comme la partie essentielle et le fondement : le legs de la liberté lui-même était nul lorsqu'il précédait cette institution; mais nous avons pensé qu'il était déraisonnable de s'arrêter à l'ordre des phrases (les anciens avaient déjà blâmé cette rigidité), et de ne compter pour rien la volonté du testateur : nous avons donc publié une constitution par laquelle nous déclarons valables les legs quelconques, à plus forte raison ceux de la liberté, qu'ils soient placés avant, parmi ou après les institutions d'héritiers.

De tout temps les fidéi-commis étaient valables, qu'ils fussent écrits ou non avant l'institution d'héritier; car on pouvait faire des fidéi-commis même sans testament; il n'en était pas de même du legs, ainsi que nous l'apprend notre texte; il n'était valable que lorsqu'il était fait par testament, par conséquent lorsqu'il suivait, dans le testament, l'institution d'héritier. Justinien a, ici encore, changé l'ancien droit par une constitution que l'on croit ne point se retrouver entièrement au Code (1). En effet, dans ce que le Code nous a conservé, Justinien ne parle pas du legs de liberté, sur lequel cependant son attention devait être spécialement attirée, comme il l'énonce aux Instituts.

Quant à la nomination de tuteur par testament, les

---

(1) C. 6. 23. 24.

Sabiniens pensaient qu'elle n'était pas valable, si elle se trouvait placée avant l'institution d'héritier; les Proculéiens pensaient au contraire que, même dans cet ordre, cette nomination était valable, parce qu'elle ne portait aucune atteinte à l'hérédité (1). Cette opinion avait prévalu avant Justinien; voilà, sans doute, pourquoi il ne parle pas de la nomination du tuteur par testament.

35. Post mortem quoque heredis aut legatarii simili modo inutiliter legabatur: veluti si quis ita dicat: *Cum heres meus mortuus erit, do lego*; item: *Pridie, quam heres aut legatarius morietur.* Sed simili modo et hoc correximus, firmitatem hujusmodi legatis ad fideicommissorum similitudinem præstantes, ne vel in hoc casu deterior causa legatorum, quam fideicommissorum inveniatur.

35. *De même on ne pouvait pas faire valablement un legs qui n'aurait dû être acquitté qu'après la mort de l'héritier ou du légataire; tel serait le legs suivant :* Je lègue lorsque mon héritier sera mort; *ou bien encore :* Je lègue pour la veille de la mort de mon héritier ou du légataire. *Nous avons encore réformé cette jurisprudence; par-conséquent nous avons donné à de semblables legs la même force qu'à des fidéi-commis, afin que les légataires ne fussent pas moins favorisés que les fidéi-commisaires.*

Le legs devait être une charge pour l'héritier; or, si le legs n'avait dû être acquitté qu'après la mort de l'héritier, le but du legs n'aurait point été atteint; il aurait été une charge pour l'héritier de l'héritier (2). Il en était de même pour les obligations; elles devaient commencer dans la personne du contractant, et non dans celle de son héritier (3) : quant au tuteur, on doutait qu'il pût être donné pour après la mort de l'héritier (4). Si le legs

---

(1) G. 2. § 231. — (2) Ulp. R. T. 24. § 16. — g. 2. § 232. — Paul. sent. 3. 6 et 5. — (3) G. 3. § 100. — Inst. 3. 19. § 13. — (4) G. 2. § 234.

devait être acquitté la veille de la mort de l'héritier, il était également nul; Gaïus nous dit naïvement qu'il n'aperçoit pas trop le motif de cette décision (1); que celui qu'on pourrait donner n'est pas digne d'attention; et c'est avec raison : en effet, quoiqu'on ne sache, dans ce cas, qu'à la mort de l'héritier quelle était la veille de sa mort, toujours sera-t-il vrai de dire qu'il est mort obligé d'acquitter un legs, et qu'il a transmis cette obligation à un héritier : l'ignorance de l'existence de l'obligation ou du moment où elle prend naissance ne prouve pas que l'obligation n'existe pas.

Justinien nous dit aussi que le legs, différé jusqu'après la mort du légataire, était également nul : cependant Gaïus, Paul et Ulpien, dans les textes que nous avons indiqués plus haut, ne parlent pas du légataire. Mais, au titre des stipulations, Gaïus nous apprend que la stipulation était inutile lorsque le stipulant se faisait promettre pour après sa mort (2); le motif de cette décision est, sans doute, que le stipulant mourait sans avoir eu de droit contre le promettant, et que son héritier ne pouvait en avoir davantage, puisqu'il n'aurait pu en avoir que par transmission. Or tout cela peut se dire du legs qui ne devrait pas profiter au légataire, mais à son héritier.

Au reste, le legs différé jusqu'à la mort du légataire ou de l'héritier était valable : ce qui rend plus ridicule la disposition qui veut que le legs, différé jusqu'à la veille de la mort du légataire ou de l'héritier, soit nul; car, s'il suffit que le légataire soit investi du droit au legs, en mourant; s'il suffit que l'héritier meure obligé; il doit en être investi ou y être obligé à plus forte raison, lorsque le legs n'était différé que jusqu'à la veille de la mort. Répétons avec Gaïus, *non pretiosa ratione receptum* (3).

---

(1) G. 2. § 232. — (2) G. 3. § 100. — (3) G. 2. § 232.

Remarquez que, dans le legs, *lorsque l'héritier mourra*, si le légataire mourait avant l'héritier, le legs était nul; sous ce rapport le legs était réellement conditionnel: mais le legs *lorsque le légataire mourra* était à terme; seulement ce terme était incertain, il était déterminé p[ar] la mort du légataire; qu'elle arrivât avant celle de l'héritier ou après, peu importait, le legs n'était pas caduc; dans le premier cas il était acquitté par l'héritier; dans le second il était acquitté par l'héritier de l'héritier.

36. Pœnæ quoque nomine inutiliter legabatur et adimebatur vel transferebatur. Pœnæ autem nomine legari videtur, quod coercendi heredis causa relinquitur, quo magis is aliquid faciat, aut non faciat: veluti si quis ita scripserit: *Heres meus, si filiam suam in matrimonium Titio collocaverit* (vel ex diverso, *si non collocaverit*), *dato decem aureos Seio*; aut si ita scripserit: *Heres meus, si servum Stichum alienaverit* (vel ex diverso, *si non alienaverit*) *Titio decem aureos dato*. Et in tantum hæc regula observabatur, ut perquam pluribus principalibus constitutionibus significetur, nec principem quidem agnoscere, quod ei pœnæ nomine legatum sit. Nec ex militis quidem testamento talia legata valebant, quamvis aliæ militum voluntates in ordinandis testamentis valde observantur. Quin etiam nec libertatem pœnæ nomine dari posse placebat, eo amplius nec heredem pœnæ nomine adjici posse, Sabinus existimabat, veluti si quis ita dicat:

36. *Les legs, les révocations et translations de legs, faits à titre de peine, étaient aussi inutiles. Or on léguait à titre de peine lorsqu'on faisait un legs duquel il résultait une contrainte pour l'héritier, une obligation ou une prohibition de faire certaines choses; par exemple si le testateur a dit:* Si mon héritier donne sa fille en mariage (ou ne la donne pas) à Titius, il donnera dix écus d'or à Seius: *ou bien si le testateur a dit:* Si mon héritier aliène (ou n'aliène pas) l'esclave Stichus, qu'il donne dix écus d'or à Titius. *Ce principe était observé si rigoureusement que plusieurs constitutions impériales portent que l'empereur lui-même n'acceptera pas les legs qui lui seront faits à titre de peine; de tels legs étaient nuls même quand ils étaient faits dans des testamens militaires quoique cependant, dans tous les autres cas, on eût, pour les volontés des militaires exprimées dans des testamens, un si grand respect. On ne pouvait non*

Titius heres esto, si Titius filiam suam Seio in matrimonium collocaverit, Seius quoque heres esto : nihil enim intererat, qua ratione Titius coerceatur, utrum legati datione, an coheredis adjectione. Sed hujusmodi scrupulositas nobis non placuit, et generaliter ea, quæ relinquuntur, licet pœnæ nomine fuerint relicta, vel adempta, vel in alios translata, nihil distare a ceteris legatis constituimus, vel in dando, vel in adimendo, vel in transferendo; exceptis his videlicet, quæ impossibilia sunt, vel legibus interdicta, aut alias probrosa : hujusmodi enim testatorum dispositiones valere, secta temporum meorum non patitur.

plus léguer la liberté à titre de peine; bien plus Sabinus pensait que l'on ne pouvait adjoindre un héritier à un autre à titre de peine, par exemple, qu'on ne pouvait dire : Que Titius soit mon héritier; si Titius donne sa fille en mariage à Seius, que Seius soit aussi mon héritier : peu importe, en effet, le moyen de contrainte employé envers Titius, que ce soit une dation de legs ou une adjonction d'héritier. Nous n'avons point voulu conserver dans notre législation de tels scrupules; nous avons décidé que tous les legs, les révocations et translations de legs et en général, tout ce qui serait laissé à titre de peine serait valable comme si on avait légué autrement : nous avons excepté les choses impossibles, défendues par les lois ou contraires aux bonnes mœurs; de telles dispositions testamentaires sont incompatibles avec les mœurs de notre siècle.

La cause des legs ou des institutions d'héritier doit être la libéralité; ce sont des donations dont la source doit être la bienfaisance envers celui qui doit en profiter, et non la haine contre ceux au détriment desquels elles sont faites; c'est pourquoi on a prohibé de léguer ou d'instituer un héritier à titre de peine. Justinien permet de léguer ou d'instituer à titre de peine; seulement il défend d'imposer à l'héritier des obligations contraires au droit ou aux bonnes mœurs. Il faut toutefois distinguer avec soin la peine de la condition : si le testateur a imposé à l'héritier à titre de peine une obligation impossible à exécuter, le legs est nul, car il est impraticable : mais si le legs est fait sous une condition impossible à réaliser et contraire aux bonnes mœurs, le legs est valable et la condition est censée non écrite. Or c'est l'intention du testateur qui servira à faire la distinction entre la peine et la condition. Si le testateur disait : *Que Titius soit mon héritier ; s'il ne tue pas Gaïus, qu'il donne dix écus d'or à Seius* ; ce serait un legs fait à Seius à titre de peine, laquelle est attachée à l'inexécution d'une chose impossible : ici il n'y a pas de legs. Si le testateur a dit : *Que Titius soit mon héritier, qu'il donne dix écus d'or à Seius, à condition que celui-ci tuera Gaïus*, le legs sera valable et la condition de tuer Gaïus sera réputée non écrite.

TIT. XXI.

DE ADEMPTIONE ET TRANSLATIONE LEGATORUM.

Ademptio legatorum, sive eodem testamento adimantur legata, sive codicillis, firma est : sive contrariis verbis fiat ademptio, veluti si quod ita quis legaverit : DO, LEGO, ita adimatur : NON DO, NON LEGO, sive non contrariis, id est, aliis quibuscumque verbis.

TIT. XXI.

DE LA RÉVOCATION ET DE LA TRANSLATION DES LEGS.

La révocation d'un legs est valable, qu'elle soit faite par testament ou par codicilles, on peut encore révoquer un legs soit par une disposition contraire, par exemple, si après avoir dit : Je donne, je lègue, *le testateur dit :* Je ne donne pas, je ne lègue pas; *soit par une disposition non contraire.*

Le testament est l'expression présumée de la dernière volonté du testateur ; cette volonté, d'abord exprimée, est censée rester toujours la même, parce que le testateur n'a point révélé de volonté contraire ; mais cette présomption disparaît lorsque cette même volonté contraire s'est manifestée par une disposition nouvelle : cette volonté contraire, lorsqu'elle a pour objet un legs qu'elle entend annuler, opère ce qu'on appelle une révocation ; elle opère une translation du legs, lorsqu'elle a pour but d'annuler un legs fait au profit d'une personne pour l'attribuer à une autre. La révocation ou la translation du legs n'empêche pas le testament lui-même de subsister; aussi, elle peut se faire soit dans le même testament (1), soit dans un testament postérieur, soit dans un codicille. La révocation peut résulter, non seulement d'une volonté exprimée par écrit, mais d'un acte qui suppose l'intention de changer de volonté, comme l'aliénation par le testateur de l'objet légué. Mais, dans ce cas, le légataire ne cesserait pas d'avoir une action *ex testamento*, seulement l'héritier pourrait la repousser par l'exception de dol.

Si la révocation a lieu sous condition, le legs est censé fait sous la condition contraire à celle de la révocation, par conséquent un tel legs n'est plus pur et simple.

Notre texte donne pour exemple d'un legs révoqué par une disposition contraire, cette formule *non do, non lego*; en effet le legs fait par cette formule *do, lego*, employée pour le legs *per vindicationem*, ne pouvait être révoqué que par les mêmes paroles accompagnées d'une négation; ces mêmes paroles empêchaient la propriété du legs d'appartenir au légataire, à l'ouverture de la succession; si les mots *non do, non lego*, n'avaient pas été employés, le légataire avait une action *ex testamento*, mais il était repoussé par l'exception de dol. Les fidéicommis pouvaient être révoqués, quelles que fussent les paroles dont on s'était servi; aussi Justinien, qui assimile le legs aux fidéicommis, permet-il de révoquer un legs par toutes paroles.

---

(1) Il ne peut être question ici d'un testament postérieur à celui qui contiendrait le legs; car l'existence de ce second testament suffit à elle seule pour annuler tous les effets du premier testament.

1. Transferri quoque legatum ab alio ad alium potest, veluti si quis ita dixerit: HOMINEM STICHUM QUEM TITIO LEGAVI SEIO DO LEGO; sive in eodem testamento, sive in codicillis hoc fecerit. Quo casu simul Titio adimi videtur, et Seio dari.

Un legs peut être aussi transféré d'une personne à une autre; par exemple si le testateur dit: Je donne et lègue à Seius Stichus que j'avais légué à Titius; cette translation peut se faire soit dans le même testament, soit dans des codicilles: dans ce cas il y a révocation quant à Titius, et legs fait à Seius.

Il pourrait se faire que les expressions que notre paragraphe nous fait connaître, et qui opèrent une translation de legs, eussent un autre objet, celui de faire participer Seius au legs fait à Titius; ce serait alors une chose léguée conjointement à deux légataires, comme dans le § 8 du titre précédent. C'est donc à l'intention du testateur qu'il faudra avoir surtout égard, pour savoir, s'il a entendu faire un legs conjointement, ou faire la translation d'un legs (1).

La translation d'un legs, dans la formule de notre §, est accompagnée d'une action de legs, l'une est indépendante de l'autre; le legs fait à Seius pourrait être caduc, par exemple, par le décès de Seius avant le testateur, et cependant la translation produirait toujours son effet.

TIT. XXII.

DE LEGE FALCIDIA.

Superest ut de lege Falcidia dispiciamus, quâ modus novissime legatis impositus est. Cum enim olim lege duodecim tabularum libera erat legandi potestas, ut

TIT. XXII.

DE LA LOI FALCIDIE.

Il nous reste à parler de la loi Falcidie, qui a apporté les dernières restrictions à la faculté de léguer. En effet, d'après la loi des douze tables, la liberté de léguer était tellement

---

(1) D. 34. 4. 6. — § 1 et 2. f. Paul. — lb. 7. — f. Ulp. — D. 30. 33. f. Paul. 34. f. Ulp.

liceret vel totum patrimonium legatis erogare (quippe ea lege ita cautum esset, UTI LEGASSIT SUÆ REI, ITA JUS ESTO), visum est hanc legandi licentiam coarctare. Idque ipsorum testatorum gratia provisum est, ob id quod plerumque intestato moriebantur, recusantibus scriptis heredibus pro nullo aut minimo lucro hereditates adire. Et cum super hoc tam lex Furia quam lex Voconia latæ sunt, quarum neutra sufficiens ad rei consummationem videbatur, novissime lata est lex Falcidia, qua cavetur ne plus legare liceat quam dodrantem totorum bonorum, id est, ut sive unus heres institutus esset, sive plures, apud eum eosve pars quarta remaneret.	*illimitée qu'on pouvait épuiser en legs tout son patrimoine (on y lisait : que toute disposition du testateur soit regardée comme une loi). Il parut donc raisonnable de restreindre cette liberté trop grande: ces restrictions étaient même dans l'intérêt des testateurs; car, s'ils ne laissaient rien ou presque rien à leurs héritiers institués; ils mouraient intestat par suite du refus que faisaient les héritiers institués d'accepter l'hérédité. Il parut d'abord deux lois, la loi Furia et la loi Voconia, qui étaient destinées à introduire des restrictions à la faculté illimitée de léguer; mais elles n'atteignirent pas leur but : enfin fut portée la loi Falcidie qui défend de léguer plus des trois quarts; ainsi qu'il y ait un seul héritier institué, ou qu'il y en ait plusieurs, il devait leur rester au moins le quart de toute la succession.*

La loi *Furia Testamentaria*, dont parle notre texte, n'est pas la même que la loi *Fusia* ou *Furia Caninia* qui ont pour objet de restreindre les affranchissemens par testament (1). La première a été portée en l'an u. c. 571 (2); la seconde ne l'a été que plus tard, en l'an 761. La loi *Furia Testamentaria* défendait de donner plus de mille as à la fois : cette défense pouvait être facilement éludée; il suffisait pour cela que le testateur distribuât son hérédité entre autant de légataires qu'il y avait de fois mille as

---

(1) Just. I. 7. — G. I. § 42. — (2) On sait, par Cicéron (pro babo 8) et par Théophile (h. l.) que la loi *Furia testamentaria* est plus ancienne que la *Voconia*.

dans sa succession. La loi Voconia, qui fut portée en l'an u. c. 585 (1), défendait de léguer à chaque légataire plus qu'il ne restait à l'héritier : le testateur éludait encore la prohibition de cette loi, en multipliant tellement le nombre des légataires, que chacun d'eux n'eût qu'un objet de peu d'importance, et qu'il ne restât par conséquent à l'héritier institué qu'une portion minime de l'hérédité (2). La loi Falcidie, portée en l'année u. c. 714 (3), fut la seule qui mit un frein véritable à la liberté de léguer.

1. Et cum quæsitum esset, duobus heredibus institutis, veluti Titio et Seio, si Titii pars aut tota exhausta sit legatis quæ nominatim ab eo data sunt, aut supra modum onerata; a Seio vero aut nulla relicta sint legata, aut quæ partem ejus duntaxat in partem dimidiam minuant: an quia is quartam partem totius hereditatis aut amplius habet, Titio nihil ex legatis quæ ab eo relicta sunt, retinere liceat, ut quartam partem suæ partis salvam habeat? placuit posse retinere. Etenim in singulis heredibus ratio legis Falcidiæ ponenda est.

1. *On s'est fait cette question : Titius et Seius ont été tous deux institués héritiers : Titius a été chargé d'acquitter des legs qui épuisent la moitié; Seius n'a été chargé d'aucun legs, ou ceux dont il a été chargé, ne portent qu'une légère atteinte à sa moitié; Seius conservant en définitive au moins le quart de toute l'hérédité, Titius aura-t-il encore le droit de retenir sur les legs qui sont à sa charge un quart de sa moitié? on a décidé que oui. En effet la loi Falcidie s'applique à chaque héritier en proportion de sa part héréditaire.*

La question posée dans notre texte est clairement résolue; mais qu'arrivera-t-il, si l'un des héritiers institués ne vient pas à l'hérédité, et que sa part accroisse à l'autre? On distingue : si c'est Titius qui ne vient pas à l'hérédité,

---

(1) *Voy.* Cicér. de Senect. 5. — (2) G. 2. § 224. 225. 226. 274. — Paul. sent. 4. 8. 22. — (3) Cass. Dio. XLVIII. 33.

et que sa part accroisse à celle de Seius, celui-ci, comme s'il n'y avait pas d'accroissement, conservera sa part intacte; ensuite, sur la part de Titius, il retiendra un quart, et distribuera le reste seulement aux légataires. Si c'est Seius qui ne vient pas à l'hérédité, et que Titius profite de sa part, il sera considéré comme ayant été institué pour la totalité; en conséquence, il acquittera tous les legs qui étaient à sa charge, jusqu'à concurrence des trois quarts de toute l'hérédité.

2. Quantitas autem patrimonii, ad quam ratio legis Falcidiæ redigitur, mortis tempore spectatur. Itaque si, verbi gratia, is qui centum aureorum patrimonium in bonis habeat, centum aureos legaverit, nihil legatariis prodest, si ante aditam hereditatem per servos hereditarios aut ex partu ancillarum hereditariarum aut ex fœtu pecorum tantum accesserit hereditati, ut centum (aureis) legatorum nomine erogatis heres quartam (partem hereditatis) habiturus sit; sed necesse est ut nihilominus quarta pars legatis detrahatur. Ex diverso, si septuaginta quinque legaverit et ante aditam hereditatem in tantum decreverint bona, incendiis forte aut naufragiis aut morte servorum, ut non amplius quam septuaginta quinque (aureorum substantia) vel etiam minus relinquatur, solida legata debentur. Nec ea res damnosa est heredi, cui liberum est non adire hereditatem. Quæ res efficit ut necesse sit legatariis, ne destituto testamento nihil

2. *Il faut se reporter à la mort du testateur pour déterminer la quotité de la quarte Falcidie. Ainsi si le patrimoine du défunt, à cette époque, ne valait pas cent écus d'or, et qu'il ait légué cent écus d'or, les légataires ne profiteront pas de ce dont l'hérédité s'est accrue, avant l'adition d'hérédité, soit par les esclaves héréditaires, soit par le part des esclaves, ou le croît des animaux, de manière à ce qu'il reste encore un quart à l'héritier en supposant les cent écus d'or payés; on réduira toujours les legs des cent écus. En sens inverse, si le testateur n'a légué, sur les cent écus, que soixante-quinze écus, on ne pourra réduire ce legs, quand même, depuis la mort et avant l'adition d'hérédité, le patrimoine aurait été réduit à soixante-quinze écus ou moins; soit par des incendies, soit par des naufrages, soit par la mort des esclaves. L'héritier ne peut se plaindre de cette décision; car il lui est libre de ne pas faire adition d'hérédité. Aussi les léga-*

consequantur, cum herede in portionem pacisci.

taires alors seront-ils obligés, s'ils veulent empêcher l'abandon du testament, qui leur ferait tout perdre, de transiger avec l'héritier.

Si le legs est d'un corps certain, et si ce corps certain vient à périr depuis la mort du défunt (ou avant), il est évident qu'il périt pour le légataire, en tous cas. Il ne faut donc donner à notre texte que l'étendue qu'il doit avoir, c'est-à-dire, ne l'appliquer que lorsque le legs est un legs de quantité, comme dans l'exemple qu'il rapporte.

Dans tous les cas les légataires auront toujours soin de ne pas faire, par leur exigence à l'égard de l'héritier institué, que le testament soit abandonné. En effet, si l'héritier s'aperçoit qu'il n'a aucun intérêt à faire adition d'hérédité, parce que, par suite des pertes éprouvées depuis la mort du testateur, l'hérédité suffirait à peine pour payer les legs, il refusera de faire adition : or il résultera de ce refus que les légataires perdront tout puisqu'il n'y aura plus de testament. Ils feront donc en sorte que l'héritier fasse adition ; ils lui promettront une part dans l'hérédité telle qu'elle se trouve au moment de l'adition d'hérédité.

Notre texte semble dire que les fruits de l'hérédité, à compter de la mort du défunt, ne peuvent entrer dans l'évaluation du patrimoine, qu'ils appartiennent à l'héritier en totalité et ne doivent point compter comme faisant partie du quart qu'il a le droit de retenir sur toute l'hérédité. Cependant les lois 15, § 6; 18, § 1; 24, § 1; D. (35. 2) supposent que les fruits des legs ou des fidéicommis profitent aux légataires ou fidéicommissaires, et que l'héritier ne profite que des fruits de son quart. Mais cette dernière décision ne s'applique qu'aux legs ou fidéicommis conditionnels ou à terme :

et cela tient à ce que si, par exemple, vous avez deux cent mille francs; et que vous en léguiez cent cinquante-sept mille cinq cent payables dans un an, vous n'avez réellement légué que cent cinquante mille francs, car les sept mille cinq cent en sus ne sont que la représentation des intérêts (1). Il est donc juste que le légataire à terme ou conditionnel profite des fruits des choses qui lui sont léguées. Au reste les accroissemens extraordinaires, tels que les acquisitions faites par les esclaves héréditaires n'appartiennent jamais qu'à l'héritier.

3. Cum autem ratio legis Falcidiæ ponitur, ante deducitur æs alienum; item funeris impensa et pretia servorum manumissorum: tunc demum in reliquo ita ratio habetur, ut ex eo quarta pars ad heredes remaneat, tres vero partes inter legatarios distribuantur, prorata scilicet portione ejus quod cuique eorum legatum fuerit. Itaque si fingamus quadringentos aureos legatos esse, et patrimonii quantitatem ex qua legata erogari oportet, quadringentorum esse, quarta pars singulis legatariis debet detrahi. Quod si trecentos quinquaginta legatos fingamus, octava debet detrahi. Quod si quingentos legaverit, initio quinta, deinde quarta detrahi debet. Ante enim detrahendum est quod extra bonorum quantitatem est; deinde quod ex bonis apud heredem remanere oportet.

3. Pour savoir à combien s'élève la valeur du patrimoine, dont le quart doit appartenir à l'héritier institué, on déduit les dettes, les frais funéraires et la valeur des esclaves affranchis; c'est de ce qui reste, après tout cela déduit, que le quart appartient à l'héritier, et les trois quarts aux légataires en proportion de la valeur de leurs legs. Ainsi, supposons que le patrimoine du testateur soit de quatre cents écus d'or, et qu'il ait légué quatre cents écus, ces legs seront réduits chacun d'un quart. S'il a légué trois cent cinquante écus d'or, chaque legs sera réduit d'un huitième. S'il a légué cinq cents écus d'or, on commencera par déduire le cinquième cent qu'il n'avait pas, et, sur les quatre cents écus qu'il a, on déduira cent écus pour l'héritier; en effet, il faut d'abord déduire ce qui excède le patrimoine, et ensuite, sur les

---

(1) D. 35. 2. 66. pr. f. Ulp.

> *biens qui existent réellement, le quart qui doit appartenir à l'héritier institué.*

Les dettes doivent être déduites pour former le montant du patrimoine d'un individu, car c'est le bien d'autrui qu'elles représentent. Quant aux frais d'inhumation, c'est une dépense nécessaire et indispensable qui, en tous cas, doit peser proportionnellement sur tous ceux qui profitent du patrimoine du défunt ; toutefois les frais funéraires ne doivent pas être disproportionnés avec la fortune du défunt. Pour ce qui regarde les esclaves affranchis par testament, on les compte bien ordinairement dans les biens de l'hérédité au moment de la mort du testateur, puisqu'ils ne doivent avoir la liberté qu'à l'adition d'hérédité ; mais, comme ils ne doivent pas compter en définitive dans ce qui doit profiter à l'héritier, il faut bien les déduire aussi pour fixer le quart de l'héritier.

On impute sur la quarte Falcidie ce que l'héritier prend dans l'hérédité à titre d'héritier, mais on n'impute pas sur cette quarte ni les donations entre-vifs, ni le legs qu'un héritier recevrait de son cohéritier, ni ce que lui paie un cohéritier ou un légataire pour accomplir une condition que le testateur a imposée.

Si l'héritier est détenteur des biens héréditaires, et si les légataires exigent la délivrance de la totalité des legs qui absorbent l'hérédité, il leur opposera l'exception de dol, et, par ce moyen, conservera le quart de l'hérédité, s'il n'est pas détenteur ; si, au contraire, les biens héréditaires se trouvent déjà entre les mains des légataires, l'héritier aura contre chacun d'eux une action en vertu de la loi Falcidie pour les forcer à contribuer à lui fournir son quart ou une action en restitution de l'hérédité.

tout entière, après quoi il ne sera obligé de délivrer aux légataires que les trois quarts. Si l'héritier, pouvant opposer l'exception de dol et conserver la quarte Falcidie, donne aux légataires tous les biens qui composent l'hérédité, il n'aura pas la répétition de l'indû, à moins qu'il n'ait payé par erreur de fait. Autrefois la répétition de l'indû payé par erreur de fait était accordée pour les fidéicommis, mais ne l'était pas pour les legs; cependant il semble qu'elle doit être accordée dans les deux cas, depuis que Justinien a mis les legs et les fidéicommis sur la même ligne (1).

La loi Falcidie ne s'applique pas aux testamens militaires; la volonté du testateur, ici, est entièrement respectée.

TIT. XXIII.
TIT. XXIII.

DE FIDEICOMMISSARIIS HEREDITATIBUS.

DES HÉRÉDITÉS FIDÉICOMMISSAIRES.

Nunc transeamus ad fideicommissa. Et prius est ut de hereditatibus fideicommissariis videamus.

Passons maintenant aux fidéicommis, et d'abord occupons-nous des hérédités fidéicommissaires.

Le fidéicommis est une donation laissée par le défunt avec des expressions précatives, à la différence du legs pour lequel le testateur devait employer des paroles sacramentelles, telles que *do lego, vindica, damnas esto, sinas sumere, præcipitio* (2). On pouvait laisser par fidéicommis ou toute une hérédité, ou partie de l'hérédité ou des objets particuliers. Ce titre ne s'occupe que du fidéicommis de l'hérédité ou d'une partie de l'hérédité.

Il faut bien se garder de confondre les fidéicommis avec ce que nous appelons, chez nous, *substitutions fidéicommissaires*; dans ces dernières, il y a comme deux hé-

_____

(1) G. 2. § 283. — Ulp. R. t. 24. 33. — (2) Ulp. R. t. 25. 1.

ritiers qui doivent se succéder en vertu de la volonté du testateur; l'un est obligé de conserver, ordinairement pendant toute la vie, pour rendre, à la mort, à un autre, l'hérédité qu'il a reçue : au contraire le fidéicommis a pour objet de rendre sur-le-champ héritier indirect celui qu'on ne peut instituer directement; l'héritier institué n'est là que pour la forme (1).

1. Sciendum itaque est omnia fideicommissa primis temporibus infirma esse, quia nemo invitus cogebatur præstare id de quo rogatus erat. Quibus enim non poterant hereditatem vel legata relinquere, si relinquebant, fideicommittebant eorum qui capere ex testamento poterant. Et ideo FIDEICOMMISSA appellata sunt, quia nullo vinculo juris, sed tantum pudore eorum qui rogabantur, continebantur. Postea divus Augustus semel iterumque, gratia personarum motus, vel quia per ipsius salutem rogatus quis diceretur; aut ob insignem quorumdam perfidiam, jussit consulibus auctoritatem suam interponere. Quod quia justum videbatur et populare erat, paulatim conversum est in assiduam jurisdictionem; tantusque eorum favor factus est, ut paulatim etiam prætor proprius crearetur, qui de fideicommissis jus diceret, quem FIDEICOMMISSARIUM appellabant.

1. Dans l'origine, les fidéicommis, quels qu'ils fussent, n'avaient aucune force; personne ne pouvait être contraint de donner ce dont on l'avait prié. Car on priait des personnes capables de recevoir par testament de remettre à des personnes incapables l'hérédité ou les legs qu'on n'aurait pas pu leur laisser directement : on appelait cela fidéicommis, parce que ceux qui étaient chargés de remettre aux incapables n'étaient pas forcés à cette remise par un lien de droit, mais par l'honneur. Ensuite, par considération pour certaines personnes, dans deux ou trois cas, soit qu'on dit que le mourant avait fait jurer, par le salut de l'empereur, de remettre le fidéicommis (2), soit à cause de la perfidie insigne qu'il y aurait eu pour certains individus de ne pas remettre un fidéicommis, Auguste ordonna aux consuls d'interposer leur autorité pour l'accomplissement des fidéicommis. Enfin cette

---

(1) *Voy.* Just. 2. 16. § 9. — (2) Le mourant, en priant quelqu'un de remettre un fidéicommis, le faisait jurer, *per salutem principis*, qu'il remplirait sa volonté. *Voy.* Pline, epp. X. 67. — D. 12. 2. 13. § 6. f. Ulp. — *Ib.* 33. f. Ulp.

> *mesure paraissant juste et agréable au peuple, peu à peu cette interposition d'autorité se convertit en une juridiction habituelle; de telle sorte qu'à la fin on créa un préteur particulier, appelé fidéi-commissaire, qui devait dire droit concernant les fidéicommis.*

Les fidéi-commis ne furent introduits, comme nous l'apprend notre texte, que pour parvenir à donner à des personnes déclarées par la loi incapables de recevoir par testament: tels étaient les célibataires, les personnes sans enfans jusqu'au règne de Vespasien, les pérégrins et les personnes incertaines jusqu'au règne d'Adrien. La loi Voconia défendait à la femme de recevoir une hérédité d'un testateur riche de cent mille as, et la loi Junia excluait les latins des institutions d'hérédité et des legs (1).

Dans l'origine, on n'avait pas d'action pour se faire délivrer un fidéicommis; le droit, en effet, ne pouvait protéger ce que la loi défendait. Cependant, du temps déjà où Cicéron était encore adolescent, dans les conseils d'amis, qui se tenaient fréquemment à Rome, on ne désapprouvait que les fidéi-commis contraires au texte des lois (2), et même les hommes droits et honnêtes étaient d'avis qu'on devait exécuter aussi ces derniers (3). Les préteurs eux-mêmes flétrissaient de leur blâme ceux qui observaient la rigueur des lois relativement aux fidéicommis (4). Il n'est donc pas étonnant qu'Auguste ait commencé à exiger l'exécution de certains fidéicommis, et qu'ensuite il y eût un préteur fidéicommissaire.

---

(1) G. 2. § 275. — (2) La loi Cornélia défendait de donner par testament à des proscrits (Cic. in. verr. II. 1. 47). — (3) Cic. d. finib. bonor. II. 17. 18. — (4) Cic. in verr. II. 1. 47.

Enfin, peu à peu, les incapacités de recevoir par testament s'effacèrent; il n'y eut plus, entre les legs et les fidéicommis, que des différences légères; par exemple, dans les fidéicommis, la volonté du testateur était suivie plus largement; dans les legs, la rigueur du droit dominait encore; les legs devaient être faits par un testament et mis à la charge de l'héritier; le fidéicommis pouvait être fait, même sans qu'il y eût de testament, et être mis à la charge de qui que ce fût qui aurait reçu du défunt. Le legs donnait une action *ex testamento*, qui suivait les phases des actions ordinaires; le fidéi-commis ne donnait pas d'action, il fallait s'adresser au préteur fidéicommissaire qui statuait lui-même (*extra ordinem*). Enfin, sous Justinien ces différences légères s'effacèrent encore: le fidéicommissaire eut une action comme le légataire.

Per ipsius salutem rogatus. Ordinairement, quand un mourant chargeait quelqu'un de remettre un fidéicommis, il lui faisait jurer d'accomplir cette volonté: ce serment le plus souvent se faisait *per salutem principis*, par la vie de l'empereur (1).

Ob insignem quorundam perfidiam. Par exemple, il y aurait eu une insigne perfidie de la part d'un affranchi, qui aurait juré à un mourant de remettre un fidéicommis à son patron, et qui aurait manqué à son serment (2).

In assiduam jurisdictionem. D'abord on ne perdait le droit d'autoriser la poursuite d'un fidéicommis, qu'à une certaine époque de l'année, et une fois seulement; et, en outre, ce droit n'était délégué qu'aux magistrats de Rome; plus tard, il fut accordé pour toute l'année et dans les provinces (3).

---

(1) Cic. in verr. II. 1. 47.—D. 31. 77. §. 23. f. Papin.—D. 12. 2. 13. f. Ulp. — *ib.* 33 f. Ulp. — (2) Cic. l. c. — (2) Sueton. Claud. 23.

2. In primis igitur sciendum est, opus esse ut aliquis recto jure testamento heres instituatur, ejusque fidei committatur ut eam hereditatem alio restituat : alioquin inutile est testamentum, in quo nemo heres instituitur. Cum igitur aliquis scripserit : LUCIUS TITIUS HERES ESTO, poterit adjicere : ROGO TE, LUCI TITI, UT CUM PRIMUM POSSIS HEREDITATEM MEAM ADIRE, EAM GAIO SEIO REDDAS, RESTITUAS. Potest autem quis et de parte restituenda heredem rogare; et liberum est vel pure vel sub conditione relinquere fideicommissum, vel ex certo die.

2. *Il faut avoir soin, d'abord, d'instituer un héritier directement dans son testament, et de lui confier le soin de remettre l'hérédité à un autre; car le testament où personne n'est institué héritier est nul. Ainsi, lorsqu'un testateur a écrit : Que Lucius Titius soit mon héritier, il pourra ajouter : Je te prie, Lucius Titius, de rendre cette hérédité à Gaïus Seius dès que tu le pourras. On peut aussi charger son héritier de remettre seulement une partie de l'hérédité à un autre; et le fidéicommis peut être fait ou purement ou sous condition, ou à terme.*

On peut charger de remettre l'hérédité tout entière à autrui non seulement son héritier testamentaire, mais encore son héritier légitime. Ici Justinien ne s'occupe des fidéicommis qu'à l'occasion des hérédités testamentaires.

3. Restituta autem hereditate, is quidem qui restituit, nihilominus heres permanet; is vero qui recipit hereditatem, aliquando heredis, aliquando legatarii loco habebatur.

3. *Quand l'héritier direct avait restitué l'hérédité, il restait cependant héritier; quant au fidéicommissaire, il était assimilé tantôt à l'héritier, tantôt à un légataire.*

Quand l'héritier institué directement, était obligé de remettre toute l'hérédité à un tiers; il devait lui tenir compte de tout ce qu'il avait recueilli comme héritier, soit de l'hérédité, soit des débiteurs de l'hérédité, et de tout ce qu'il devait lui-même; il déduisait cependant ce dont il était lui-même créancier, ainsi que ce qui restait des fruits perçus et des acquisitions faites par les esclaves héréditaires, depuis l'adition d'hérédité jusqu'à l'époque fixée pour la restitution, toutefois après avoir complété ce qui avait péri par cas fortuit.

Le fidéicommissaire était assimilé tantôt à l'héritier, tantôt à un légataire, en deux sens : 1 à un héritier véritable, d'après le sénatusconsulte Trébellien; à un légataire, d'après le sénatusconsulte Pégasien; 2° à un héritier, lorsque la totalité devait lui être restituée; à un légataire partiaire, lorsque l'héritier ne devait lui restituer qu'une partie.

4. (Et Neronis quidem) temporibus, Trebellio Maximo et Annæo Seneca consulibus, senatusconsultum factum est : quo cautum est ut, si hereditas ex fideicommissi causâ restituta sit, (omnes) actiones quæ jure civili heredi et in heredem competerent, eæ et in eum darentur cui ex fideicommisso restituta sit hereditas. Post quod senatusconsultum prætor utiles actiones ei et in eum qui recepit hereditatem, quasi heredi et in heredem dare cœpit.

4. Du temps de Néron, sous le consulat de Trebellius Maximus et d'Annæus Seneca, fut rendu un sénatusconsulte portant que, si l'hérédité devait être restituée par fidéicommis, toutes les actions qui, d'après le droit civil, existaient en faveur de l'héritier et contre lui, passeraient au fidéicommissaire et seraient données contre lui. Depuis ce sénatusconsulte, le préteur donna des actions utiles au fidéicommissaire et contre lui, comme il les aurait données à l'héritier et contre l'héritier.

Aux yeux du droit civil, l'héritier institué était seul héritier; seul il était soumis aux actions des créanciers de la succession, seul il pouvait exercer les actions de l'hérédité. Il n'avait un recours personnel contre le fidéicommissaire qu'en vertu d'une stipulation et d'une promesse, qui se faisaient ordinairement lors de la remise de l'hérédité; cette remise se faisait au moyen d'une vente simulée entre l'héritier et le fidéicommissaire, pour un écu, *uno nummo;* mais au moment de la vente, l'héritier stipulait du fidéicommissaire qu'il l'indemniserait de tout ce que, en sa qualité d'héritier, il serait obligé de payer aux créanciers de la succession. Cela s'appelait *stipulatio emptæ et venditæ hereditatis*. Si la remise ne devait avoir pour objet qu'une partie de l'hérédité, la stipulation s'appelait *partis et pro parte*; l'héritier civil et le fidéicommissaire, entre eux, étaient considérés comme légataires partiaires, tenus de contribuer aux dettes en proportion de leur part dans l'hérédité; mais, à l'égard des créanciers, l'héritier seul était tenu pour la totalité des dettes. Le sénatusconsulte Trébellien, rendu vers l'an 54 depuis J.-C., eut pour objet de soumettre le fidéicommissaire directement aux actions des créanciers, sans stipulations aucunes, pour la totalité s'il recueillait toute la succession ; pour une portion, s'il ne prenait qu'une portion de l'hérédité. Toutefois les actions données par le préteur aux créanciers contre le fidéicommissaire s'appelaient *utiles* (1), parce qu'elles n'étaient données, en vertu du droit civil, qu'en supposant au fidéicommissaire la qualité d'héritier qu'il n'avait pas. Les créanciers pouvaient bien toujours poursuivre par des actions *directes* l'héritier proprement dit : mais il paralysait leurs actions en opposant l'exception *restitutæ hereditatis* (2).

5. Sed quia heredes scripti ; cum aut totam hereditatem aut pene totam plerumque restituere rogabantur, adire hereditatem ob nullum vel minimum lucrum recusabant, atque ob id extinguebantur fideicommissa : postea Vespa-	5. *Il arrivait souvent que les héritiers inscrits, que le testateur priait de remettre à autrui toute l'hérédité ou presque toute l'hérédité, ne voulaient pas faire adition d'hérédité à cause de l'absence d'intérêt ou du trop peu d'intérêt, et,*

(1) On appelle *utiles*, par opposition aux actions *directes*, que donne le droit civil directement, les actions que le préteur donnerait en les tirant du droit civil *indirectement*, par extension, en feignant une qualité qui n'existe pas. — (2) D. 36. 1. 1. § 2. f. Ulp.

siani Augusti temporibus) Pegaso et Pusione consulibus, senatus consuit, ut ei, qui rogatus est hereditatem restituere, perinde liceret quartam partem retinere, atque lege Falcidia ex legatis retinere conceditur. Ex singulis quoque rebus quæ per fideicommissum relinquuntur, eadem retentio permissa est. Post quod senatusconsultum ipse heres onera hereditaria sustinebat : ille autem qui ex fideicommisso recepit partem hereditatis, legatarii loco erat, id est, ejus legatarii cui pars bonorum legabatur. Quæ species legati partitio vocabatur, quia cum herede legatarius partiebatur hereditatem. Unde quæ solebant stipulationes inter heredem et partiarium legatarium interponi, eædem interponebantur inter eum qui ex fideicommisso recepit hereditatem et heredem : id est, ut et lucrum et damnum hereditarium pro rata parte inter eos commune esset.

par conséquent, faisaient manquer les fidéicommis; mais ensuite, sous le règne de Vespasien, Pegasus et Pusio étant consuls, le sénat décréta que celui qui serait prié par le testateur de remettre toute l'hérédité, pourrait en retenir le quart, comme il est permis de retenir le quart de l'hérédité à l'héritier qui est chargé d'épuiser toute l'hérédité en legs. Cette retenue du quart est permise sur chaque objet particulier qui doit passer à un fidéicommissaire. Depuis ce sénatus-consulte, l'héritier restait soumis aux charges héréditaires; quant au fidéicommissaire qui recevait l'hérédité, il était, quant aux dettes, assimilé à un légataire partiaire, c'est-à-dire à celui qui recevait une quote part de l'hérédité. Cela s'appelait partition, parce que le légataire partageait avec l'héritier. Aussi les stipulations qui autrefois intervenaient entre l'héritier et le légataire partiaire étaient faites entre l'héritier et le fidéicommissaire, c'est-à-dire que les bénéfices et les charges de l'hérédité leur étaient communs en proportion de ce que chacun prenait dans l'hérédité.

Le sénatusconsulte Trébellien n'avait fait que rendre le fidéicommissaire débiteur direct des créanciers de l'hérédité; mais il n'avait rien statué sur ce que l'héritier institué pourrait retenir de cette hérédité; c'est ce que fit le sénatusconsulte Pégasien, rendu sous le règne de Vespasien, l'an 70 à 80 depuis J.-C., vingt-six ans à peu près depuis le sénatusconsulte Trébellien. Le sénatusconsulte Pégasien accorda le quart de l'hérédité à l'héritier, à l'égard du fidéicommissaire, comme la loi Falcidie avait accordé le quart de l'hérédité à l'héritier à l'égard des légataires (1); mais, lorsque ce dernier sénatusconsulte est invoqué par l'héritier, les anciens principes, antérieurs au sénatusconsulte Trébellien, reprennent leur empire; les créanciers de l'hérédité n'ont d'action que contre l'héritier institué; et celui-ci n'a de recours contre le fidéicommissaire, que lorsque sont intervenues entre eux les stipulations *partis et pro parte*. Toutefois, il paraît que le sénatusconsulte Pégasien ne parlait pas des actions des créanciers de l'hérédité, ni du recours de l'héritier contre le fidéicommissaire; il est probable seulement que, dans le silence du sénatusconsulte Pégasien, à ce sujet, les jurisconsultes et les préteurs, se référèrent à l'ancien droit, pour lequel ils avaient du penchant plus que pour le sénatusconsulte Tertullien, d'une date très-fraîche.

6. Ergo si quidem non plus quam dodrantem hereditatis scriptus heres rogatus sit restituere, tunc ex Trebelliano senatusconsulto restituebatur hereditas, et in utrumque actiones hereditariæ pro rata parte dabantur: in heredem quidem, jure civili, in eum vero qui recipiebat hereditatem, ex senatusconsulto Trebelliano, tanquam in heredem. At si plus quam dodrantem vel etiam totam hereditatem restituere rogatus esset, locus erat Pegasiano senatus-

6. *Si l'héritier institué n'a été prié par le testateur que de remettre les trois quarts de l'hérédité au fidéicommissaire, l'hérédité est restituée d'après le sénatusconsulte Trébellien; alors les actions sont données contre l'héritier et le fidéicommissaire, chacun en proportion de ce qu'il prend; savoir, contre l'héritier, d'après le droit civil, et contre le fidéicommissaire, d'après le sénatusconsulte Trébellien, comme s'il était héritier. Mais, si le testateur a prié l'héritier de remettre*

---

(1) Le Pegasus dont parle notre texte était peut-être le même que le célèbre jurisconsulte dont parle Pomponius. D. t. 2. 2. § 47.

consulto; et heres qui semel adierit hereditatem, si modo sua voluntate adierit, sive retinuerit quartam partem sive retinere noluerit, ipse universa onera hereditaria sustinebat. Sed quarta quidem retenta, quasi partis et pro parte stipulationes interponebantur, tanquam inter partiarium legatarium et heredem; si vero totam hereditatem restitueret, emptæ et venditæ hereditatis stipulationes interponebantur. Sed si recuset scriptus heres adire hereditatem, ob id quod dicat eam sibi suspectam esse quasi damnosam, cavetur Pegasiano senatusconsulto ut, desiderante eo qui restituere rogatus est, jussu prætoris adeat et restituat hereditatem; perindeque ei et in eum qui recipit hereditatem, actiones dantur, ac juris est ex Trebelliano Senatusconsulto. Quo casu nullis stipulationibus est opus, quia simul et huic qui restituit, securitas datur, et actiones hereditariæ ei et in eum transferuntur qui recepit hereditatem; utroque senatusconsulto in hac specie concurrente.

plus des trois quarts de l'hérédité au fidéi-commissaire, où toute l'hérédité, on applique le sénatusconsulte Pégasien, et l'héritier, une fois qu'il aura fait addition d'hérédité, pourvu que ce soit volontairement, soit qu'il retienne un quart, soit qu'il néglige de les retenir, est soumis à toutes les charges héréditaires. Seulement, s'il retient le quart, il fait, avec le fidéi-commissaire, la stipulation partis et pro parte, comme cela avait lieu entre l'héritier institué et le légataire partiaire; s'il restitue toute l'hérédité, il fait, avec le fidéicommissaire, la stipulation emptæ et venditæ hereditatis. Si l'héritier institué refuse de faire addition d'hérédité, par le motif que l'hérédité ne lui procurerait que de l'embarras et des charges, le sénatusconsulte Pégasien permet au fidéicommissaire d'aller trouver le préteur pour le prier d'ordonner à l'héritier institué de faire adition pour lui remettre l'hérédité; dans ce cas, le fidéicommissaire est soumis aux actions, comme cela arrive sous le sénatusconsulte Trébellien; alors il n'y a pas besoin de stipulations, parce que le préteur met en même temps l'héritier institué à l'abri de toute action, et transfère toutes les actions et les créances héréditaires contre le fidéicommissaire et sur sa tête, en faisant concourir ainsi les deux sénatusconsultes.

D'après notre texte, il est clair que le sénatusconsulte Pégasien n'abrogeait pas le sénatusconsulte Trébellien;

l'un et l'autre s'appliquaient à des cas différens : celui-là, lorsque l'héritier n'avait pas au moins un quart de l'hérédité, d'après le testament, et se trouvait dans le cas, pour obtenir ce quart, de recourir au sénatusconsulte Pégasien; celui-ci, lorsque le testateur n'avait pas prié l'héritier de remettre au fidéicommissaire plus des trois quarts de l'hérédité. Si le testateur avait laissé moins du quart à l'héritier, et si celui-ci, étant dans le cas d'invoquer le sénatusconsulte Pégasien, négligeait de l'invoquer, et refusait de faire adition d'hérédité, parce qu'il regardait le quart d'hérédité, comme peu de chose pour l'indemniser des embarras auxquels il serait exposé; notre texte nous apprend qu'il pouvait être contraint de faire adition ; mais qu'alors les deux sénatusconsultes concouraient, en ce sens, qu'il était dans le cas d'invoquer le sénatusconsulte Pégasien (ce qu'il refusait de faire), et que cependant, on lui appliquait le Trébellien, et qu'en conséquence, il ne serait pas tenu des dettes héréditaires; d'où cette conséquence, que si, pouvant invoquer le sénatusconsulte Pégasien, et, ne le faisant pas, il restituait toute l'hérédité au fidéicommissaire, l'héritier ne restait pas moins obligé directement aux dettes, à l'égard des créanciers héréditaires, sauf son recours contre le fidéicommissaire, s'il avait avec lui fait les stipulations *emptæ et venditæ hereditatis* (1); s'il ne lui avait restitué que les trois quarts de l'hérédité, comme il en avait le droit, il aurait été obligé à toutes les dettes également à l'égard des créanciers, sauf son recours contre le fidéicommissaire, pour les trois

---

(1) Toutefois Modestinus pensait que si l'héritier institué, pouvant invoquer le sénatusconsulte Pégasien, ne l'invoquait pas et restituait toute l'hérédité, on lui appliquait le sénatusconsulte Trébellien. D. 36. 1. 45.

quarts des dettes, s'il avait fait avec lui les stipulations *partis* et *pro parte*.

Les stipulations *emptæ et venditæ hereditatis*, dont parle notre texte, nous servent à expliquer le § 85 du troisième commentaire de Gaïus. Ce § nous apprend que, si l'héritier, avant d'avoir accepté, cède son droit héréditaire à un autre, le cessionnaire est tellement au lieu et place de l'héritier qu'il est tenu directement des dettes héréditaires; si, au contraire, l'héritier ne cède son droit qu'après qu'il a accepté, lorsque déjà il a consolidé sa qualité d'héritier par sa volonté, le cessionnaire ne prend que les biens héréditaires, la qualité d'héritier reste irrévocablement attachée à celui qui a accepté; ce dernier, quoique n'ayant plus le bien, reste obligé personnellement envers les créanciers de l'hérédité. Ce principe une fois reconnu, il fallait bien admettre que l'héritier institué qui a fait adition, et qui remet l'hérédité au fidéicommissaire, par une vente dont le prix est en écus (vente fictive), conserve cependant la qualité d'héritier, par conséquent, reste obligé directement envers les créanciers de la succession, sauf son recours, s'il a fait les stipulations *emptæ et venditæ hereditatis*.

7. Sed quia stipulationes ex senatusconsulto Pegasiano descendentes et ipsi antiquati displicuerunt, et quibusdam casibus captiosas eas homo excelsi ingenii Papinianus appellat, et nobis in legibus magis simplicitas quam difficultas placet : ideo, omnibus nobis suggestis tam similitudinibus quam differentiis utriusque senatusconsulti, placuit, exploso senatusconsulto Pegasiano quod postea supervenit, omnem auctoritatem Tre-

7. *Les stipulations nécessaires pour l'application du sénatus-consulto Pégasien déplaisaient même aux anciens; Papinien dit que, dans plusieurs cas, elles sont dangereuses: quant à nous, nous préférons, dans les lois, la simplicité à la complication; en conséquence, après nous être fait mettre sous les yeux les similitudes et les différences de ces deux sénatusconsultes, nous avons aboli le sénatusconsulto Pégasien, qui est le plus récent, et avons at-*

belliano senatusconsulto præstare, ut ex ea fideicommissariæ hereditates restituantur, sive habeat heres ex voluntate testatoris quartam, sive plus sive minus sive nihil penitus; ut tunc, quando vel nihil vel minus quarta apud eum remanet, liceat ei vel quartam vel quod deest ex nostra auctoritate retinere vel repetere solutum, quasi ex Trebelliano senatuscousulto pro rata portione actionibus tam in heredem quam in fideicommissarium competentibus. Si vero totam hereditatem sponte restituerit, omnes hereditariæ actiones fideicommissario et adversus eum competant. Sed etiam id quod præcipuum Pegasiani senatusconsulti fuerat, ut quando recusabat heres scriptus sibi datam hereditatem adire, necessitas ei imponeretur totam hereditatem volenti fideicommissario restituere, et omnes ad eum et contra eum transire actiones; et hoc transponimus ad senatusconsultum Trebellianum, ut ex hoc solo necessitas heredi imponatur, si ipso nolente adire fideicommissarius desiderat restitui sibi hereditatem, nullo nec damno nec commodo apud heredem remanente.

tribué au *Trébellien* une autorité exclusive, de telle sorte que, soit que l'héritier ait le quart d'après la volonté du testateur, soit qu'il ait plus, soit qu'il ait moins, soit qu'il n'ait absolument rien, il restituera l'hérédité d'après le *Trébellien*; et, s'il n'a rien, ou s'il a moins du quart, il pourra le retenir ou le compléter, ou même le répéter, s'il a déjà remis toute l'hérédité au fidéi-commissaire; alors les actions passeront contre l'héritier et le fidéicommissaire, chacun en proportion de ce qu'il prend dans l'hérédité, comme cela a lieu d'après le sénatusconsulte *Trébellien*. S'il restitue toute l'hérédité volontairement, toutes les actions héréditaires passeront au fidéicommissaire et contre lui. La principale disposition du sénatusconsulte *Pégasien* portait que, lorsque l'héritier institué refusera de faire adition, il pourra être forcé à faire adition pour restituer toute l'hérédité au fidéicommissaire, et que, dans ce cas, toutes les actions héréditaires passeront au fidéicommissaire et contre lui; nous la faisons passer dans le sénatusconsulte *Trébellien*; ainsi l'héritier institué sera contraint de faire adition d'hérédité d'après le sénatusconsulte *Trébellien* et de restituer l'hérédité, sans toutefois conserver ni aucun bénéfice, ni aucune responsabilité.

Les stipulations *emptæ et vinditæ hereditatis* ou *partis et pro parte*, ne venaient pas du sénatusconsulte Pégasien, comme semble l'indiquer notre texte; elles existaient bien auparavant; seulement, ce sénatusconsulte en avait consacré l'usage pour ses dispositions. Il paraît que ces stipulations répugnaient aux anciens; en effet, elles n'écartaient pas tous les inconvéniens qui résultaient du circuit d'actions des créanciers à l'héritier, et de celui-ci au fidéicommissaire; Papinien, d'après Justinien, n'en était pas partisan (1); mais il paraît, que Paul et Modestinus n'avaient pas pour elles un aussi grand éloignement que Papinien (2). Justinien, en annonçant qu'il abolit ou abroge le sénatusconsulte Pégasien, veut seulement dire qu'il supprime la nécessité d'employer les stipulations que, par interprétation, l'on avait, jusque-là, appliquées au sénatusconsulte Pégasien; car, quant à la substance même de ce sénatusconsulte, il l'a conservée entièrement.

Autrefois, sous l'empire du sénatusconsulte Pégasien, si l'héritier institué restituait toute l'hérédité sans en retenir le quart, comme il le pouvait, il n'était pas moins régi par ce sénatusconsulte; mais, d'un autre côté, il ne pouvait répéter le quart de l'hérédité qu'il avait remise tout entière; il avait bien eu le droit de le retenir; mais, une fois payé, il ne pouvait le répéter : car il ne pouvait ignorer le droit que lui accordait le sénatusconsulte Pégasien; il n'y avait qu'une erreur de calcul qui pût l'autoriser à répéter l'indu. Justinien accorde la répétition du quart, que le sénatusconsulte Pégasien n'avait pas autorisée.

Le quart, que l'héritier institué avait le droit de retenir ou de répéter, se calculait absolument comme la quarte-Falcidie, après avoir déduit les dettes; mais il imputait sur

---

(1) On ne trouve aucun texte de Papinien où son opinion à ce sujet, nous soit manifestée. — (2) Paul. sent. 4. 3. 2. — D. h. t. 45. f. Modest.

son quart tout ce dont il profitait en sa qualité d'héritier; par conséquent, les fruits perçus jusqu'à la restitution de l'hérédité.

Omnibus.... actionibus. Le fidéi-commissaire est soumis à toutes les actions des créanciers et des légataires, en proportion du bénéfice qu'il reçoit dans l'hérédité.

8. Nihil autem interest utrum aliquis ex asse heres institutus, aut totam hereditatem, aut pro parte restituere rogatur, an ex parte heres institutus, aut totam eam partem, aut partis partem restituere rogatur : nam et hoc casu eadem observari præcipimus, quæ in totius hereditatis restitutione diximus.

8. *Peu importe, pour l'application de notre décision, qu'il n'y ait qu'un seul héritier institué chargé de remettre la totalité ou une partie de l'hérédité, ou qu'un héritier institué pour partie soit chargé de restituer l'intégralité ou une partie de cette partie : dans ce dernier cas, l'on appliquera ce que nous avons dit à l'égard de l'héritier unique.*

9. Si quis una aliqua re deducta sive præcepta quæ quartam continet, veluti fundo vel alia re, rogatus sit restituere hereditatem, simili modo ex Trebelliano senatusconsulto restitutio fiat, perinde ac si quarta parte retenta rogatus esset reliquam hereditatem restituere. Sed illud interest, quod altero casu, id est, cum deducta sive præcepta aliqua re vel pecunia restituitur hereditas, in solidum ex eo senatusconsulto actiones transferuntur; et res quæ remanet apud heredem, sine ullo onere hereditario apud eum remanet, quasi ex legato ei adquisita. Altero vero casu, id est, cum quarta parte retenta rogatus est heres restituere hereditatem et restituit, scinduntur actiones, et pro dodrante

9. *Si un héritier institué a été chargé de remettre toute l'hérédité, en retenant ou prélevant un objet qui équivaut à un quart de l'hérédité, tel qu'un fonds, ou toute autre chose, la restitution se fera d'après le Sénatusconsulte Trébellien comme s'il avait été prié de restituer l'hérédité en s'en réservant le quart. Mais il y a cette différence entre le cas où l'héritier est autorisé à conserver un objet déterminé ou une certaine somme d'argent, et celui où il a la faculté de conserver un quart de l'hérédité, que, dans le premier cas, toutes les actions passent sur le fidéicommissaire et contre lui, en vertu du sénatusconsulte Trébellien, et que la chose qu'il conserve n'est grevée d'aucune dette, absolument comme s'il avait*

quidem transferuntur ad fideicommissarium; pro quadrante remanent apud heredem. Quin etiam, licet una re aliqua deducta aut præcepta restituere aliquis hereditatem rogatus est, qua maxima pars hereditatis contineatur, æque in solidum transferuntur actiones, et secum deliberare debet is cui restituitur hereditas, an expediat sibi restitui. Eadem scilicet interveniunt, et si duabus pluribusve deductis præceptisve rebus restituere hereditatem rogatus sit. Sed et si certa summa deducta præceptave, quæ quartam vel etiam maximam partem hereditatis continet, rogatus sit aliquis hereditatem restituere, idem juris est. Quæ autem diximus de eo qui ex asse heres institutus est, eadem transferemus et ad eum qui ex parte heres scriptus est.	reçu cette chose en vertu d'un legs. Tandis que, dans le second cas, c'est-à-dire, lorsque *l'héritier est autorisé à retenir un quart de l'hérédité, et qu'il restitue l'hérédité en usant de cette faculté, les actions de l'hérédité ne passent au fidéicommissaire que jusqu'à concurrence des trois quarts; l'autre quart des actions reste à l'héritier institué. Bien plus, quand même l'objet que le testateur a accordé à l'héritier institué le droit de déduire ou de prélever, formerait la plus grande partie de l'hérédité, les actions héréditaires passeraient toutes au fidéicommissaire et contre lui, c'est à lui à voir s'il est de son intérêt que l'hérédité lui soit restituée. Ce que nous disons s'appliquera aussi bien si la déduction ou le prélèvement doit avoir pour objet plusieurs choses déterminées : il en sera encore de même si ce que l'héritier institué est autorisé à déduire ou à prélever est une somme d'argent équivalente au quart ou à la plus grande partie de l'hérédité. Enfin toutes ces décisions s'appliquent à l'héritier institué pour partie.*

Si l'héritier institué, au lieu d'être autorisé à retenir une quotité de l'hérédité, est autorisé à prendre ou conserver un objet déterminé, il est en réalité, un véritable légataire particulier non soumis aux dettes, et cette décision était pour le cas où le sénatusconsulte Trébellien exerçait son empire, par conséquent bien avant Justinien : si au contraire l'héritier institué, en restituant, était autorisé à conserver ou prélever une quote part, un quart au moins de l'hérédité, le sénatusconsulte Trébellien voulait qu'il fût considéré comme cohéritier. Il faut observer que notre texte suppose toujours que les objets déterminés, que l'héritier institué est autorisé à prélever, valent au moins le quart de l'hérédité; car, dans le cas contraire, c'était le sénatusconsulte Pégasien que l'on devait appliquer. Justinien, dans la fusion qu'il a opérée entre les deux sénatusconsultes, a conservé en général, les principes du sénatusconsulte Trébellien pour les cas indiqués dans notre §, et il est évident qu'il doit étendre ces mêmes principes même au cas où le prélèvement à exercer de la part de l'héritier institué n'équivaudrait pas au quart de l'hérédité (1).

10. Præterea intestatus quoque moriturus potest rogare cum ad quem bona sua vel legitimo pure vel honorario pertinere intelligit ut hereditatem suam totam partemve ejus, aut rem aliquam veluti fundum, hominem, pecuniam, alicui restituat : cum alioquin legata, nisi ex testamento, non valeant.

10 En outre une personne peut, sans testament, prier celui qui doit être son héritier d'après le droit civil ou le droit prétorien, de remettre à un autre son hérédité ou une partie de son hérédité, ou un objet déterminé, tel qu'un fonds ou un esclave, ou une somme d'argent; les legs au contraire ne sont valables que lorsqu'ils sont laissés par testament.

Dans l'origine les fidéicommis n'étaient faits que lorsqu'il y avait un testament; car le sénatusconsulte Trébellien ne s'occupait que des fidéicommis ainsi faits (2) : mais bientôt on put les faire sans testament; ce droit était encore contesté du temps d'Adrien (3); il devint incontestable sous Antonin-le-Pieux (4): les héritiers ab intestat, dès lors, purent invoquer le sénatusconsulte Trébellien ou Pégasien suivant que le mourant leur laissait le quart ou moins que le quart de l'hérédité.

---

(1) D. h. t. 1. § 16. — C. 6. 50. 11. — (2) D. h. t. 6. § 1. — (3) D. h. t. 6. 1. — (4) D. 35. 2. 18. f. Paul.

Quant aux legs, ils ne pouvaient jamais être faits que par testament, ou par codicilles confirmés par testament (1). Mais, sous Justinien, cette différence entre les legs et les fidéicommis fut entièrement effacée.

11. Eum quoque cui aliquid restituitur, potest rogare ut id rursum alii, aut totum aut pro parte, vel etiam aliquid aliud restituat.	11. *Le fidéicommissaire peut être lui-même prié de remettre à un autre fidéicommissaire tout ce qu'il a reçu, ou une partie seulement de ce qu'il a reçu.*

Quand l'hérédité devait être remise par un fidéicommissaire à un autre fidéicommissaire, celui-là ne retenait pas, à son tour, la quarte Pégasienne; il suffisait qu'elle eût été déduite une première fois par l'héritier institué; et même, quand l'héritier institué avait restitué toute l'hérédité par l'ordre du préteur sans déduire la quarte Pégasienne, le fidéicommissaire, chargé de remettre tout à un autre, ne pouvait retenir la quarte en son nom, il ne pouvait la retenir qu'au nom de l'héritier: en effet, le sénatusconsulte Pégasien n'avait eu pour objet que d'assurer un héritier au testateur; or, il n'était pas nécessaire qu'il y eût un fidéicommissaire.

12. Et quia prima fideicommissorum cunabula a fide heredum pendent, et tam nomen quam substantiam acceperunt, ideo divus Augustus ad necessitatem juris eadem traxit; nuper et nos eundem principem superare contendentes, ex facto quod Tribonianus, vir excelsus, quæstor sacri palatii, suggessit, constitutionem fecimus per quam disposuimus: si testator	12. *Dans l'origine les fidéicommis étaient confiés à la bonne foi des héritiers institués, c'était même de là qu'ils avaient pris leur nom et leur caractère; mais Auguste les rendit obligatoires: quant à nous, cherchant à surpasser en cela l'Empereur Auguste, sur la proposition de Tribonien, homme éminent, questeur de notre sacré palais, nous avons publié une*

---

(1) G. 2. § 270. — (2) D. 36. 1. 63. § 11. fr. Gaïus.

fi dei heredis sui commisit ut vel hereditatem vel speciale fideicommissum restituat, et neque ex scriptura neque ex quinque testium numero, qui in fideicommissis legitimus esse noscitur, possit res manifestari, sed vel pauciores quam quinque vel nemo penitus testis intervenerit; tunc sive pater heredis sive alius quicumque sit qui fidem heredis elegerit, et ab eo restitui aliquid voluerit, si heres perfidia tentus adimplere fidem recusat negando rem ita esse subsecutam, si fideicommissarius jusjurandum ei detulerit, cum prius ipse de calumnia juravit, necesse eum habere vel jusjurandum subire quod nihil tale a testatore audiverit, vel recusantem ad fideicommissi vel universitatis vel specialis solutionem coarctari, ne depereat ultima voluntas testatoris fidei heredis commissa. Eadem observari censuimus ots. a legatario vel fideicommissario aliquid similiter relictum sit. Quod si is a quo relictum dicitur, postquam negaverit, confiteatur quidem aliquid a se relictum esse, sed ad legis subtilitatem decurrat, omnimodo cogendus est solvere.

constitution qui porte que si le testateur s'en est rapporté à l'honneur de l'héritier pour la remise d'une hérédité ou d'un fidéicommis à titre singulier, et qu'il n'ait pas recommandé cette remise à l'héritier ni par écrit, ni en présence de cinq témoins, nombre exigé pour les fidéicommis, ni en présence d'un moindre nombre, ni même d'un seul témoin; soit que le testateur soit le père de l'héritier ou tout autre qui ait eu confiance en ce dernier et l'ait chargé de remettre l'hérédité au fidéicommissaire, si l'héritier, se déterminant à manquer de parole, soutient qu'on ne l'a pas chargé de remettre à un fidéi-commissaire, celui-ci pourra, après avoir juré lui-même qu'il est de bonne foi, déférer le serment à l'héritier; et celui-ci sera tenu de le prêter ou de remettre au fidéicommissaire ce dont il a été chargé; tout cela est ainsi exigé afin que la dernière volonté du testateur, dont l'exécution est confiée à l'honneur de son héritier soit remplie. Il en sera de même pour le légataire ou le fidéicommissaire chargé de remettre un fidéicommis. Si celui qui est chargé d'un fidéicommis, en avoue l'existence, mais recourt à la subtilité du droit pour échapper à son obligation, l'exécution de cette obligation pourra être exigée de lui.

L'on voit qu'ici le testateur n'avait besoin d'observer aucune solennité pour recommander à son héritier de remettre un fidéicommis; il lui suffit de manifester sa volonté de quelque manière que ce soit, même par un signe. Lorsqu'il n'y a pas de témoins ni d'autre moyen (un écrit, par exemple,) de prouver la volonté du testateur, le fidéicommissaire peut déférer le serment à l'héritier sur l'existence de cette volonté; toutefois le fidéicommissaire ne peut déférer ce serment, qu'après avoir lui-même affirmé qu'en déférant ce serment, il est de bonne foi: c'est ce qu'on appelle *jurare de calumnia*.

Il serait impossible de déférer le serment comme preuve dans les autres actes de dernière volonté; car en supposant que, par le serment, on parvienne à prouver l'existence de cette volonté, cette volonté ne suffirait pas, il faudrait encore l'observation de certaines solennités. S'il en est ainsi pour les fidéicommis, c'est qu'ils n'étaient soumis à aucunes formalités; ici l'héritier ne peut opposer cette inobservation *(ad legis subtilitatem decurrat)*.

TIT. XXIV.

DE SINGULIS REBUS PER FIDEICOMMISSUM RELICTIS.

Potest autem quis etiam singulas res per fideicommissum relinquere, veluti fundum, hominem, vestem, aurum, argentum, pecuniam numeratam; et vel ipsum heredem rogare ut alicui restituat, vel legatarium, quamvis a legatario legari non possit.

TIT. XXIV.

DES FIDÉICOMMIS A TITRE PARTICULIER.

On peut aussi faire des fidéicommis d'objets particuliers, tels qu'un fonds, un esclave, un habit, de l'or, de l'argent, des espèces monnayées; et charger d'un tel fidéicommis soit l'héritier lui-même, soit un légataire, quoiqu'on ne puisse jamais charger un légataire de payer un legs à un autre.

Justinien aurait pu réunir ce titre à celui où il a traité des legs, puisqu'il a confondu les principes sur les uns et sur les autres; cependant, ainsi qu'il l'a annoncé au § 3 du titre *de legatis*, il a cru devoir encore séparer les fidéicommis à titre particulier de la matière des legs pour en faire apercevoir l'origine et la nature différentes, sauf ensuite à les soumettre à des principes communs.

Justinien nous signale encore une différence qui existait entre les legs et les fidéicommis : ces derniers pouvaient être mis à la charge d'un légataire à la différence d'un legs qui ne peut jamais être mis qu'à la charge d'un héritier. Au reste, si le testateur avait mis un legs à la charge d'un légataire, ce legs n'était pas inutile; on lui donnait de la valeur en le considérant comme un fidéicommis.

1. Potest autem non solum proprias res testator per fideicommissum relinquere, sed heredis aut legatarii aut fideicommissarii aut cujuslibet alterius. Itaque et legatarius et fideicommissarius non solum de ea re rogari potest, ut eam alicui restituat, quæ ei relicta sit; sed etiam de alia, sive ipsius sive aliena sit. Hoc solum observandum est, ne plus quisquam rogetur alicui restituere, quam ipse ex testamento ceperit; nam quod amplius est, inutiliter relinquitur. Cum autem aliena res per fideicommissum relinquitur, necesse est ei qui rogatus est aut ipsam redimere et præstare, aut æstimationem ejus solvere.

1. *Le testateur peut laisser par fidéicommis, non seulement ses propres choses, mais encore celles de l'héritier, d'un légataire, d'un fidéicommissaire ou de tout autre; ainsi on peut prier un légataire ou un fidéicommissaire de remettre non seulement ce qui lui a été laissé, mais encore une autre chose, même la chose d'autrui; seulement on ne peut pas le prier de remettre plus qu'il n'a reçu, le fidéicommis serait nul pour l'excédant. Lorsque quelqu'un est prié de remettre par fidéicommis la chose d'autrui, il doit l'acheter pour la remettre, ou en donner la valeur.*

On peut laisser par fidéi-commis tout ce qu'on peut laisser par le legs *per damnationem* (1); or voyez au § 4 *de legatis* quelles sont les choses qu'on peut léguer *per*

---

(1) Ulp. R. t. 25. 5.

damnationem, ce sont celles du testateur, de l'héritier ou d'autrui; seulement on ne peut charger quelqu'un de remettre plus qu'il n'a reçu; il en est de même pour le legs, il ne peut excéder l'émolument que l'héritier retire de l'hérédité (1); toutefois si la chose que l'on doit remettre est d'une autre espèce que celle qu'on a reçue, par exemple, si l'héritier est chargé de remettre sa maison, en acceptant l'hérédité avec cette condition, il est censé se soumettre à cette condition, il doit remplir sa promesse (2); mais s'il a été chargé de remettre la maison d'autrui, et que cette maison lui doive coûter plus que ce qu'il a reçu, il n'est pas tenu d'acheter cette maison (3). Si donc il est chargé de remettre la chose d'autrui, et qu'il ne puisse l'acquérir, il en devra la valeur, pourvu que cette valeur n'excède pas l'émolument qu'il retire lui-même du testateur. Il y avait des jurisconsultes qui pensaient que, dans le cas où le propriétaire de la chose ne voulait pas la vendre, le fidéicommis était éteint à la différence du legs; mais cette opinion n'avait pas prévalu (4).

2. Libertas quoque servo per fideicommissum dari potest; ut heres eum rogetur manumittere, vel legatarius vel fideicommissarius. Nec interest utrum de suo proprio servo testator roget, an de eo qui ipsius heredis aut legatarii vel etiam extranei sit. Itaque et alienus servus redimi et manumitti debet. Quod si dominus eum non vendat, si modo nihil ex judicio ejus qui

2. *On peut aussi donner la liberté par fidéicommis, de telle sorte que l'héritier, ou un légataire, ou un fidéicommissaire soit prié d'affranchir un esclave. Peu importe même que cet esclave soit celui du testateur, ou celui de l'héritier, ou celui du légataire, ou l'esclave d'autrui, on devra l'acheter et l'affranchir; si le propriétaire de l'esclave ne veut pas le vendre (dans le cas où il*

---

(1) D. 36. 1. 1. § 17. f. Ulp.—(2) D. 31. 70 § 1. f. Papin.—D. 40. 5. 24. § 12. f. Ulp. — (3) D. 40. 5. 24. § 12. f. Ulp. — (4) G. 2. § 262.

reliquit libertatem, recepit: non statim extinguitur fideicommissaria libertas, sed differtur; quia possit tempore procedente, ubicumque occasio servi redimendi fuerit, præstari libertas. Qui autem ex causa fideicommissi manumittitur, non testatoris fit libertus, etiamsi testatoris servus sit, sed ejus qui manumittit. At is qui directe testamento liber esse jubetur, ipsius testatoris libertus fit, qui etiam Orcinus appellatur. Nec alius ullus directo ex testamento libertatem habere potest, quam qui utroque tempore testatoris fuerit, et quo faceret testamentum, et quo moreretur. Directa autem libertas tunc dari videtur, cum non ab alio servum manumitti rogat, sed velut ex suo testamento libertatem ei competere vult:

n'aurait rien reçu du défunt), le fidéicommis de la liberté n'est pas éteint, mais seulement différé; car il peut se rencontrer une occasion où l'achat devienne possible et où la liberté, par conséquent, puisse être donnée par celui qui en est chargé; or l'esclave qui est affranchi par fidéicommis, est l'affranchi non du testateur, mais de celui qui était grevé de ce fidéicommis: tandis que celui qui est affranchi directement est l'affranchi du testateur et s'appelle Orcinus. Celui-là seul peut être affranchi directement par testament qui se trouvait sous la puissance du testateur à l'époque de la confection du testament et à l'époque de la mort. La liberté est donnée directement par testament lorsque le testateur a manifesté la volonté qu'elle fût l'effet du testament; et n'a pas chargé une autre personne d'affranchir.

Nous avons vu au titre 5 du 1er livre des Institutes de Justinien que l'un des moyens du droit civil d'affranchir un esclave était le testament; que le testateur peut conférer, par testament, la liberté à un esclave: cela s'appelle conférer directement la liberté; un tel affranchi est l'affranchi du testament, alors défunt; c'est ce dernier qui est son patron: c'est par ce motif qu'on l'appelle *libertus Orcinus*, de *orcus*, lieux où se rendent les morts. Il faut, pour conférer directement la liberté par testament que le testateur ait été propriétaire de l'esclave au moment de la confection du testament et au moment de sa mort; un tel affranchi n'est plus obligé de remplir envers son patron les devoirs imposés à un affranchi. Si au contraire, la liberté est donnée par fidéicommis, c'est celui qui est chargé du fidéicommis qui confère la liberté par l'un des moyens d'affranchissement; l'esclave devenu libre est son affranchi et obligé envers lui à tous les devoirs d'un affranchi envers son patron : en outre un tel affranchissement peut avoir pour objet l'esclave d'autrui; celui qui est grevé du fidéicommis doit l'acheter pour lui procurer la liberté; si le maître consent à le vendre, ou attendre l'occasion de l'acheter pour l'affranchir. Ainsi un tel fidéicommis ne s'éteint pas si le maître de l'esclave ne veut pas le vendre, il attendra une occurrence plus favorable. Sévère et Antonin le décident ainsi (1). Gaïus et Ulpien, ont semblé à notre savant professeur, M. Ducaurroy (Instit. expliq. 806, *in fine*), opposés à l'opinion des empereurs : mais il nous semble qu'il n'y a aucune opposition, si l'on remarque que Gaïus et Ulpien ne s'occupent pas de la même question que les empereurs. En effet, Gaïus et Ulpien se demandent si, comme dans le fidéicommis de la chose d'autrui, lorsque le propriétaire ne voudra pas consentir à vendre l'esclave, le grevé de fidéicommis devra donner la valeur de la liberté au fidéicommissaire; ils décident que non, attendu que la liberté est inappréciable; mais il ne résolvent nullement la question de savoir si le grevé de fidéicommis devra attendre une occurrence plus favorable; or, c'est de cette question que parlent les empereurs Sévère et Antonin.

On pourrait encore concilier la prétendue opposition entre Gaïus et Ulpien, et les empereurs, en disant que ceux-ci se sont occupés du cas où l'esclave ne peut être acheté pour le moment, mais peut l'être dans la suite,

---

(1) C. 7. 4. 6. — (2) G. 2. § 265. — (3) Ulp. r. t. 2. 11.

tandis que Gaïus et Ulpien auraient parlé du cas où l'impossibilité d'achat est absolue et pour toujours.

Au reste, si le propriétaire de l'esclave a lui-même demandé l'exécution du testament en exigeant la délivrance d'un legs à lui fait, il ne pourra plus se défendre de vendre au grevé de fidéicommis l'esclave auquel la liberté est conférée par fidéicommis.

De l'assimilation entre les legs et les fidéi-commis établie par Justinien, nous devons tirer cette conclusion que si le testateur a légué la liberté à un esclave, qui ne pouvait la recevoir directement, elle devra lui compéter comme si la liberté lui avait été donnée par fidéicommis.

8. Verba autem fideicommissorum hæc maxime in usu habentur : PETO, ROGO, VOLO (MANDO), FIDEI TUÆ COMMITTO. Quæ perinde singula firma sunt, atque si omnia in unum congesta essent.

3. *Les expressions les plus usitées pour les fidéicommis sont celles-ci : Je vous demande, je vous prie, je voudrais, je vous donne le mandat, je confie à votre honneur. Chacune de ces expressions prise individuellement vaut autant que toutes réunies.*

On ne pouvait faire de legs qu'en employant des formules solennelles *(legis modo, verbis civilibus)*, mais les fidéicommis ne dépendaient pas, pour leur validité, de telle ou telle expression; il suffisait que la volonté du disposant ne fût pas douteuse.

TIT. XXV.

DE CODICILLIS.

DES CODICILLES.

Ante Augusti tempora constat codicillorum jus in usu non fuisse; sed primus Lucius Lentulus, ex cujus persona etiam fideicommissa cœperunt, codicillos introduxit. Nam cum decederet in Africa,

Avant Auguste, les codicilles n'étaient pas en usage : ce fut Lucius Lentulus, le même qui donna naissance aux fidéicommis, qui introduisit les codicilles. En effet, étant près de mourir en Afrique, il écrivit

scripsit codicillos testamento confirmatos, quibus ab Augusto petiit per fideicommissum, ut faceret aliquid. Et cum divus Augustus voluntatem ejus implesset, deinceps reliqui ejus auctoritatem secuti fidei commissa præstabant; et filia Lentuli legata quæ jure non debebat, solvit. Dicitur autem Augustus convocasse sapientes viros, inter quos Trebatium quoque, cujus tunc auctoritas maxima erat, et quæsisse an posset hoc recipi, nec absonans a juris ratione codicillorum usus esset; et Trebatium suasisse Augusto, quod diceret utilissimum et necessarium hoc civibus esse propter magnas et longas peregrinationes quæ apud veteres fuissent, ubi, si quis testamentum facere non posset, tamen codicillos posset. Post quæ tempora, cum et Labeo codicillos fecisset, jam nemini dubium erat quin codicilli jure optimo admitterentur.

des codicilles, que son testament confirmait, dans lesquels il priait Auguste, par fidéi-commis, de faire quelque chose. Auguste remplit ses désirs, et ensuite les autres l'imitant, exécutèrent aussi les fidéicommis, et la fille de Lentulus acquitta des legs qu'elle ne devait pas d'après la rigueur du droit. On dit qu'Auguste convoqua des hommes éclairés, parmi lesquels Trébatius jouissait d'une très-grande considération, et leur demanda si l'on pouvait, sans choquer les principes de droit, admettre la validité des codicilles; qu'alors Trébatius répondit à Auguste que l'usage des codicilles était d'une grande utilité et même nécessaire aux citoyens, à cause des longs voyages qu'ils peuvent faire, pendant lesquels, s'ils ne peuvent faire de testament ils peuvent au moins faire des codicilles. Dans la suite, Labéon ayant fait des codicilles, personne ne fut tenté d'en contester la validité.

On appelait anciennement *codicilles* des tablettes destinées à contenir des annotations qu'ensuite on rédigeait soigneusement sur des *chartæ* : quand on n'écrivait qu'à des amis ou à des voisins, on se contentait de leur adresser ces tablettes annotées, ou *codicilles*; les *chartæ* étaient destinées à un usage plus grave ou d'une plus grande durée (1). Ainsi on appelait *tabulæ*, *lignum*, *codex*, les rédactions de dernière volonté qui contenaient une institution d'héritier, un testament; les *codicilli* étaient des

---

(1) Cic. epp. ad famil. p. 26. — Senec. ep. 55. in fin.

rédactions moins importantes, des accessoires de testament.

D'après notre texte il paraît que l'usage des fidéicommis et des codicilles, qui se rattachent aux fidéicommis, pour lesquels ils avaient une destination spéciale, existait déjà avant Auguste : Lucius Cornelius Lentulus, qui fut consul l'an de Rome 751, est ici signalé comme les ayant employés; notre texte ajoute que ces codicilles étaient confirmés par un testament; il faut entendre par là un testament antérieur aux codicilles; car notre texte dit que Lentulus les a faits *étant sur le point de mourir*, et qu'ils étaient confirmés par un testament. Toutefois les codicilles n'avaient besoin d'être confirmés par un testament que lorsqu'ils contenaient des legs; pour des fidéicommis, il n'était pas besoin de confirmation, puisqu'on pouvait les faire même *ab intestat*, comme nous le verrons dans le paragraphe suivant.

1. Non tantum autem testamento facto potest quis codicillos facere, sed intestato quis decedens fideicommittere codicillis potest. Sed ante testamentum factum codicilli cum facti erant, Papinianus ait non aliter vires habere, quam si speciali postea voluntate confirmentur. Sed divi Severus et Antoninus rescripserunt, ex iis codicillis qui testamentum præcedunt, posse fideicommissum peti, si apparet eum qui postea testamentum fecit, a voluntate quam codicillis expresserat, non recessisse.

1. *On peut faire des codicilles lorsqu'on a fait un testament, mais on peut en faire sans testament et y laisser des fidéicommis. Lorsqu'on fait des codicilles avant l'existence d'un testament, Papinien dit qu'ils ne sont valables qu'autant qu'ils sont confirmés par une disposition spéciale; mais les empereurs Sévère et Antonin ont déclaré, dans un rescript, que, dans des codicilles qui précèdent un testament, on peut faire des fidéicommis valables, pourvu que le testament postérieur ne contienne pas de dispositions qui prouvent que le testateur a changé de volonté.*

Les codicilles, lorsqu'il y a un testament, en sont l'accessoire; par conséquent si le testament est annulé, la nullité frappe les codicilles. Les codicilles confirmés sont considérés même comme faisant partie du testament, de sorte qu'on peut, dans ces codicilles, faire des legs (mais non des institutions d'héritier); tandis que dans les codicilles non confirmés, on ne peut faire que des fidéi-commis. Or l'on n'appelle codicilles non confirmés que ceux qui sont antérieurs au testament, et dont le testament ne fait point mention; car, pour les codicilles postérieurs, il suffit qu'ils existent pour être censés confirmés par le testament antérieur. Pour que les fidéicommis faits dans des codicilles antérieurs soient valables, notre texte exige seulement qu'il n'y ait pas, dans un testament postérieur, de disposition contraire ou qui annonce un changement de volonté dans le testateur : ce n'est pas là ce qu'on appelle confirmation.

2. Codicillis autem hereditas neque dari neque adimi potest, ne confundatur jus testamentorum et codicillorum, et ideo nec exheredatio scribi. Directo autem hereditas codicillis neque dari neque adimi potest; nam per fideicommissum hereditas codicillis jure relinquitur. Nec conditionem heredi instituto codicillis adjicere neque substituere directo potest.

2. *On ne peut, par des codicilles, ni donner, ni ôter une hérédité; car, si cela était, on confondrait un testament avec les codicilles; aussi ne peut-on exhéréder dans les codicilles. Toutefois, lorsque nous disons qu'on ne peut, dans des codicilles, ni donner, ni ôter une hérédité, nous voulons parler de l'hérédité directe; car l'hérédité peut, par fidéi-commis, être attribuée dans des codicilles. On ne peut même, dans des codicilles, ajouter une condition à l'institution d'héritier, ni faire une substitution.*

On voit par ce texte, que le caractère distinctif du testament est de conférer la qualité d'héritier, ou de la ravir à quelqu'un par l'hérédation, pour la conférer à d'autres;

les codicilles ne sont destinés qu'à conférer des droits à des biens.

3. Codicillis autem etiam plures quis facere potest, et nullam solemnitatem ordinationis desiderant.	3. *On peut faire un ou plusieurs codicilles, sans observer aucune solennité dans les formes.*

On peut faire plusieurs codicilles, car ils ne sont destinés qu'à conférer des droits à des biens; or il y a, dans une hérédité, plusieurs biens et plusieurs objets particuliers qui peuvent donner lieu, chacun à un codicille. Il n'en est pas de même du testament destiné à conférer, à un héritier, l'universalité des biens; comme il n'y a qu'une universalité, un testament second annulerait le premier.

Pour les codicilles aucune solennité n'est requise, cependant il fallait que le défunt eût voulu ne faire que des codicilles; car s'il avait fait un testament, et qu'il fût nul, il ne pouvait valoir comme codicille que lorsque le défunt en avait manifesté l'intention; au reste le codicille peut être fait de vive voix aussi bien que par écrit: mais celui-là seul a la capacité légale de faire un codicille, qui a droit de faire un testament.

De l'ouverture et de l'exécution des testamens.

Il importait pour la mise à exécution des volontés du défunt, et pour le maintien des droits des héritiers, des légataires et autres intéressés, que des mesures législatives fussent prises pour l'ouverture et la conservation des testamens. Le préteur avait réglé cette matière par un édit; nous trouvons, au Digeste et au Code, un titre qui y est consacré (1); enfin Paul, dans ses sentences, nous a transmis à ce sujet des détails curieux.

---

(1) D. 29. 3. — Cod. 6. 32.

« A Rome, nous dit ce jurisconsulte, on faisait l'ouverture des testamens, en appelant les témoins, ou le plus grand nombre des témoins qui avaient apposé leurs cachets; lorsqu'ils avaient reconnu que leurs sceaux étaient véritablement ceux apposés au testament, on rompait le fil, on ouvrait le testament, on en donnait lecture, et on en faisait la description : après cela on y apposait le sceau public et on le déposait dans les archives où, dans la suite, on pouvait en demander copie.

« Les testamens faits dans les *municipes*, dans les colonies, dans les *oppida*, dans les préfectures, dans les *vici*, dans les *castella*, dans les conciliabules, devaient être lus, après avoir été ouverts, sur la place publique ou dans la basilique, en présence des témoins ou d'hommes honnêtes, entre la seconde et la dixième heure du jour; puis le testament était remis aux magistrats en présence desquels l'ouverture en avait été faite, et ceux-ci y apposaient leur cachet. »

« L'ouverture du testament devait se faire immédiatement après la mort du testateur, cinq jours, au plus, après cette mort, lorsque ceux qui doivent faire cette ouverture sont présens; cinq jours au plus après leur retour, lorsqu'ils étaient absens. Il ne faut pas, en effet, que le moindre retard soit apporté à l'exécution des volontés du testateur relativement aux héritiers, aux légataires ou aux esclaves affranchis par testament. (1) »

Quant à l'exécution du testament, les héritiers, légataires et fidéicommissaires avaient pour l'obtenir, diverses actions. Nous avons déjà indiqué celles des héritiers; il nous reste à dire un mot de celles qui concernaient les légataires et les fidéicommissaires.

---

(1) Paul. sent. 4, 6.

ACTIONS RELATIVES AUX LEGS ET AUX FIDÉICOMMIS. — Nous avons expliqué, au commencement du titre sur les legs, comment la nature de l'action donnée au légataire dépendait de la nature du legs, et comment elle était réelle ou personnelle, selon les termes dans lesquels le legs avait été fait. Sous Justinien, les légataires ont, pour réclamer leur droit, à choisir entre ces trois actions : l'action réelle, c'est-à-dire la vendication de la chose qui leur a été léguée (*vindicatio*), lorsque c'est une chose corporelle et déterminée, dont la disposition du testateur a pu leur transférer la propriété; l'action personnelle, qui se nomme *actio ex testamento*, ou *condictio ex testamento*, pour poursuivre l'individu chargé du legs comme personnellement obligé à l'acquitter; et enfin, pour garantie, l'action hypothécaire, *hypothecaria actio*, c'est-à-dire le droit de gage sur les choses héréditaires parvenues en la possession de l'individu chargé du legs (1).

Les fidéicommissaires n'avaient autrefois, pour poursuivre la délivrance de leur fidéicommis, qu'un recours extraordinaire au consul ou au préteur spécialement chargé de cette matière, avec mission d'interposer son autorité et de faire observer les fidéicommis (2); mais, sous Justinien, s'il s'agit d'objets particuliers, le fidéicommissaire a les mêmes actions que le légataire; et, s'il s'agit d'hérédité fidéicommissaire, il a une sorte de pétition d'hérédité qui a été accommodée à son droit (*fideicommissaria hereditatis petitio*) (3); et l'action utile en partage, *utilis familiæ erciscundæ* (4).

---

(1) Cod. 6. 43. 1. — (2) G. 2. 278. — (3) D. 5. 6. — (4) D. 10. 2. 24. § 1. f. Ulp. — 40. f. Gaï.

RÉSUMÉ.

On peut, par testament, instituer un héritier investi de toute l'hérédité; on peut aussi, par testament, faire des dispositions qui aient pour objet des choses particulières laissées à d'autres personnes qu'aux héritiers : tels sont les legs. La matière des legs se divise ainsi : 1° Qu'est-ce qu'un legs, et combien y en a-t-il d'espèces? 2° Quelles sont les choses qu'on peut léguer? 3° A qui peut-on léguer? 4° Quels sont les accidens des legs? 5° Quelles sont les actions qui compètent un légataire?

1° Qu'est-ce qu'un legs? *C'est une donation dont l'exécution est mise par le testateur à la charge de l'héritier.* Telle est la définition donnée par notre texte, mais qui ne s'applique qu'au legs *per damnationem* : celle d'Ulpien (1) est plus exacte : *c'est ce qui est laissé par un testateur avec des expressions impératives.* Ceci est dit par opposition avec les fidéicommis, qui étaient laissés avec des expressions précatives.

Il y a quatre sortes de legs : les legs *per vindicationem, per damnationem, per præceptionem, sinendi modo.* (Voyez les explications que nous avons données de ces divers legs, sur le § 2 du titre 20 des Inst.)

2° Quelles sont les choses qu'on peut léguer?

On peut léguer : — sa chose; — celle de l'héritier; — celle d'autrui; — la chose qui est destinée à être dans le commerce; — — ce que l'on doit à son créancier, pourvu qu'il trouve dans l'action *ex testamento* plus d'avantages que dans l'action qui naît pour lui de sa créance; — Le pécule de l'esclave; il est dû avec les accroissemens qu'il a acquis jusqu'à l'adition d'hérédité, si le pécule est légué à l'esclave lui-même; il est dû sans ces accroissemens s'il a été légué à un autre qu'à l'esclave; — les choses incorporelles : ainsi, ce que doit un débiteur, le droit d'option entre deux ou plusieurs choses; dans l'ancien droit, si le léga-

---

(1) Ulp. r. t. 24. 1.

taire mourait sans avoir opté, le legs était éteint : il passe aux héritiers, d'après la législation de Justinien.

3° A qui peut-on léguer ?

On peut léguer à ceux avec lesquels on a faction de testament ; autrefois on ne pouvait léguer aux personnes incertaines, on le pouvait seulement à une personne certaine à prendre dans un cercle limité : par conséquent on ne pouvait léguer au posthume externe : Justinien permet de léguer aux personnes incertaines, par conséquent au posthume externe. L'erreur dans le nom, et le prénom ou le surnom ; l'erreur de la fausse cause, de la fausse démonstration, ne nuisaient pas à la validité du legs. — On peut léguer au maître de l'esclave institué ; mais on ne peut léguer à l'esclave du maître institué.

4° Quels sont les accidens du legs ?

Le legs peut être pur et simple ; ou sans condition, ou à terme on ne pouvait léguer pour après la mort ou la veille de la mort de l'héritier ou du légataire ; mais on pouvait léguer pour le moment de leur mort. On ne pouvait léguer à titre de peine. Justinien permet de léguer à titre de peine, pour après ou avant la mort de l'héritier ou du légataire. Autrefois le legs devait être placé après l'institution d'héritier, aujourd'hui, il peut être placé indifféremment avant ou après l'institution ; on peut léguer un esclave en général : le choix devrait appartenir à l'héritier ; cependant notre texte donne le choix au légataire. Le legs peut être fait conjointement à deux personnes (en un même membre de phrase) ou d'une manière disjointe (en deux membres de phrases) ; dans l'un et l'autre cas la part de celui qui ne vient pas au legs accroît à l'autre.

Le legs s'éteint : — par l'extinction de l'objet légué sans le fait de l'héritier ; si le principal de la chose léguée vient à périr, le legs périt tout entier ; mais on ne regarderait pas comme accessoires, dans un legs, les petits d'une esclave, les esclaves vicaires : — par l'obtention de la chose léguée à un autre titre gratuit.

Les legs peuvent être révoqués ou transférés : ils sont révoqués lorsqu'ils sont annulés par la volonté du testateur : ils sont transférés quand le testateur les retire à un légataire pour les donner à un autre.

Enfin la loi Falcidie défendait au testateur de léguer plus des trois quarts de l'hérédité.

5° Quelles sont les actions qui compétent au légataire?

Le légataire a, à son choix, ou l'action réelle (*vindicatio*), ou l'action personnelle (*condictio ex testamento*), ou l'action hypothécaire.

Après avoir parlé des hérédités déférées par testamens, et des donations d'objets particuliers faites par testamens, Justinien s'occupe des fidéi-commis universels et particuliers.

Le *fidéi-commis* est une disposition dont l'accomplissement est recommandé, avec des paroles précatives, à l'honneur de l'héritier : le fidéi-commis était universel quand il avait pour objet l'universalité en une quote part de l'hérédité; il était à titre particulier quand il avait pour objet une chose déterminée.

L'héritier, après avoir reçu l'hérédité du fidéi-commissaire, restait cependant, aux yeux du droit civil, obligé aux dettes à l'égard des créanciers : il n'avait même de recours contre le fidéi-commissaire pour se faire indemniser que lorsque, au moment de la remise de l'hérédité, il avait eu le soin de faire avec le fidéi-commissaire la stipulation *emptæ et venditæ hereditatis* (quand il remettait toute l'hérédité), ou la stipulation *partis et pro parte* (quand il ne remettait qu'une partie de l'hérédité.) Le sénatus-consulte Trébellien eut pour objet de faire passer les actions des créanciers directement contre le fidéi-commissaire : et depuis lors il n'y eut plus besoin de stipulations *emptæ et venditæ hereditatis*, ou *partis et pro parte*, puisque l'héritier n'était plus forcé de payer les dettes.

Le sénatus-consulte Pégasien eut un autre objet; celui d'autoriser l'héritier chargé de remettre toute l'hérédité ou plus des trois quarts de l'hérédité à un fidéicommissaire, à en retenir le quart. Mais, lorsqu'il y avait lieu à invoquer le sénatus-consulte Pégasien, l'héritier se trouvait, comme avant le sénatus-consulte Trébellien, obligé directement aux dettes : pour qu'il exerçât un recours contre le fidéi-commissaire, il fallait qu'il eût fait les stipulations ci-dessus mentionnées. Il n'y avait qu'un cas où l'héritier n'était pas tenu aux dettes et où l'on appliquait le sénatus-consulte Trébellien même lorsque le Pégasien pouvait être invoqué : c'était lorsque l'héritier, ne voulant pas accepter l'hérédité, il y était forcé par un ordre du préteur.

Justinien a introduit ici des principes simples. Il a voulu que, lorsque l'héritier restituerait à un fidéi-commissaire toute l'hérédité ou une partie de l'hérédité, les actions des créanciers passassent directement contre le fidéicommissaire en proportion de ce qu'il prenait dans l'hérédité, si l'héritier devait tout restituer à l'exception d'un objet déterminé: valant plus ou moins du quart, le fidéicommissaire était tenu à toutes les dettes, l'héritier alors était considéré comme légataire à titre particulier.

Au reste les fidéicommis pouvaient être faits par testament ou sans testament.

Auguste fut le premier qui donna une action pour les fidéicommis : ils pouvaient être constatés par écrit ou par cinq témoins : Justinien ajoute qu'il serait même permis au fidéicommissaire de déférer le serment à l'héritier sur l'existence du fidéicommis. On peut donner la liberté par fidéicommis; mais alors l'esclave devient l'affranchi de l'héritier du testateur.

Les codicilles n'ont commencé à être valables qu'au temps d'Auguste. On ne pouvait faire des legs par codicilles que lorsqu'ils étaient confirmés par testament; jamais par des codicilles on ne pouvait révoquer ou faire une institution d'héritier. Mais on pouvait par codicilles et sans testament faire des fidéi-commis, et nulle solennité n'était exigée pour leur validité.

FIN DE LA SECONDE PARTIE. — Ier EXAMEN.

TABLE

DE L'EXPLICATION HISTORIQUE DES INSTITUTS.

LIVRE PREMIER.

Préambule.	241
T. I. De la Justice et du Droit.	249
T. II. Du Droit naturel, du droit des gens et du droit civil.	257
Résumé.	282
T. III. Du Droit sur les personnes.	284
Des hommes libres ou esclaves.	286
Citoyens ou étrangers. — Hommes ou femmes.	294—296
Ingénus ou affranchis.	ib.
T. IV. Des ingénus.	297
T. V. Des affranchis.	300
Modes solennels de manumission. — Modes non-solennels.	306—311
T. VI. Par qui et pour quelles causes les manumissions ne peuvent être faites.	319
T. VII. De l'abrogation de la loi Fusia Caninia.	335
De la position des affranchis.	337
Actions relatives aux droits de liberté, de cité et d'ingénuité.	340
Résumé.	341
T. VIII. De ceux qui sont maîtres d'eux-mêmes ou sous le pouvoir.	344
Pouvoir sur les esclaves et les enfans (*potestas*), et d'abord sur les esclaves.	349
T. IX. De la puissance paternelle.	354
T. X. des noces.	360
Du concubinage. — De la légitimation.	392—396
T. XI. Des adoptions.	405

POUVOIR SUR LA FEMME (*manus*). 425
POUVOIR SUR L'INDIVIDU LIBRE ACQUIS PAR MANCIPATION (*mancipium*). 427
T. XII. De quelles manières se dissout le droit de puissance. . . 429
Comment se dissolvaient le pouvoir marital et le mancipium. . . 448
ACTIONS RELATIVES AUX DROITS DE FAMILLE. 450
RÉSUMÉ. 452
T. XIII. Des tutelles. 457
T. XIV. Qui peut être nommé tuteur par testament. 468
T. XV. De la tutelle légitime des agnats. 475
T. XVI. De la diminution de têtes. 480
T. XVII. De la tutelle légitime des patrons. 489
T. XVIII. De la tutelle légitime des ascendans. 491
T. XIX. De la tutelle fiduciaire. 493
T. XX. Du tuteur atilien et du tuteur de la loi *Julia et Titia*. . 497
De l'administration des tuteurs. 507
T. XXI. De l'autorisation des tuteurs. 512
T. XXII. De quelles manières finit la tutelle. 521
De la tutelle des femmes. 532
T. XXIII. Des curateurs. 532
Administration et fin de la curatelle. 544
T. XXIV. De la satisdation des tuteurs ou curateurs. . . . 545
T. XXV. Des excuses des tuteurs ou curateurs. 552
ACTIONS RELATIVES A LA TUTELLE OU A LA CURATELLE. . . . 564
T. XXVI. Des tuteurs ou curateurs suspects. 568
RÉSUMÉ. 576

LIVRE SECOND.

T. I. De la division des choses. 5
Des choses à l'époque des XII Tables. 7
Propriété à l'époque des XII Tables. 8
Manières d'acquérir et de transmettre le domaine romain. . . 9
Des choses au temps de Gaïus et d'Ulpien. 14
Propriété aux temps de Gaïus et d'Ulpien. . . . . . . ib.
*Manières d'acquérir et de transmettre le domaine romain et
    la possession in bonis, aux temps de Gaïus et d'Ulpien.* . . 21
Des choses d'après les Instituts de Justinien. 28

De la propriété et de la possession au temps de Justinien.	46
Des moyens d'acquérir la possession et la propriété sous Justinien.	53
De la perte de la possession et de la propriété.	119
ACTIONS RELATIVES A LA POSSESSION ET A LA PROPRIÉTÉ.	122
RÉSUMÉ.	124
T. II. Des choses corporelles et incorporelles.	131
T. III. Des servitudes d'héritages.	136
T. IV. De l'usufruit.	159
T. V. De l'usage et de l'habitation.	177
Des travaux des esclaves.	184
ACTIONS RELATIVES AUX SERVITUDES.	186
RÉSUMÉ.	188
T. VI. Des usucapions et des possessions de long-temps.	193
ACTIONS RELATIVES A L'USUCAPION ET A LA PRESCRIPTION.	217
T. VII. Des donations.	218
Des donations à cause de mort.	220
Des donations entre-vifs.	225
De la dot et des donations à cause de noces.	230
ACTIONS RELATIVES AUX DONATIONS.	236
T. VIII. Qui peut aliéner ou non.	238
T. IX. Par quelles personnes on acquiert.	248
Acquisition par les fils de famille.	249
Acquisition par les esclaves dont on a la propriété, l'usufruit, l'usage ou la possession de bonne foi.	255
Acquisition par une personne étrangère.	263
RÉSUMÉ.	268
DES SUCCESSIONS PAR UNIVERSALITÉ.	275
Des hérédités testamentaires.	ib
T. X. Des formalités des testamens.	277
T. XI. Du testament militaire.	300
De quelques autres testamens dispensés des formes ordinaires.	313
T. XII. Quels sont ceux auxquels il n'est pas permis de faire un testament.	314
T. XIII. De l'exhérédation des enfans.	327
T. XIV. De l'institution des héritiers.	348
Des substitutions.	375
T. XV. De la substitution vulgaire.	376
T. XVI. De la substitution pupillaire.	385
Substitutions faites par les soldats.	420

Substitutions avec autorisation du prince. . . . . ib.
T. XVII. De quelles manières les testamens sont infirmés. . . 413
T. XVIII. Du testament inofficieux. 414
T. XIX. De la qualité et de la différence des héritiers. . . . 429
ACTIONS RELATIVES AUX HÉRÉDITÉS TESTAMENTAIRES. . . . 450
RÉSUMÉ. 452
T. XX. Des legs. 467
T. XXI. De la révocation de la translation des legs. 516
T. XXII. De la loi Falcidie. 518
T. XXIII. Des hérédités Fidéicommissaires. 525
T. XXIV. Des Fidéicommis à titre particulier. . . . . , . 544
T. XXV. Des codicilles. 549
De l'ouverture et de l'exécution des testamens. 553
Actions relatives aux legs et aux fidéicommis. 555
RÉSUMÉ. 556

FIN DE LA TABLE.

ERRATA.

PREMIÈRE PARTIE : HISTOIRE.
Page 52, ligne 19, au lieu de *Jus connubii*, lisez : *connubium*.
DEUXIÈME PARTIE : INSTITUTS, LIV. 1ᵉʳ.
Mêmes fautes, pag. 295, lig. 21 et 22; pag. 296, lig. 20.
Pag. 180, en note, *Oriphtianum*, lisez : *Orphitianum*.
    245, lig. 20, *et ce qui est obscurci*, lisez : *et ce qui était obscurci*.
    302,   12, *Térence et Horace ne devaient la liberté*, etc. lisez : *Térence ne devait la liberté qu'à une manumission, Horace était fils d'affranchi.*
      11, après *ni indirectement*, restituez cette note (2).
      (2) *Voyez pourtant Ulp. liv.* 2. *Inst. tit. de success. ab. int.* § 5.

www.ingramcontent.com/pod-product-compliance
Lightning Source LLC
Chambersburg PA
CBHW071417150426
43191CB00008B/941